FORA DA CAIXA

MARC LEVINSON

FORA DA CAIXA

COMO A GLOBALIZAÇÃO
PASSOU DE MOVER COISAS
PARA DISSEMINAR IDEIAS

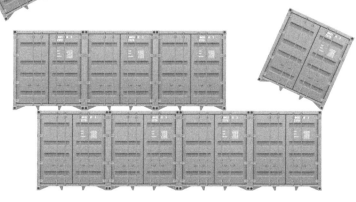

ALTA BOOKS
E D I T O R A
Rio de Janeiro, 2021

Fora da Caixa

Copyright © 2021 da Starlin Alta Editora e Consultoria Eireli.
ISBN: 978-65-5520-506-0

Translated from original Outside the Box. Copyright © 2020 by Mark Levinson. ISBN 978-0-691-19176-8. This translation is published and sold by permission of Princeton University Press, the owner of all rights to publish and sell the same. PORTUGUESE language edition published by Starlin Alta Editora e Consultoria Eireli, Copyright © 2021 by Starlin Alta Editora e Consultoria Eireli.

Todos os direitos estão reservados e protegidos por Lei. Nenhuma parte deste livro, sem autorização prévia por escrito da editora, poderá ser reproduzida ou transmitida. A violação dos Direitos Autorais é crime estabelecido na Lei nº 9.610/98 e com punição de acordo com o artigo 184 do Código Penal.

A editora não se responsabiliza pelo conteúdo da obra, formulada exclusivamente pelo(s) autor(es).

Marcas Registradas: Todos os termos mencionados e reconhecidos como Marca Registrada e/ou Comercial são de responsabilidade de seus proprietários. A editora informa não estar associada a nenhum produto e/ou fornecedor apresentado no livro.

Impresso no Brasil — 1a Edição, 2021 — Edição revisada conforme o Acordo Ortográfico da Língua Portuguesa de 2009.

Erratas e arquivos de apoio: No site da editora relatamos, com a devida correção, qualquer erro encontrado em nossos livros, bem como disponibilizamos arquivos de apoio se aplicáveis à obra em questão.

Acesse o site www.altabooks.com.br e procure pelo título do livro desejado para ter acesso às erratas, aos arquivos de apoio e/ou a outros conteúdos aplicáveis à obra.

Suporte Técnico: A obra é comercializada na forma em que está, sem direito a suporte técnico ou orientação pessoal/exclusiva ao leitor.

A editora não se responsabiliza pela manutenção, atualização e idioma dos sites referidos pelos autores nesta obra.

Dados Internacionais de Catalogação na Publicação (CIP) de acordo com ISBD

L665f   Levinson, Marc
         Fora da Caixa: Como a Globalização Passou de Mover Coisas para Disseminar Ideias / Marc Levinson ; traduzido por Isis Rezende. - Rio de Janeiro, RJ : Alta Books, 2021.
         288 p. ; 16cm x 23cm.

         Tradução de: Outside the Box
         Inclui índice.
         ISBN: 978-65-5520-506-0

         1. Globalização. I. Rezende, Isis. II. Título.

2021-2646   CDD 327
                                    CDU 327

Elaborado por Vagner Rodolfo da Silva - CRB-8/9410

Rua Viúva Cláudio, 291 — Bairro Industrial do Jacaré
CEP: 20.970-031 — Rio de Janeiro (RJ)
Tels.: (21) 3278-8069 / 3278-8419
www.altabooks.com.br — altabooks@altabooks.com.br

Produção Editorial
Editora Alta Books

Gerência Comercial
Daniele Fonseca

Editor de Aquisição
José Rugeri
acquisition@altabooks.com.br

Produtores Editoriais
Illysabelle Trajano
Maria de Lourdes Borges
Thales Silva

Marketing Editorial
Livia Carvalho
Gabriela Carvalho
Thiago Brito
marketing@altabooks.com.br

Equipe de Design
Larissa Lima
Marcelli Ferreira
Paulo Gomes

Diretor Editorial
Anderson Vieira

Coordenação Financeira
Solange Souza

Produtor da Obra
Thiê Alves

Equipe Ass. Editorial
Brenda Rodrigues
Caroline David
Luana Rodrigues
Mariana Portugal
Raquel Porto

Equipe Comercial
Adriana Baricelli
Daiana Costa
Fillipe Amorim
Kaique Luiz
Victor Hugo Morais
Viviane Paiva

Atuaram na edição desta obra:

Tradução
Isis Rezende

Copidesque
Carolina Palha

Capa
Larissa Lima

Revisão Gramatical
Camila Paduan
Kamila Wozniak

Diagramação
Lucia Quaresma

Ouvidoria: ouvidoria@altabooks.com.br

Editora afiliada à:

SUMÁRIO

Introdução   1

PARTE I   UNIFICANDO   11

1. Sonhos Globais   13
2. A Primeira Globalização   25
3. Recuada   37
4. Norte e Sul   47

PARTE II   UM MUNDO   59

5. A Revolução do Contêiner   61
6. Dinheiro Quente   71
7. Combustão   81
8. "Um Som de Sucção Extremamente Alto"   91

PARTE III   CONTOS DE EXCESSO   103

9. Navios-Dentista   105
10. Mão na Balança   115
11. O Preço Chinês   127
12. Capturando Valor   139

PARTE IV MEDOS GLOBAIS	**153**
13. Gigantes a Flutuar	155
14. Riscos Não Medidos	165
15. A Crise nas Finanças Globais	175
16. Repercussão	187
PARTE V A QUARTA GLOBALIZAÇÃO	**197**
17. Maré Vermelha	199
18. Milhas de Comida	211
19. Cadeias Quebradas	225
20. A Próxima Onda	235

Agradecimentos 247

Notas 249

Índice 277

Introdução

Em 16 de agosto de 2006, às 17h30, 5 rebocadores arrastaram *Emma Maersk* do Estaleiro Odense Steel e o rebocaram de volta ao mar. Sejam novos ou antigos, os navios geralmente navegam para a frente, não para trás, mas não havia nada de comum no *Emma Maersk*. Com o comprimento de 4 campos de futebol e a quilha localizada quase 30m abaixo do convés, a embarcação azul-claro era tão gigante que mal conseguia escapar dos confins do raso fiorde Odense. Quando passou pelo Gabet, a estreita abertura entre o fiorde e as águas mais profundas à frente, os milhares de dinamarqueses na areia das praias tiveram uma visão extraordinária. No dia de seu lançamento, como *Emma* não carregava carga nem combustível, navegou alto na água, expondo parcialmente sua parte inferior branca e exibindo a enorme hélice de bronze que giraria silenciosamente sob as ondas. Ela era de longe a maior hélice já projetada, de acordo com as notícias.

Emma Maersk foi uma aposta na globalização. Propriedade da Maersk Line, parte de um respeitável conglomerado dinamarquês, ofuscava todos os navios que o precederam nos cinquenta anos de história do transporte marítimo de contêineres. Exceto por um punhado de superpetroleiros, nunca houve um navio tão grande. *Emma*, como os sete navios similares que vieram a seguir, custaram US$154 milhões cada, muito mais do que qualquer porta-contêineres custara, e o preço parecia uma pechincha. Se os novos navios estivessem carregados em sua capacidade máxima, seriam capazes de transportar o comércio global a um custo inferior a qualquer outro navio existente. À medida que a economia mundial se expandia, e o comércio de longa distância aumentava com ela, os líderes da Maersk Line esperavam que a vantagem de custo permitisse à sua empresa conquistar uma participação cada vez maior do mercado.

Navios porta-contêineres são o carro-chefe da globalização, carregando caixas de aço repletas de todo tipo de mercadoria, de máquinas de lavar a resíduos de papel, por longas distâncias em horários regulares, em conjunto com caminhões, trens e barcaças, para atender cidades do interior a quilômetros de distância. Cargas internacionais sensíveis ao tempo ou altamente valiosas, como diamantes e unidades de disco, geralmente cruzam os oceanos em aviões, mas quase todo o resto que é produzido pelas fábricas e muito do que vem das fazendas é embalado em contêineres padrão, de 12m de comprimento por 2,5m de largura. Nas décadas finais do século XX, os contêineres praticamente eliminaram os custos de transporte como um fator nas decisões sobre onde produzir, onde cultivar e como transportar as mercadorias até os clientes. Eles ajudaram a remodelar o comércio global, tornando viável a utilização de peças de vários países na montagem de um carro e a entrega de vinho da Austrália à Califórnia, uma distância de 11 mil km, por talvez US$0,15 a garrafa. Estão por trás da surpreendente transformação da China na maior nação manufatureira do mundo, e da desolação de centros de manufatura de longa data, de Detroit a Dortmund, enquanto mercados nacionais distintos, protegidos por altos custos de transporte, fundiram-se em um mercado global quase homogêneo.

Desde que o primeiro navio porta-contêineres navegou de Newark a Houston, em 1956, cada geração de navios foi maior e mais econômica do que sua antecessora. *Emma* e navios similares foram encomendados na expectativa de que essa tendência continuasse, possibilitando que as famílias saboreassem morangos frescos no inverno, e que os fabricantes criassem cadeias de suprimentos mais longas e complexas ligando fábricas e centros de distribuição a milhares de quilômetros. Dezenas de navios ainda maiores logo seguiriam o rastro do *Emma*, alguns capazes de transportar mais carga do que 11 mil caminhões. Mas, da mesma forma que uma corrida para construir arranha-céus monumentais muitas vezes só prenuncia que a economia está a um triz de quebrar — o Empire State Building, em Nova York, projetado no final dos anos 1920 para ser o edifício mais alto do mundo, permaneceu praticamente vazio durante a Grande Depressão dos anos 1930 —, a construção de navios grandes demais para fazer escala na maioria dos portos do mundo foi um dos primeiros indicativos da exuberância excessiva. Fato negligenciado na época do lançamento do *Emma Maersk*, a era de crescimento incessante do comércio de mercadorias estava prestes a chegar ao fim. Aqueles que presumiram que a globalização permaneceria no curso que vinha seguindo desde o fim da Segunda Guerra Mundial pagariam um preço alto.

———

"Globalização" não é um conceito recente. A palavra parece ter surgido na Bélgica, em 1929: o médico e educador J. O. Decroly usou "globalização" para se referir ao desenvolvimento da atenção de uma criança pequena para o mundo mais amplo, em vez de para si mesma. Com o tempo, o termo teve muitos outros significados: a ideia de que empresas gigantes podem vender o mesmo produto em qualquer lugar, em vez de modelos diferentes em cada país; a difusão de ideias de um país para outro; o intenso entusiasmo de norte-americanos, quenianos e chineses por times de futebol ingleses liderados por astros não britânicos.[1] A difusão mundial das religiões é uma forma de globalização, assim como a disseminação de doenças e a migração em grande escala de pessoas em busca de segurança pessoal, liberdade política ou social, ou de melhores oportunidades econômicas. Assim como, é claro, o aumento da intensidade do intercâmbio econômico através das fronteiras internacionais.

O mundo foi, de certa forma, altamente globalizado há muito tempo; como os historiadores Jürgen Osterhammel e Niels P. Petersson observaram: "De certa forma, a 'norte-americanização' da Alemanha não começou em 1945, mas sim no século XVIII, com a chegada da batata." Mas a globalização, como o termo é usado hoje, eclodiu com o nascimento do capitalismo industrial no século XIX, quando as potências coloniais da Europa teceram teias comerciais na África e na Ásia, defendendo seus interesses com exércitos, marinhas e corpos profissionais de funcionários coloniais. Os antigos centros de manufatura, notavelmente a Índia, não foram capazes de igualar a produtividade mais elevada das fábricas europeias e, à medida que seus têxteis não conseguiam mais competir com os produtos estrangeiros, eles acabaram se tornando exportadores de commodities. Durante essa Primeira Globalização, os empréstimos internacionais eram rotineiros e, em muitos países, as exportações e importações representavam grandes parcelas da atividade econômica. Os imigrantes cruzavam as fronteiras às dezenas de milhões, e temas da China e do Taiti adentraram a arte europeia. O mundo parecia ter ficado tão interconectado que uma guerra seria impossível, até que a eclosão da Primeira Guerra Mundial, em agosto de 1914, levou a Primeira Globalização a um fim abrupto.²

O processo de globalização ocorreu de 1914 até aproximadamente 1947, devido a duas guerras mundiais, inúmeras guerras regionais e uma grande depressão. Enquanto as corporações multinacionais se expandiram durante aqueles anos, muitos dos vínculos financeiros, comerciais e humanos além das fronteiras se desgastaram. Em alguns setores, essa recuada foi bem-vinda; em 1943, a congressista norte-americana Clare Boothe Luce criticou o vice-presidente Henry Wallace, que se orgulhava de sua perspectiva global, por seu discurso "globaleira" ("baboseira global"). Depois de muitas críticas, Luce abandonou o termo em favor de "absurdo global". Mas, na esteira de sua cunhagem, palavras como "globalista", "globalite" e "globalismo" entraram no vocabulário norte-americano, sendo empregadas para subjugar a imigração, o comércio exterior e até mesmo as propostas de cooperação internacional.³

A globalização recomeçou no final dos anos 1940, após a vitória dos Aliados na Segunda Guerra Mundial. Esse desenvolvimento era respaldado por um sistema menos rígido de taxas de câmbio e por um esforço conjunto para reduzir as barreiras ao comércio de matérias-primas e de produtos manufaturados. O resultado foram 25 anos de crescimento econômico robusto em todas as economias ricas do mundo e em muitas das pobres. Apesar das crises econômicas da década de 1970, o comércio de produtos manufaturados, medido pelo volume de produtos comercializados, era cerca de 15 vezes mais alto em 1986 do que em 1950. Com a disparada dos preços, o mercado de petróleo tornou-se totalmente global, à medida que superpetroleiros, mais propriamente conhecidos como Ultra Large Crude Carrier, entregavam milhões de barris de petróleo em uma única viagem originada no Golfo Pérsico em direção às refinarias da Europa, do Japão e da América do Norte. Enquanto os países exportadores de petróleo depositavam suas receitas crescentes em bancos de Londres, Nova York e Tóquio, os mercados financeiros faziam empréstimos generosos aos governos dos países em desenvolvimento e ajudavam as corporações multinacionais a se expandirem para todo o mundo.⁴

No entanto, essa Segunda Globalização, assim como a Primeira antes dela, não era verdadeiramente global. As empresas se expandiram agressivamente para o exterior, mas suas identidades permaneceram intimamente ligadas aos seus países de origem, onde quase todos os seus altos executivos nasceram e foram criados. Embora o investimento estrangeiro tenha disparado, a maior parte dele ocorreu entre um punhado de nações ricas, assim como a maior parte do comércio exterior. Os países menos ricos, muitos dos quais se endividaram profundamente, participaram apenas de forma tangencial, principalmente tomando empréstimos de investidores dos países ricos e exportando commodities como petróleo e café. De fato, as críticas mais duras à globalização durante as quatro décadas entre 1947 e 1986 vieram em grande parte daqueles que pensavam que intercâmbios econômicos mais livres permitiam que os países ricos explorassem os pobres. A imigração também era vista como exploradora, já que os países ricos eram acusados de causar uma "fuga de cérebros", ao atrair enfermeiros e professores a emigrar dos países mais pobres. Os países que desejavam superar a pobreza e o atraso, afirmavam os críticos, estariam melhores fazendo mais por si próprios. Muitos países grandes e populosos, incluindo China, Índia e União Soviética, adotaram a autarquia, controlando rigidamente o comércio, o investimento, a migração, o turismo, o intercâmbio científico, as ideias religiosas e outros tipos de vínculos internacionais que seus governantes consideravam perigosos.[5]

A ascensão das ideologias de livre mercado nas economias mais ricas, expressa pela eleição de Margaret Thatcher para liderar a Grã-Bretanha, em 1979, seguida pela eleição de Ronald Reagan como presidente dos EUA, em 1980, abriu o caminho para novas relações econômicas. Quando a Honda Motor Company abriu a primeira montadora de automóveis de propriedade japonesa nos Estados Unidos, em 1982, chocou os concorrentes com sua capacidade de organizar a entrega pontual de motores e transmissões em milhares de quilômetros de mar e terra. No final dos anos 1980, com a ascensão da Terceira Globalização, essas cadeias de suprimentos de longa distância se tornaram rotineiras. A natureza do comércio internacional mudou drasticamente, pois se tornou prático para um varejista ou fabricante ter componentes projetados em um país, fabricados em outro e combinados em produtos acabados em um terceiro, movendo os produtos parcialmente acabados de um lugar para outro por fronteiras nacionais, sem limitações. O vínculo entre localização física e nacionalidade foi eliminado:

quando um fabricante de abrasivos industriais com sede em Massachusetts e fábricas em 27 países pode ser propriedade de uma empresa sediada em Paris, que conta com fundos de pensão holandeses, fundos de investimento britânicos e representantes do Oriente Médio entre seus principais acionistas, quem seria capaz de dizer se a entidade resultante é "francesa", "norte-americana" ou apenas "internacional"? A queda do comunismo, em 1989, parecia sinalizar a vitória final do capitalismo. Conforme os países que há muito desconfiavam das forças de mercado as acolheram de repente, o comércio internacional cresceu quase três vezes mais rápido do que a economia mundial.

Mais uma vez, houve muitas objeções sobre a exploração, só que agora, em vez de prejudicar os trabalhadores dos países pobres, foi dito que a globalização devastaria os trabalhadores dos países ricos. Em 1994, Sir James Goldsmith, um rico financista britânico e descendente de uma família de origem híbrida, criticou as fronteiras abertas no best-seller *The Trap* [*A Armadilha*, em tradução livre]. Viviane Forrester, ensaísta francesa, condenou o cenário como *L'horreur économique* [horror econômico, em tradução livre] em 1996. Três anos depois, quando o sociólogo britânico Anthony Giddens alertou sobre o *Mundo em Descontrole*, no livro homônimo, milhares de manifestantes, alguns anticapitalistas, alguns ambientalistas, alguns deles preocupados com a falta de empregos, outros preparados para o pior, saíram às ruas de Seattle para protestar contra o conclave de ministros do comércio de todo o mundo. O argumento quase unânime dos economistas de que o câmbio mais livre tornaria o mundo mais próspero ganhou pouca força, e a ânsia dos países mais pobres de se abrirem para a economia mundial foi amplamente ignorada. Quando dois jornalistas britânicos publicaram um livro sobre globalização, em 2000, seu título, *A Future Perfect* [*Um Futuro Perfeito*, em tradução livre], era dissonante.[6]

O comércio mundial de produtos manufaturados cresceu 120% em um período de apenas 7 anos, de 2001 a 2008, com o aumento da manufatura na China, enquanto, durante esses mesmos 7 anos, 1 em cada 8 empregos na área de manufatura no Canadá e nos Estados Unidos, e 1 em cada 4 na Grã-Bretanha, desapareceram. Era difícil não estabelecer uma conexão. A diminuição de empregos nas fábricas foi seguida pelo aumento de empregos nas indústrias de tecnologia e serviços. Conforme os prédios comerciais de todos os lugares eram conectados à internet, uma nova indústria chamada terceirização de processos de negócios surgiu: empresas de Frankfurt e Paris transferiram seu setor de contabilidade para cidades onde os salários eram mais baixos, como Varsóvia e Praga, e agentes em Manila começaram a atender clientes de bancos norte-americanos. Em 2003, 285 das 500 maiores empresas dos EUA enviavam trabalhos administrativos para a Índia. "Milhares de empregos de colarinho branco estão indo para o exterior", alertou um congressista dos Estados Unidos em 2004, citando "evidências incontestáveis de que os EUA estão prestes a adotar a economia de nações do terceiro mundo".[7]

O recuo da Terceira Globalização começou sem ser notado, não muito depois que o *Emma Maersk* foi para o mar. No verão de 2008, em meio a uma crise financeira global, o volume do comércio internacional entrou em colapso. Os investimentos internacionais em empresas, que haviam triplicado nos 5 anos anteriores, esgotaram-se repentinamente. Essas tendências eram lamentáveis, mas não surpreendentes: no passado, o comércio e os investimentos diminuíam durante as recessões apenas para aumentar depois, e mais uma vez a repetição desse padrão parecia provável. Mas, desta vez, enquanto a economia mundial rastejava de volta das profundezas de 2010, o comércio e o investimento não se recuperaram da mesma forma que estavam acostumados. As mudanças reveladas pelas estatísticas econômicas e pelos dados de navegação foram gradativamente confirmadas pela ação de empresas internacionais, que passaram a retrair suas cadeias produtivas e reduzir suas operações no exterior. Embora a oposição furiosa à globalização permanecesse, alimentada agora principalmente pelo fervor anti-imigração nos Estados Unidos e na Europa, a própria globalização estava mudando. No momento em que o presidenciável dos EUA, Donald Trump, investia contra "a globalização radical e a privação de direitos dos trabalhadores", em 2016, e o político francês, Marine Le Pen, criticava "a globalização desenfreada que está colocando em risco nossa civilização", essas ações e reações, essa paráfrase do movimento literário alemão de *tempestade e ímpeto*, pertenciam a uma era que em alguns meses se aproximaria do seu fim. Quando a doença viral denominada COVID-19 começou a se espalhar de Wuhan, China, no final de 2019, levando ao fechamento de negócios e a quarentenas domésticas da Nova

Zelândia à Dinamarca, interrompendo o comércio e as viagens em escala global, a transformação da Terceira Globalização em um tipo de relações internacionais muito diferente já estava em andamento.[8]

———

Muito esforço foi feito a fim de elogiar, condenar ou simplesmente quantificar a globalização. Este livro não faz nada disso. Ele afirma que a globalização, da forma que se desenvolveu ao longo de 200 anos, está longe de ser uma consequência inevitável do capitalismo. Ela se transformou repetidamente ao longo de dois séculos, em resposta à mudança tecnológica, à pressão demográfica, à ambição empresarial e à ação governamental: alguém que fala sobre globalização em 2020 está discutindo um assunto completamente diferente da globalização de 1980 e ainda mais da de 1890. Este livro aborda a Terceira Globalização, o quarto de século mais ou menos entre o final dos anos 1980 e o início dos anos 2010, como um estágio distinto na história econômica mundial, diferente do que veio antes e do que provavelmente está por vir. Ele enfatiza como os meios de transporte, as comunicações e a tecnologia da informação possibilitam às empresas organizarem seus negócios em torno de cadeias de valor de longa distância, um tipo de relação econômica fundamentalmente diferente de qualquer outra que tenha existido.

Escrevo sobre a globalização como jornalista, economista e historiador há mais anos do que gostaria de admitir. Meu livro *A Caixa: Como os Contentores Tornaram o Mundo Mais Pequeno e Desenvolveram a Economia Mundial* mostrou como uma inovação aparentemente simples era a chave para as longas cadeias de suprimentos que se tornaram a marca registrada da globalização no final dos anos 1980. Em *An Extraordinary Time: The End of the Postwar Boom and the Return of the Ordinary Economy* [*Uma Época Extraordinária: O Fim do Boom do Pós-guerra e o Retorno da Economia Comum*, em tradução livre], examinei como os governos responderam à desaceleração econômica global que começou por volta de 1973, desregulamentando setores inteiros de suas economias e acolhendo as forças de mercado, tornando mais fácil para as empresas organizarem seus negócios além das fronteiras nacionais. *Fora da Caixa* se baseia nesse trabalho, mas também traz novas pesquisas em arquivos, entrevistas e uma vasta literatura acadêmica para explicar por que, no início do século XXI, a globalização se desenvolveu de maneiras que eram contraproducentes para muitos dos países e das empresas que a abraçaram avidamente. Essa perspectiva histórica explica por que, apesar dos acalorados debates sobre o fim iminente da globalização, acredito que ela esteja longe do fim. Em vez disso, como em várias ocasiões passadas, a globalização está entrando em uma nova fase, em que a economia mundial ainda estará intimamente unida, mas de formas diferentes daquela que a experiência das últimas décadas nos ensinou a esperar. Compreender o passado da globalização pode lançar uma luz sobre seu futuro, que muito provavelmente não envolverá um retorno aos dias em que os países buscavam prosperar isolando-se de seus vizinhos.

―――

Em geral, a globalização tem sido boa para o mundo. Ela tirou milhões da pobreza extrema, tornando uma memória distante os dias em que os norte-americanos diziam a seus filhos para comerem seus vegetais porque havia pessoas morrendo de fome na China. Os consumidores passaram a ter acesso a uma seleção inimaginável de produtos a baixíssimo custo, e alguns dos lugares mais isolados do planeta foram conectados à economia mundial graças a tecnologias que antes teriam passado despercebidas. Ao permitir que as empresas se especializem em suas atividades mais produtivas em escala global, enquanto contam com fornecedores externos para atender às suas outras necessidades, a globalização gerou melhorias massivas de produtividade, que criaram uma riqueza imensa. Os conflitos internacionais não desapareceram, mas foram moderados pelo fato de que a prosperidade de quase todos os países passou mais do que nunca a depender de seus vizinhos. Quando, conforme o coronavírus foi se disseminando, hospitais de todo o mundo procuraram com urgência respiradores para ajudar os pacientes em estado crítico a respirar, os esforços para produzir mais foram retardados pela necessidade de se adquirir peças de uma dúzia de países, mas também auxiliados por um dinâmico mercado global, no qual válvulas, tubos e peças de motor deveriam possuí-los.[9]

Mas a globalização não foi uma bênção perfeita. A rápida industrialização de países que até recentemente estavam na pobreza, especialmente da Ásia, foi acompanhada pela desindustrialização brutal de comunidades de toda a Europa,

América do Norte e Japão. Embora a distribuição de renda entre os países tenha se tornado mais equilibrada, a desigualdade dentro de cada país aumentou; pessoas com acesso ao capital colheram grandes recompensas a partir de novas oportunidades, mas os trabalhadores assalariados muitas vezes se viram competindo diretamente com a mão de obra mal remunerada em lugares distantes, e as pequenas cidades atrofiaram-se à medida que as grandes cidades capturaram uma parcela desproporcional do crescimento. No processo, os governos perderam muito do controle sobre suas economias. As leis de salário-mínimo e as proteções sociais tornaram-se mais difíceis de serem aplicadas, uma vez que as empresas podiam contorná-las facilmente, mudando ou ameaçando mudar uma determinada atividade para o exterior. A possibilidade constante de realocação corporativa criou uma competição internacional para reduzir os impostos sobre as empresas, privando os governos das receitas para financiar a educação e os programas sociais destinados a ajudar os trabalhadores a lidar com um mundo em que o emprego se tornou menos estável. Com o tempo, um número relativamente pequeno de empresas passou a dominar indústrias inteiras, um desenvolvimento que ameaça aumentar os preços, retardar a inovação e tornar a renda ainda mais desigual. As tensões econômicas da globalização minaram as estruturas erguidas ao longo de décadas para promover a cooperação internacional, criando novas incertezas à medida que as narrativas nacionalistas suplantavam as globais.[10]

Ao longo de dois séculos de história, a globalização não avançou em linha reta. Guerras e recessões interromperam o fluxo do comércio, dos investimentos e da migração, e alguns países optaram por se separar da economia mundial por longos períodos: a Rússia, desde sua revolução de 1917 até o final dos anos 1980; a China, por três décadas após o Partido Comunista tomar poder, em 1949. Neste contexto, as alegações de que o "pico da globalização" já passou ou que uma economia mundial globalizada está se dissolvendo em blocos regionais parecem um tanto prematuras. A globalização não está indo embora. Mas, na segunda década do século XXI, à medida que os navios porta-contêineres gigantes navegavam meio vazios ao redor do mundo, a globalização foi assumindo um formato muito diferente. O fluxo de caixas de metal fez parte do seu passado. No próximo estágio de desenvolvimento econômico, seria o fluxo de ideias e de serviços que uniria fortemente as economias mundiais.

PARTE I
Unificando

1

Sonhos Globais

Em 1764, um comerciante chamado Peter Hasenclever, que havia acabado de sair de um barco vindo de Londres, iniciou uma extraordinária aventura nas montanhas do norte de Nova Jersey. Hasenclever era um homem vivido, um globalista, em todos os sentidos. Nascido na região da Renânia alemã, em 1716, era fluente em alemão, francês, espanhol e inglês. Em sua juventude, empunhava um martelo em uma usina siderúrgica, comprava lã em nome de fábricas têxteis alemãs e depois vendia seus tecidos para lugares tão distantes quanto a Rússia e a França. Mais tarde, construiu entrepostos em Portugal e na Espanha, e aconselhou o rei Frederico, o Grande, na industrialização da Prússia. Em 1763, quando já era um homem rico e bem-sucedido, mudou-se para Londres, o centro de um império transatlântico em expansão. Pagou 70 libras esterlinas para induzir o Parlamento a conceder-lhe a cidadania britânica e, com ela, o direito de investir nas colônias. Em seguida, dedicou-se a realizar um sonho empresarial, criando uma parceria para abastecer os estaleiros da Marinha Real, o maior empreendimento industrial do mundo, com ferro forjado nos Estados Unidos.

Hasenclever e seus sócios nunca haviam visitado os EUA. No mapa, as minas de ferro que adquiriram na colônia de Nova Jersey pareciam ideais, localizadas a apenas 30km ou 40km do movimentado porto de Nova York. Mas, como Hasenclever descobriu depois de finalmente cruzar o Atlântico, as minas foram escavadas em encostas rochosas e densamente florestadas, em uma região de vales tão íngremes e isolados que os colonizadores as evitaram. O minério, uma massa de terra, pedras e ferro, tinha que ser extraído com picaretas e pás, depois carregados a bordo de carros de boi e transportados por quilômetros para ferragens perto de rios, poderosas o suficiente para girar rodas d'água. Lá, moinhos de martelo esmagavam o minério, altos-fornos separavam o ferro de rejeitos inúteis e trabalhadores labutando no imenso calor de uma lareira ou fornalha derretiam o ferro e o transformavam em barras de 4m de comprimento e 5cm de largura. Algumas das barras de ferro forjado eram derretidas novamente, para que fragmentos de carvão pudessem ser martelados junto ao ferro líquido, criando o aço-carbono. As barras de ferro e aço vendidas para aldeias vizinhas só tinham utilidade para os ferreiros que moldavam ferraduras e ferros para lareiras. Lucros reais viriam da exportação das barras para os estaleiros da Inglaterra. Ao contrário da maioria dos comerciantes internacionais de sua época, que só encontravam compradores para mercadorias estrangeiras depois que elas chegavam, Hasenclever projetou uma cadeia de suprimentos de longa distância, fornecendo metal à Marinha Real de forma confiável, vital para a construção de navios de guerra. Como benefícios colaterais, a colônia britânica de Nova Jersey prosperaria e Hasenclever seria admitido na elite econômica da Inglaterra.

No entanto, as montanhas Ramapo não tinham estradas ou pontes para transportar o minério das minas para os moinhos. A empresa de Hasenclever, a American Company, teve que construí-las. Os colonos ingleses preferiam a agricultura ao trabalho perigoso e desagradável de produzir ferro e aço em um lugar tão remoto; a grandes custos, a American Company importou pedreiros e ferreiros experientes da Alemanha, pagando sua passagem em troca dos anos de serviço prometidos. A empresa insistiu com seus investidores na Inglaterra para adquirir 90km² de floresta e atender à necessidade infinita de madeira, que seria transformada em carvão para abastecer os altos-fornos e transformar o ferro em aço. Em seguida, solicitou-lhes novamente um investimento para construir represas, reservatórios e canais, para manter as rodas d'água girando.

A estrutura primitiva de transporte atrapalhou todo o empreendimento. À medida que as florestas eram cortadas, a cada ano que passava a distância dos moinhos até as árvores remanescentes aumentava, exigindo mais estradas e bois para levar madeira até os moinhos. As barras finalizadas tinham que ser transportadas para fora dos moinhos da mesma forma que o minério era levado, um vagão de cada vez. Nos meses de inverno, os canais e rios congelavam, e as estradas ficavam intransitáveis. "O ferro norte-americano acaba saindo muito caro", lamentou Hasenclever. O transporte marítimo não era confiável, e não havia como dizer quando uma remessa chegaria aos estaleiros reais em Deptford e Portsmouth. A Marinha Real aparentemente desconfiava dessa linha de abastecimento transatlântica errática, pois a American Company não obtinha lucros e não pagava dividendos. Os sócios de Londres logo perderam a paciência. Em 1768, o quarto ano de operação, ordenaram o fechamento da ferraria. Hasenclever foi responsabilizado pelas dívidas da empresa e quase foi para a prisão civil. Quando as minas foram reabertas, eles vendiam ferro apenas nas proximidades. A noção de uma cadeia de suprimentos industrial de longa distância já estava surgindo, mas os desenvolvimentos que a tornaria prática ainda estavam por vir.[1]

———

As mercadorias percorrem grandes distâncias desde os primeiros dias da civilização humana. Quatro mil anos atrás, os assírios percorriam centenas de quilômetros para estabelecer colônias comerciais onde hoje é a Turquia. Caravanas carregadas de incenso começaram a viajar pela Arábia depois que o dromedário foi domesticado, por volta de 1.000 a.C., e Socotra, uma pequena ilha na costa do Iêmen, tornou-se um centro comercial entre Índia e Roma um milênio depois. Outros mil anos depois, ao chegarem à América do Norte no início do século XI, os aventureiros nórdicos devem ter ficado desapontados com a falta de oportunidades comerciais. Marco Polo, seu pai e seu tio, tiveram mais sorte quando partiram de Veneza em sua famosa jornada ao longo da Rota da Seda para a China, em 1271. O comércio transatlântico de escravos, que começou no início dos anos 1500, tornou-se um grande e sofisticado negócio depois de 1750, com mercadores ingleses exportando armas, chaleiras, tecidos e sapatos para seus próprios postos comerciais na costa da África, trocando essas mercadorias por escravos, vendendo-os nas Américas e enchendo seus navios com açúcar e tabaco para a viagem de volta à Inglaterra. O comércio de escravos africanos era extremamente lucrativo e totalmente global, transportando à força cerca de 12,5 milhões de pessoas escravizadas em, pelo menos, 36 mil viagens transatlânticas, e outro meio milhão de escravos enviados por mar nas Américas.[2]

Essas trocas entre povos distantes envolviam mais do que o comércio de mercadorias e escravos. Envolviam doenças: a peste negra varreu a China em 1334, atingiu o Mar Negro em 1346 e, em 7 anos, matou cerca de 48 dos 80 milhões de europeus.[3] Envolviam ideias: o budismo foi importado da Índia para a China há dois mil anos; o Islã, fundado na Arábia por volta de 610, alcançou a Espanha em 713; e, na década de 1540, padres portugueses levaram ideias cristãs para o Japão. Envolviam um deslocamento econômico: começando por volta de 1530, o influxo de prata das novas colônias norte-americanas da Espanha alimentou a inflação na Europa por 150 anos, um evento tão perturbador que os historiadores o conhecem como a "revolução dos preços". E, certamente, envolviam a projeção de poder político, com vários países usando o comércio como um meio de expandir seus domínios, com riqueza e receita fiscal extraída de colônias ou estados vassalos.

Nos dias atuais, uma viagem turística casual a Gênova, Amsterdã ou Istambul, cada uma delas um importante centro de comércio internacional em sua época, revela que o intercâmbio de pessoas e mercadorias criou uma enorme riqueza muito antes da era dos computadores e dos navios porta-contêineres. Os frutos desse intercâmbio são visíveis também nos tapetes persas e nas porcelanas chinesas que decoram castelos e casas de campo em toda a Europa. No entanto, essas impressões também ilustram por que as relações econômicas antes da Revolução Industrial de 1800 estavam muito longe da globalização como a entendemos hoje.

A famosa Liga Hanseática, uma aliança comercial de cidades no norte da Alemanha, monopolizou o comércio em torno do Mar Báltico por 3 séculos, até o final de 1400, mas embora esse comércio trouxesse grande prosperidade para cidades como Lübeck e Hamburgo, era minúsculo para os padrões modernos: todos os navios de mercadores hanseáticos combinados transportavam menos carga em um ano do que um único navio porta-contêineres de médio porte do século XXI. Bem depois que a Liga Hanseática se dissipou no tempo, o comércio de longa distância ainda envolvia principalmente mercadorias de luxo, escravos ou commodities essenciais, como trigo importado após uma colheita ruim, a fim de evitar motins por alimentos. Ainda na virada do século XIX, era improvável que uma família comum europeia possuísse produtos importados além de um sachê de açúcar e ocasionalmente uma moeda carimbada em prata; as importações de chá, uma das commodities mais comercializadas da época, chegavam a apenas algumas onças por pessoa ao ano. A China, provavelmente a maior economia do mundo na época, importava principalmente barras de prata e pimenta-do-reino. A Índia e o Japão parecem ter importado um pouco de tudo. Na maioria das sociedades, a economia internacional teve poucas consequências.[4]

O comércio teve grande importância para quem lidava com exportações e importações; para marinheiros, carroceiros e embaladores que manuseavam mercadorias em trânsito; para artesãos que fabricavam vidro, tecidos ou outras mercadorias valiosas para exportação; para os trabalhadores recrutados à força para cultivar algodão ou minerar prata; e para os governantes, que viam o comércio como mais uma oportunidade de arrecadar impostos. Em várias cidades europeias, por outro lado, as guildas controlavam a produção de muitas mercadorias, do século XI até 1700 ou 1800, e bloquear a concorrência da importação lhes permitiu manter preços elevados para os produtos de seus membros. Em quase todos os países, a maioria das famílias vivia da terra e à margem da economia monetária, e para elas o mundo pouco importava. Um indicador de que o nível de intercâmbio econômico era bem pequeno: até 1820, a capacidade total de carga de todos os navios do mundo era de cerca de 5,9 milhões de toneladas métricas. O número correspondente, em 2018, era 322 vezes maior — e esses navios, viajando muito mais rápido, provavelmente realizariam muito mais viagens em um único ano.[5]

―――

Por que o comércio exterior era tão modesto nos tempos pré-modernos? Principalmente porque a negociação era lenta e cara. Quando as galés venezianas começaram a percorrer o Mediterrâneo, por volta de 1300, cada uma carregava cerca de 115 toneladas de carga — aproximadamente o conteúdo de 8 contêineres médios a bordo de um navio oceânico moderno. Embora algumas galés tivessem 40m de comprimento, eram impulsionadas por remadores e também pelo vento, e alimentar e abrigar os remadores ocupava uma parte considerável de sua capacidade. O espaço a bordo era tão escasso que os navios só podiam transportar especiarias, sedas e outras mercadorias preciosas; produtos menos valiosos não eram comercializados. Dois séculos mais tarde, Veneza usou navios maiores para importar da Síria mercadorias volumosas, como algodão e trigo, e para transportar barris de vinho de Creta, uma propriedade veneziana, até a Inglaterra. Isso envolveu impressionantes façanhas de organização, mas surpreendentemente pouca carga: a capacidade total dos 107 navios mercantes que navegaram para Veneza em 1499 era menor que 26 mil toneladas de carga e pessoas. Em 2020, um único navio poderia transportar um volume diversas vezes maior.[6]

Alguns anos depois, Portugal substituiu Veneza como a maior potência marítima do mundo, navegando diretamente entre Índia e Europa, contornando os intermediários que cuidavam do caro transporte terrestre através do Iraque ou Egito a caminho do Mediterrâneo. Entre 1500 e 1600, porém, apenas sete navios mercantes portugueses, acompanhados por caravelas ou galeões armados para proteção, faziam a viagem com duração média de seis meses. Provavelmente, ao todo, eram movimentadas 5 mil toneladas de carga no comércio de Portugal com a Índia a cada ano — menos do que cabem a bordo de um moderno trem de carga cruzando as planícies da América do Norte. É certo que a população de Portugal mal chegava a um milhão na época, mas, mesmo assim, o pequeno volume de seu famoso comércio asiático é notável. Portugal enriqueceu com o comércio de pimenta e outras especiarias que a frota levava para casa, mas, por falta de espaço, seus navios na rota da Ásia transportavam praticamente só isso.[7]

Embora, com o passar do tempo, navios maiores cruzassem os oceanos, as taxas de frete permaneceram altas o suficiente para que ainda não valesse a pena transportar mercadorias volumosas ou baratas. Ouro e prata estavam entre as mercadorias mais comercializadas, porque eram altamente valiosas em relação ao seu peso e volume. Mesmo no final dos anos 1600, quando o comércio de têxteis começou a crescer fortemente, os produtos em questão eram principalmente algodões indianos de alta qualidade exportados para a Europa e China, e sedas chinesas para ricos compradores europeus e japoneses. Os tecelões ingleses, que culpavam os algodões indianos por acabar com seus empregos na década de 1660, usavam roupas ásperas de lã e algodão tecidas em casa, precisamente porque não havia tecidos importados pelos quais eles pudessem pagar.[8]

O comércio internacional era ainda mais caro por terra do que por mar. Onde as estradas eram boas, a carga era transportada por carroças, mas, na Inglaterra do século XVII, como observou o historiador de economia, Dan Bogart: "Burros de carga eram a tecnologia de ponta em estradas ruins." O mesmo ocorria na maioria dos outros países. Estradas largas o suficiente para acomodar carroças e firmes o bastante para sobreviver às chuvas eram caras de se construir e manter. Elas existiam apenas onde havia tráfego suficiente para justificar o investimento privado em rodovias com pedágios, onde os cidadãos locais podiam ser recrutados para a construção de estradas ou onde necessidades militares levavam o governo a arcar com os custos. Em 1800, depois que as rodovias começaram a facilitar as viagens entre as cidades inglesas, o custo do transporte de uma tonelada de carga por apenas um quilômetro e meio equivalia ao salário de um dia inteiro de um trabalhador rural. O transporte era caro porque, embora as estradas tivessem melhorado com o tempo, a tecnologia das carroças puxadas por cavalos, não. O transporte marítimo, mesmo em rotas muito tortuosas, era quase sempre mais barato do que o transporte terrestre, mas as cidades que não eram próximas de vias navegáveis enfrentavam custos opressivos. A China enfrentou esse problema séculos antes, construindo uma ampla rede de canais, mas os sistemas de canais só se espalharam amplamente pela Europa no início do século XIX e, ainda mais tarde, na América do Norte.[9]

O papel onipresente de intermediários se somava ao custo do comércio. A manufatura migrou para as áreas rurais, onde os custos eram mais baixos do que nas cidades populosas, e os fazendeiros tinham muito tempo livre no inverno para cuidar de lareiras e teares, mas a maioria das mercadorias era produzida em oficinas muito pequenas. Em Veneza, uma lei de 1497, nem sempre considerada, proibia um fabricante de seda de empregar mais de 6 tecelões. Dois séculos depois, os 18 estabelecimentos têxteis em Clermont-de-Lodève, no sul da França, tinham apenas 29 teares entre eles. A fabricação de carruagens na Nova Inglaterra era feita por pequenas oficinas e artesãos independentes, mesmo no final da década de 1830; uma fábrica com 100 trabalhadores revelou-se grande demais para ser administrada de forma lucrativa. Os fabricantes que operavam nessa escala minúscula não tinham esperança de exportar por conta própria. Na melhor das hipóteses, eles forneciam para um comerciante na aldeia mais próxima, que vendia as mercadorias a um comerciante em uma cidade maior, que conhecia um comerciante em uma cidade portuária, que consolidava carregamentos para exportação. Cada revendedor, é claro, cobrava uma comissão, que era somada ao preço cobrado dos clientes no exterior.[10]

Os impostos dificultaram o comércio no exterior desde os dias em que as cidades-estado gregas impuseram uma taxa de 2% sobre as importações e exportações. Em 1203, o rei John, da Inglaterra, com seu tesouro drenado pela guerra na França, criou o primeiro serviço alfandegário, composto por agentes que exigiam que os mercadores pagassem 1/15 do valor das importações ou exportações aos coletores em cada porto. Em muitas partes da Europa, governantes locais e oficiais religiosos cobravam pedágios cada vez que uma carga cruzava um rio ou entrava em uma cidade. No final dos anos 1500, quando a Alemanha ainda era um conjunto de ducados, condados, principados e cidades-estado independentes, um comerciante suíço relatou ter pagado 31 pedágios entre Basileia e Colônia, e seus descendentes, em 1765, teriam enfrentado taxas em quase 500 locais apenas na Baviera. Por mais de 2 séculos, começando em 1635, o Japão permitiu que os mercadores europeus negociassem apenas em um lugar e os chineses em outro; embora tivesse o objetivo de reduzir a difusão de ideias estrangeiras, também facilitou a cobrança de impostos de importação. A China impôs uma tarifa de 20% sobre todas as importações em 1685 e, em 1757, exigiu que todo o comércio exterior passasse pela alfândega no porto de Guangzhou. Pedágios e impostos eram adicionados às contas dos importadores, tendo o comerciante pagado essas taxas ou feito despesas extras para evitá-las.[11]

E então havia a questão da credibilidade. As carruagens geralmente funcionavam de acordo com escalas; os navios oceânicos, não. Os navios à vela normalmente cruzavam de porto em porto em busca de carga, dirigindo-se ao exterior apenas quando estavam totalmente carregados. Fortes tempestades, piratas e marinhas hostis frequentemente danificavam sua carga em trânsito. As viagens pelo interior podiam ser perigosas para os comerciantes, bem como para a carga que transportavam, tanto devido a governos gananciosos quanto a ladrões; ao longo do rio Loire, na França, "os marinheiros pobres muitas vezes eram obrigados a pagar suborno aos funcionários do pedágio ou seriam atrasados por eles indefinidamente", queixou-se um funcionário local, em 1701. Durante as Guerras Napoleônicas, no início de 1800, os britânicos procuraram bloquear todo o comércio marítimo com a França; os franceses proibiram os Estados europeus que eram seus clientes de negociar com a Grã-Bretanha; e os EUA praguejaram ambos, banindo os norte-americanos que negociavam com eles e, no processo, jogando sua própria economia na depressão. Quaisquer que fossem as circunstâncias, nenhum importador em nenhum lugar poderia contar com a chegada de mercadorias em um determinado dia, ou em um determinado mês, ou até mesmo com a chegada em si. As condições de mercado no país importador poderiam ser bastante diferentes do que o previsto quando as mercadorias foram embarcadas meses ou anos antes, destruindo os lucros esperados. Negociar qualquer coisa que não pudesse ser armazenada indefinidamente era imprudente.[12]

A ortodoxia econômica que reinou por séculos afirmava que importar matérias-primas e exportar produtos acabados era a forma de se criar riqueza. Nos anos 1700, essa ideia ficou conhecida como mercantilismo; mas, muito antes disso, Jean-Baptiste Colbert, ministro das finanças do rei Louis XIV da França, transformou efetivamente o mercantilismo em lei. Em 1664, Colbert impôs uma tarifa de importação uniforme em toda a França, no lugar das diferentes tarifas em vigor em cada região. Três anos depois, ele aumentou os impostos sobre meias, tecidos de lã e outros produtos que competiam com produtos de fabricação francesa. Outros países, incluindo Inglaterra e Holanda, responderam da mesma forma. A manufatura britânica floresceu graças às altas tarifas e, no final dos anos 1700, fábricas de têxteis e olarias estabelecidas para atender ao protegido mercado britânico também exportavam agressivamente.[13]

Os mercantilistas viam o comércio internacional como uma competição, com vencedores e perdedores. Se um país exportasse mais do que importasse, ele era vitorioso. Se seu comércio estivesse em deficit, havia sofrido uma derrota. Essa forma de pensar não era totalmente irracional. A economia mundial, em geral, funcionava à base de prata. Um importador geralmente tinha que pagar por suas compras em prata; um exportador recebia prata em troca. Se um país importasse consistentemente mais do que exportava, seu estoque de metal precioso diminuía, limitando sua capacidade futura de importar, comprar armamentos e contratar soldados em caso de guerra. Um superavit comercial consistente, em contraste, permitiria ao país aumentar sua riqueza de prata. Por esse motivo, os aumentos de tarifa de Colbert foram um grande sucesso, porque o comércio da França passou de deficit a superavit, não importando que os nobres franceses pagassem mais por meias de seda e chapéus de penas feitos no exterior. Quando o imperador chinês, Qianlong, escreveu ao rei George III da Grã-Bretanha em 1793 para dizer: "Eu [...] não vejo utilidade para as manufaturas de seu país", tinha mais em mente do que os efeitos corruptores da moda estrangeira. Ele sabia que os britânicos estavam muito mais ansiosos para vender do que para comprar.

De acordo com os mercantilistas, a riqueza vinha de se produzir coisas e exportá-las. Concluiu-se que as únicas mercadorias que um país deveria importar eram aquelas que não fabricava. Os ingleses teriam concordado unanimemente que trazer chá da Índia e açúcar de Barbados transformava seu país em um lugar melhor. Mas a importação de mercadorias que competiam com os produtos nacionais deveria ser evitada. O propósito das colônias nesse esquema era fornecer matérias-primas e metais preciosos para o país colonizador, comprar suas manufaturas e fornecer-lhes receitas fiscais. O *Wool Act* [Ato da Lã], de 1699, por exemplo, protegeu os fabricantes de têxteis britânicos, permitindo que a lã irlandesa fosse exportada apenas para a Inglaterra e para o País de Gales, garantindo aos fabricantes um suprimento constante de matéria-prima, enquanto impedia os colonos da América do Norte de exportar lã e linho para fora de sua própria colônia. Lord Cornbury, o governador britânico de Nova York, compreendeu totalmente esse propósito, aconselhando Londres, em 1705: "Esses Colonos [...] devem ser mantidos inteiramente dependentes e subservientes à Inglaterra, e isso nunca ocorrerá se for tolerado que eles continuem com a noção de que, como são ingleses, podem estabelecer aqui as mesmas manufaturas das pessoas na Inglaterra." Autoridades da França, da Espanha e de todas as outras potências coloniais teriam dito algo semelhante.[14]

Poucas coisas mudaram sessenta anos depois, na época de Peter Hasenclever. O mercantilismo moldou a breve existência da American Company. A empresa existia apenas porque o Parlamento concedeu à Hasenclever a cidadania britânica; como cidadão prussiano, seu investimento não teria sido permitido porque, aos olhos dos mercantilistas, qualquer lucro que fosse extraído teria diminuído a riqueza britânica. A American Company não poderia ter exportado suas barras de ferro e aço da colônia de Nova Jersey se o Parlamento, ciente de que os siderúrgicos britânicos precisavam desesperadamente de carvão depois de esgotar as florestas próximas de suas minas, não tivesse autorizado as importações sob certas condições. Mesmo assim, a empresa poderia realizar o transporte apenas em navios britânicos e apenas para a Grã-Bretanha. Apesar de suas ambições, a American Company não conseguiu escapar das limitações de seu tempo.[15]

Em alguns países, como a Grã-Bretanha e a Holanda, o comércio internacional afetou diretamente a vida de muitos cidadãos na era do mercantilismo, e nem sempre para melhor. As inovações na tecelagem, que ajudaram o tecido britânico a conquistar o mercado global no final dos anos 1700, reduziram drasticamente os custos de mão de obra — empobrecendo milhares de aldeões ingleses, que tiravam dela parte de sua renda. Quando o Parlamento lidou com as tensões da guerra com a França, proibindo os bancos de resgatar papel-moeda com ouro, em 1797, a crise de crédito na Grã-Bretanha causou uma recessão nos Estados Unidos. Mas a maioria dos países, da China e do Japão à Rússia e ao vasto Império Otomano, tinha laços econômicos internacionais fracos. Grande parte da população mundial vivia da agricultura de subsistência, tenuemente vinculada à economia monetária. Aqueles distantes dos portos e das principais rotas comerciais dificilmente sentiram os efeitos dos fluxos internacionais de commodities e empréstimos estrangeiros. O trabalho do economista britânico Angus Maddison, o principal historiador do crescimento econômico, oferece uma noção de escala. A estimativa de Maddison sobre o comércio internacional, em 1813, era inferior a 0,0005 do volume em 2013.[16]

Seriam necessárias três inovações para tornar a globalização possível: o navio a vapor oceânico, o cabo telegráfico e algumas ideias radicalmente diferentes sobre o comércio internacional. Todas as três surgiram com a ascensão inesperada do capitalismo.

2
A Primeira Globalização

Talvez não tenha sido coincidência que o homem cujo pensamento abriu o caminho para a globalização fosse um produto dela. David Ricardo era descendente de judeus sefarditas. A família de seu pai, originalmente de Portugal, fugiu da Inquisição no início dos anos 1500, encontrou refúgio na Itália e depois, por volta de 1662, mudou-se para Amsterdã, um centro financeiro em ascensão. Abraham Ricardo emigrou de Amsterdã para Londres em 1760 e se casou com Abigail Delvalle, cuja família chegou a Londres logo depois que os judeus foram autorizados a viver abertamente na Inglaterra, em 1656; seu sobrenome indica raízes na Espanha. Quando David, o 3o de 17 filhos, nasceu, em 1772, Abraham havia se tornado um cidadão britânico e enriquecido negociando ações e títulos. Mandou David, à época com 11 anos, para estudar em Amsterdã durante 2 anos, antes de levá-lo para casa para aprender os negócios da família.[1]

David Ricardo se destacou em finanças por seus próprios méritos, tornando-se um proeminente subscritor de empréstimos governamentais e ingressando no comitê de proprietários da bolsa de valores. Era um homem comum, versado em várias línguas e imerso nos debates intelectuais da sua época. O comércio exterior estava entre os temas mais importantes, e Ricardo tinha opiniões pouco ortodoxas, que se tornaram públicas em 1815, quando criticou as taxas propostas sobre as importações de grãos, estabelecidas na legislação conhecida como *Corn Laws* [Leis do Milho], com a afirmação radical de que proteger os agricultores britânicos da concorrência estrangeira não era sensato. Seria melhor, disse ele, permitir a entrada de importações para que os preços dos grãos caíssem. À medida que os lucros dos proprietários de terras caíssem, seu capital seria transferido para o setor manufatureiro. Quando isso ocorresse, escreveu Ricardo, os produtos manufaturados poderiam ser exportados para comprar mais grãos do que a Grã-Bretanha poderia cultivar se tentasse ser autossuficiente, deixando os proprietários de terras e o país em melhor situação.

Dois anos depois, Ricardo desenvolveu seu argumento em *Principles of Political Economy and Taxation* [Princípios de Economia Política e Tributação, em tradução livre]. "Sob um sistema de comércio perfeitamente livre, cada país dedica naturalmente seu capital e trabalho aos empregos que lhe são mais benéficos", insistiu. "Essa busca pela vantagem individual está admiravelmente vinculada ao bem universal do todo." Essa era a teoria da vantagem comparativa, a ideia que daria a Ricardo sua fama duradoura. O comércio exterior não era, como os mercantilistas insistiam, simplesmente um meio de extrair riquezas de outros países. Em vez disso, a Inglaterra poderia se beneficiar tanto com a importação quanto com a exportação, e seus parceiros comerciais também se beneficiariam. Os argumentos de Ricardo eram perfeitamente adequados para uma era em que o fluxo de mercadorias através das fronteiras seria muito mais relevante para as pessoas comuns do que nunca, a era do capitalismo industrial.[2]

―――

Definir o capitalismo é uma missão sem sentido, e atribuir-lhe uma data de início é impossível. Mas há evidências claras de que nas décadas de 1820 e 1830, grandes empresas de propriedade privada tornaram-se mais proeminentes, primeiro na Grã-Bretanha e depois, com o passar do tempo, em outros lugares da Europa e da América do Norte. Certamente, a maior parte da produção industrial ainda vinha de oficinas de artesãos, mas as fábricas que empregavam centenas de trabalhadores não eram mais desconhecidas. Na mesma época, os governos, muitas vezes com cautela, davam mais espaço para as forças de mercado moldarem suas próprias economias. Essa transição ocorreu de maneira diferente em diversos países, mas na época em que o termo "capitalismo" começou a ser utilizado, na década de 1860, não havia dúvidas de que algo fundamental tinha sido alterado. Os padrões de vida, depois de caírem drasticamente nos primeiros anos de industrialização, quando a automação reduziu os salários e os bairros miseráveis cresceram, começaram a melhorar, à medida que as cidades construíam tardiamente sistemas de água e esgoto e fundavam escolas primárias para ensinar leitura e aritmética a todas as crianças. As inovações no transporte e nas comunicações reduziram o isolamento das aldeias rurais e facilitaram o comércio interno. Como os historiadores de economia Larry Neal e Jeffrey Williamson disseram de forma sucinta: "Sempre que um país adotava sua variedade particular de capitalismo no século XIX, também começava a experimentar o início do crescimento econômico moderno."[3]

A globalização caminhou de mãos dadas com a ascensão do capitalismo. Entre os primeiros sinais, estava uma lei assinada em 1824 pelo rei George IV, da Grã-Bretanha, revogando nada menos que 6 atos que proibiam a "sedução de artesãos" para trabalhar no exterior. Essas restrições, algumas datando de 1719, tinham sido postas em prática para impedir que outros países construíssem suas economias com a ajuda da engenhosidade britânica. Essa era a ideia mercantilista: a maneira de manter uma economia forte era mantendo as outras fracas. O argumento de Ricardo, de que a Grã-Bretanha ganharia mais com o comércio de duas vias do que tentando monopolizar a manufatura, expôs essas leis anti--imigração em uma luz menos favorável, e o desemprego crescente forneceu um motivo adicional para a revogação, permitindo que trabalhadores substituídos por novas máquinas têxteis encontrassem empregos no exterior. Ricardo morreu em 1823, mas suas ideias ganhavam seguidores constantemente. Elas influenciariam uma série de leis nas próximas duas décadas, que gradualmente abririam a economia da Grã-Bretanha, e outras tantas, para as mercadorias estrangeiras.[4]

Isso não era uma questão de altruísmo. A Grã-Bretanha era a maior potência industrial global, e sua principal atividade era o processamento de algodão. Os produtos de algodão, que representavam apenas 6% das exportações britânicas por volta de 1784, chegaram a 49% meio século depois, quando o volume era 30 vezes maior. Manter ocupadas as fábricas de fiação, tecelagem e tinturaria de Manchester exigiu uma demanda sem precedentes por suprimentos de algodão importado e pela exportação de tecidos. A Grã-Bretanha precisava urgentemente induzir outros países a abrirem seus mercados, bem como o seu próprio, e Ricardo havia fornecido a base intelectual para sua nova ideologia de livre mercado. A ideologia era poderosa. Na época em que Ricardo a escreveu, o comércio internacional estava estagnado há anos, enquanto as grandes potências da Europa lidavam com a guerra. Em poucos anos, as tarifas de importação caíam, o custo do comércio entre os países do noroeste da Europa diminuía, e o volume do comércio crescia rapidamente.[5]

A cadeia de abastecimento de algodão era longa, estendendo-se das plantações do Mississípi aos armazéns de intermediários perto das docas de Liverpool, às fábricas nas Terras Médias inglesas e de volta aos compradores de têxteis em todo o mundo. A concorrência em toda essa indústria globalizada era intensa, e a incessante pressão para se controlar os custos significava que as condições de trabalho das pessoas que cultivavam, transportavam e processavam o algodão eram péssimas em quase todos os lugares. Nos Estados Unidos, nas décadas de 1820 e 1830, a escravidão se expandiu para o oeste, para plantações em escala industrial no Alabama e Mississípi. Na Índia, no Brasil, no Egito e em outros lugares, pequenos agricultores que cultivavam alimentos para subsistência foram efetivamente transformados em meeiros, para atender à demanda insaciável da Grã-Bretanha por algodão. As circunstâncias não eram muito melhores para os trabalhadores que fiavam e teciam nas cidades britânicas, onde a qualidade e a expectativa de vida declinaram durante as décadas de 1830 e 1840, à medida que trabalhadores contratados pelas fábricas em constante expansão lotavam os bairros urbanos. Era comum passar doze horas por dia no ar denso, envolto em pó de algodão, e o estalar interminável de teares resultou em surdez precoce para muitos dos que sobreviveram. Charles Dickens descreveu de forma memorável as novas famílias trabalhadoras da vida urbana na década de 1830, amontoadas em "quartos tão pequenos, tão imundos, tão confinados, que o ar era exageradamente putrefato, até mesmo para a sujeira e a miséria que abrigavam". Sua descrição da vida no sul de Londres descreveria Manchester ou Bolton de forma semelhante.[6]

No entanto, a pressão sobre os custos serviu a seu propósito, dando à Grã-Bretanha o que mais tarde seria chamado de vantagem de pioneiro. A partir da década de 1820, os algodões baratos britânicos substituíram os têxteis domésticos na Ásia. A Índia, que por muito tempo foi a maior produtora e exportadora de tecidos de algodão, foi colocada de lado à força por seu mestre colonial, que a expulsou dos mercados do Oriente Médio e do Norte da África na década de 1820 e passou a fornecer 2/3 do consumo têxtil do subcontinente indiano no final século XIX. A China não cultivou mais algodão em 1840 do que em 1750, segundo uma estimativa, embora sua população tenha dobrado; a demanda adicional por tecido foi suprida pelas importações. Quando a França, a Bélgica e outros países da Europa continental tentaram seguir o exemplo britânico e construir indústrias têxteis modernas em meados de 1800, descobriram que suas fábricas não eram capazes de competir. A única maneira de produzir tecido de algodão ao mesmo custo da Grã-Bretanha era tecê-lo com fios britânicos de baixo custo.[7]

———

Transporte barato era o pré-requisito para administrar a indústria do algodão em escala global. O apetite insaciável da Grã-Bretanha por algodão, por sua vez, levou a investimentos que reduziram o custo de se transportar o algodão cultivado nos Estados Unidos para as fábricas inglesas a partir de 1830, quando as exportações têxteis britânicas estavam decolando. Tradicionalmente, o algodão bruto era difícil de se transportar com eficiência, porque as fibras mal embaladas ocupavam muito mais espaço a bordo por tonelada do que, digamos, trigo ou carvão. Os armadores começaram a "torcer" o algodão com prensas a vapor nos portos dos Estados Unidos, embalando-o com tanta força que meio quilo ocupava apenas metade do espaço a bordo em 1860 do que ocupara em 1810. O aumento da demanda dos exportadores incentivou a construção de navios maiores; como aconteceu com o *Emma Maersk* quase dois séculos depois, economizava-se muito quando se carregava mais carga em cada viagem. No início da década de 1840, o custo do transporte do algodão pelo Atlântico Norte era 1/4 menor do que duas décadas antes, enquanto as exportações das Américas, principalmente do algodão enviado dos EUA para a Inglaterra, praticamente dobraram.[8]

O *Clermont*, de Robert Fulton, o primeiro barco a vapor bem-sucedido comercialmente, transportou passageiros da cidade de Nova York pelo rio Hudson em 1807, mas foi o engenheiro britânico Isambard Brunel quem adaptou o navio a vapor para tornar a globalização possível. Brunel, contratado pela Great Western Steamship Company, desafiou a ideia de que os navios a vapor não eram viáveis em viagens oceânicas. Seu *Great Western*, abarrotado por 600 toneladas de carga, cruzou o Atlântico em 1838. As versões aprimoradas, usando hélices em vez de rodas laterais e construídas com ferro em vez de madeira, tornaram a viagem ainda mais rápida. Na década de 1840, os navios a vapor viajavam entre Liverpool e Nova York em horários regulares, uma grande melhoria em relação aos navios a vela, pouco confiáveis.

A logística dos navios a vapor não era prática para viagens mais longas, porque o carvão necessário para alimentar suas vorazes caldeiras ocupava um precioso espaço de carga. Como consequência, foram necessárias três décadas após a primeira viagem transatlântica de navio a vapor para que eles começassem a transformar o comércio de longa distância. O Canal de Suez foi inaugurado em 1869, criando um atalho para os navios que navegavam entre a Europa, a Índia e a Ásia Oriental, mas não teria feito diferença sem a rede de estações de carvão controladas pelos britânicos em lugares como Gibraltar, Egito, Aden e Singapura, que permitiu aos navios transportar menos carvão, economizando espaço para a carga a ser comercializada. Mesmo assim, a rota era lucrativa apenas porque os grandes veleiros não podiam usar o canal e tinham que fazer a longa e árdua viagem ao redor da África. Os navios à vela dominaram a maioria das rotas de longa distância até a década de 1870, quando o motor composto, uma nova tecnologia que queimava carvão com mais eficiência, tornou viáveis os navios a vapor. A disponibilidade de chapas de aço mais baratas tornou prático construir navios muito maiores e mais rápidos nas últimas décadas do século XIX, ao ponto em que as taxas de carga despencaram: em 1896, o transporte de lã australiana para a Grã-Bretanha custava a metade por tonelada do que em 1873, e o transporte de uma tonelada de trigo pelo Atlântico Norte custava cerca de 1/8 do que custava em 1820.[9]

Os navios a vapor, com horários de chegada e partida relativamente precisos, representaram uma mudança radical no setor de navegação. Ao prometer navegar em uma determinada data, os navios a vapor oceânicos possibilitaram a um fabricante ou comerciante tomar melhores decisões sobre compra e venda e planejar a chegada de mercadorias importadas. A chave para o uso eficaz da nova tecnologia de navio a vapor era o telégrafo.

O telégrafo elétrico foi, sem dúvida, a mudança mais importante nas comunicações durante o século XIX. Assim como o próprio navio a vapor oceânico, houve um longo intervalo entre a invenção e a inovação prática. As primeiras mensagens telegráficas comerciais foram enviadas na Grã-Bretanha em 1838, e nos Estados

Unidos, usando a famosa tecnologia de Samuel Morse, 6 anos depois. Mas foi só nas décadas de 1860 e 1870 que serviços confiáveis de telégrafo ligaram os EUA, a Europa, a Índia, a Austrália e o Japão. O telégrafo possibilitou que preços de outros países fossem conhecidos em tempo real. Os exportadores não precisavam mais enviar seus produtos em condições incertas, com a esperança de vendê-los com lucro meses depois; até o momento em que um navio levantasse âncora, um exportador poderia mudar o destino de uma remessa, exigir um preço mais alto de um cliente no exterior ou transportar a mercadoria de volta para um depósito, na esperança de que os preços aumentassem. Da mesma forma, os importadores poderiam assumir compromissos com base em informações atualizadas sobre preços e tendências de fornecimento, decidindo no último minuto se Rússia, Austrália, Argentina ou América do Norte eram as opções mais sensatas para comprar o trigo a ser vendido na Antuérpia.

Essas duas tecnologias, o navio a vapor e o telégrafo, combinaram-se para revolucionar o comércio internacional de longa distância, possibilitando que empresários como os irmãos Vagliano, nascidos na Grécia, coordenassem a compra, a venda e a movimentação de milhares de toneladas de grãos e carvão a cada ano, entre os portos russos no Mar Negro, Constantinopla, Marselha, noroeste da Europa e Londres na década de 1860. Um terceiro fator também entrou em jogo: no final da década de 1870, a maioria dos principais países comerciais do mundo fixou o valor de suas moedas em termos de uma onça de ouro. Antes disso, o comércio geralmente envolvia o que mais tarde seria chamado de risco cambial: importar da Alemanha teria custado a um comprador sueco 7% mais em setembro de 1820 do que em junho, simplesmente porque a moeda sueca perdeu valor em relação à alemã durante as semanas intermediárias. Quando um país mudava para o padrão ouro, automaticamente fixava o valor de sua moeda em relação a outras moedas que estavam vinculadas a ele. Essa rigidez teve um custo, tornando difícil para um governo lutar contra uma desaceleração econômica ao imprimir mais papel-moeda para estimular os gastos, mas extinguiu o risco de que mudanças na taxa de câmbio aumentassem o custo de uma importação ou reduzissem o valor de uma exportação depois de um negócio ter sido fechado.[10]

Com o transporte mais barato e as taxas de câmbio estáveis, os preços das commodities convergiram ao redor do mundo: por que uma tecelagem francesa pagaria caro para importar seda crua da Índia se pudesse adquirir seda semelhante por um valor mais barato no Japão? A globalização do comércio de matérias-primas, incluindo a maior capacidade de reagir a custos mais altos em um país importando de outro, tendeu a empurrar os preços para baixo, impulsionando os fabricantes que usavam essas commodities para produzir bens de consumo.[11]

Assim como as mudanças que remodelaram a economia mundial a partir dos anos 1980, a Primeira Globalização foi desorientadora. As indústrias começaram a romper as fronteiras. A Singer, fundada em Nova York em 1851 para vender a primeira máquina de costura comercialmente viável, tinha um escritório em Paris em 1855 e uma fábrica em Glasgow em 1867. Ao longo do meio século seguinte, as empresas têxteis, químicas, de maquinário e de produtos de consumo, principalmente com sede na Europa ou nos Estados Unidos, difundiram suas marcas pelo mundo: a J&P Coats, uma fabricante escocesa de fios do final do século XVIII, fez 40 investimentos estrangeiros entre 1896 e 1913, principalmente ao adquirir fábricas em lugares tão distantes quanto a Rússia, o Brasil e o Japão. A concorrência estrangeira tornou-se intensa, levando os mineiros de carvão, os fabricantes de vidro e os fabricantes de cimento, entre outros, a formar cartéis internacionais para evitar que as importações perturbassem seus mercados.

O boom das finanças internacionais criou distinções sociais, concentrando uma enorme riqueza em um punhado de lugares, dos quais Londres era facilmente o mais importante. Banqueiros e investidores ricos na França, Alemanha e especialmente no Reino Unido emprestaram grandes somas para o exterior, enquanto países devedores como os Estados Unidos, Canadá e Argentina dependiam fortemente de credores e investidores estrangeiros para construir ferrovias e expandir a indústria. Durante a década de 1880, nos melhores anos da construção de ferrovias nos Estados Unidos, cerca de 2/5 do investimento total veio de dinheiro europeu. Em 1913, 1/3 da riqueza britânica foi investido no exterior, e metade de todos os ativos comerciais na Argentina pertenciam a estrangeiros. Os ativos de empresas estrangeiras podem ter sido tão importantes para a economia global quanto seriam meio século depois, à medida que as empresas os utilizavam para espalhar suas proezas em tecnologia e marketing ao redor do mundo. Porém, em quase todos os casos, as empresas mantiveram as funções importantes de gestão, pesquisa e engenharia em seu país de origem; não eram as empresas internacionais, mas inconfundivelmente as empresas britânicas, alemãs ou norte-americanas que faziam negócios no exterior.[12]

É claro que, assim como ocorreria no final do século XX e início do XXI, a Primeira Globalização envolveu uma enorme movimentação de pessoas. "Enquanto anteriormente apenas uns poucos privilegiados se aventuravam no exterior, agora bancários e pequenos comerciantes visitavam a França e a Itália", relembrou o romancista austríaco Stefan Zweig sobre os anos anteriores à Primeira Guerra Mundial. É difícil saber a verdadeira extensão da migração "para além da fronteira", em uma época de grandes impérios. Uma família que se mudava da Líbia para o Líbano não estava cruzando as fronteiras internacionais do Império Otomano, e alguém que se mudava de Dublin para Liverpool permanecia dentro do Reino Unido. Só por essa razão, os números que mostram que cerca de 1/4 da população irlandesa emigrou entre 1841 e 1855 são provavelmente subestimados. Mas há muitas evidências de outros países. Aproximadamente 1/10 da população da Noruega deixou o país durante a década de 1880 e, no início do século XX, 1 em cada 50 italianos emigrou a cada ano. No lado receptor, 1 em cada 7 residentes dos Estados Unidos era imigrante no final do século XIX e, em 1914, quase 1 em cada 3 argentinos havia nascido no exterior, provavelmente na Itália ou na Espanha.[13]

Ondas menos estudadas de imigrantes, igualmente grandes, alcançaram outras partes do mundo. Estima-se que 29 milhões de indianos emigraram para lugares tão diferentes quanto Fiji, Guiana e Quênia nas décadas anteriores a 1914, e talvez 20 milhões de pessoas do sul da China tenham ido para Burma, Singapura, Índias Orientais Holandesas e Indochina. Mais ao norte, milhões de russos étnicos se mudaram para a Ásia Central e a Sibéria, assim como milhões de chineses. Ao todo, mais de três milhões de pessoas cruzaram as fronteiras nacionais anualmente nos primeiros anos do século XX, muito mais do que em qualquer período anterior.[14]

No entanto, o que muitas vezes é esquecido sobre a Primeira Globalização é que a Europa foi a maior responsável. Aproximadamente 3/4 do investimento internacional foi financiado por capital europeu, a maior parte indo para minas e plantações em regiões pobres da América Latina e da Ásia. O volume do comércio de mercadorias cresceu explosivamente; em 1913, era cerca de 30 vezes maior do que um século antes, mas 40% do comércio internacional mundial ainda ocorria entre países europeus. Uma espessa teia de ferrovias e vias navegáveis no continente unia suas economias, ancoradas por acordos internacionais destinados a manter o fluxo comercial: a construção do túnel ferroviário de Gotardo através dos Alpes suíços, inaugurado em 1882, foi subsidiada pela Itália, pela Suíça e pela Alemanha, enquanto a Comissão Central de Navegação no Reno, uma entidade internacional, supervisionava tantos projetos para aprofundar e endireitar o canal principal do rio que o custo do frete de barcaças entre a Holanda e a Alemanha caiu 3/4 entre 1890 e 1914. Os vínculos eram tão firmes que, em alguns setores, os fabricantes faziam negócios regularmente em vários países europeus, enviando rotineiramente máquinas de costura da Grã-Bretanha para a Itália e produtos químicos da Alemanha para a França.[15]

Outros 37% do comércio mundial, mais ou menos, ocorriam entre a Europa e outras partes do mundo. Muito disso foi fruto do colonialismo, com os países europeus usando postos estrangeiros para fornecer minerais e produtos agrícolas que não podiam produzir em casa e, em seguida, importar as exportações da potência colonial para manter os trabalhadores das fábricas no país de origem. Entre os exemplos mais notórios se destaca o Congo Belga, uma colônia de propriedade privada do Rei Leopold entre 1885 e 1908, e depois controlada pelo governo belga, onde os homens eram forçados a coletar borracha na selva para exportação e punidos brutalmente se não cumprissem suas cotas. Em 1913, o restante do comércio exterior da Europa ocorria principalmente com os Estados Unidos. Cerca de 2/3 das exportações dos EUA foram para a Europa, principalmente recursos naturais como algodão, trigo e cobre, com um punhado de máquinas e equipamentos agrícolas. Ao contrário da Europa, os Estados Unidos aumentaram suas tarifas repetidamente para proteger as fábricas domésticas no século XIX, durante o qual os produtos manufaturados representaram uma parcela cada vez menor de suas importações.[16]

Menos de 1/4 do comércio internacional no auge da Primeira Globalização ocorreu entre países não europeus. Mesmo depois que potências estrangeiras lideradas pela Grã-Bretanha forçaram uma China derrotada a aceitar um volume maior de importações, incluindo ópio da Índia, nas décadas de 1840 e 1850, o papel do Leste Asiático na economia mundial era pequeno e estava diminuindo. O mesmo aconteceu com a Índia. O Japão, que foi aberto ao comércio por canhoneiras da Marinha dos Estados Unidos em 1853, foi uma exceção, mas a rápida expansão de seu comércio exterior após a década de 1860 começou quase do zero; em 1913, suas exportações mal chegavam a 1/8 das dos Estados Unidos. Os países latino-americanos tinham um comércio insignificante entre si e compravam apenas uma pequena parte das exportações dos Estados Unidos.[17]

E o próprio comércio crescente pode ser um indicativo ilusório da forma como as economias e as vidas dos trabalhadores estavam vinculadas à economia global. Quase 2/3 das calorias consumidas na Grã-Bretanha era importado, do açúcar jamaicano ao trigo russo e à manteiga dinamarquesa, mas o número correspondente para a China era provavelmente próximo de zero. Os economistas estimam que, como uma parte da produção total mundial, as exportações, juntamente com as importações, cresceram de menos de 3% em 1815, quando a derrota de Napoleão em Waterloo levou a paz para a Europa, para entre 8% e 12% em 1913. Mas, enquanto os velozes navios a vapor agora ligavam portos ao redor do mundo, em 1913 a maior parte da sua carga ainda era composta por produtos primários, os mesmos minerais, fibras e alimentos que haviam dominado os fluxos de comércio por muito tempo. Em muitos casos, o comércio de um país era dominado por uma ou duas commodities: bananas na Nicarágua, lã e ouro na Austrália, arroz na Tailândia. As famílias estavam menos expostas à economia mundial em geral do que ao preço de um produto específico. Se o preço do cacau caísse, fosse por causa da fraca demanda na Europa ou do excesso de oferta na África, um país exportador de cacau enfrentaria problemas. Globalização à parte, vários países apostaram muitas de suas cartas econômicas em uma única jogada, muito antes de o capitalismo entrar em cena.[18]

Apenas alguns países, como Japão, Estados Unidos e algumas nações europeias, exportaram mais produtos manufaturados do que matérias-primas no início do século XX. Cadeias de suprimentos, no sentido moderno de uma fábrica em que um país fornece uma peça, um componente ou um produto químico especializado para outro, quase não existiam. Quando o governo dos Estados Unidos analisou tais relações no ano de 1906, avaliou as "Importações de artigos parcialmente ou totalmente fabricados para uso como materiais de manufatura" em aproximadamente US$113 milhões. O valor de todos os materiais usados pelos 216.262 estabelecimentos de manufatura do país foi de US$8,5 bilhões, então os manufaturados importados, de acordo com a medição do governo, foram apenas 1,3% dos insumos que as fábricas dos EUA usaram para produzir seus produtos.[19]

Talvez, com o tempo, a economia mundial em rápida industrialização teria evoluído de uma forma que criasse vínculos mais complexos entre as indústrias em diferentes países, levando a cadeias de abastecimento mais complicadas. Isso não ocorreu. Em vez disso, em 1914, a Primeira Globalização cessou abruptamente.

3
Recuada

O FIM DA Primeira Globalização é datado com certa precisão. Em 28 de junho de 1914, o herdeiro do trono do Império Austro-Húngaro foi assassinado em Sarajevo, no então território austro-húngaro da Bósnia-Herzegovina. Após um mês de ameaças e movimentos de tropas, com outras potências intervindo para apoiar seus aliados, a guerra estourou em toda a Europa. Em 28 de julho, quando a Áustria-Hungria declarou guerra à Sérvia, as bolsas de valores de Montreal, Toronto e Madrid fecharam suas portas. Em 30 de julho, enquanto a Alemanha e a Rússia mobilizavam seus exércitos, as bolsas de Viena a Paris foram fechadas. Em 31 de julho, com as tropas alemãs prestes a invadir a Bélgica e a França, a bolsa de valores de Londres encerrou seus negócios. Poucas horas depois, enquanto corretores circulavam pelo pregão, antes das 10h, o homem encarregado de fazer soar o sino para abrir a bolsa de valores de Nova York foi instruído a esperar.

Mais tarde, o presidente da bolsa escreveu, explicando que o motivo dessa decisão foi que, com o resto dos mercados de ações do mundo fechados, "a retomada dos negócios naquela manhã teria feito de Nova York o único mercado no qual um pânico mundial poderia se manifestar". Essa não era toda a verdade. O secretário do Tesouro, William McAdoo, estava intimamente envolvido na decisão de fechar a bolsa de Nova York. McAdoo temia que, se o sino soasse às 10h, os estrangeiros se desfariam de suas ações e títulos, usar os lucros para comprar ouro e levá-lo de volta para a Europa, para pagar o custo da guerra. Nos Estados Unidos, como na maior parte da Europa, o ouro sustentava todo o sistema financeiro, e os bancos norte-americanos eram obrigados a trocar dólares em papel por ouro a um preço oficial, mediante solicitação. Se o suprimento de ouro dos EUA fosse sugado para o outro lado do oceano, os bancos não seriam mais capazes de cumprir essa obrigação, causando o que foi vividamente chamado de "pânico". Os empréstimos bancários se esgotariam as empresas teriam dificuldade para pagar seus trabalhadores e a economia pararia.[1]

Antes, esse problema seria resolvido reduzindo-se a quantidade de ouro que uma nota de dólar comprava, ou resgatando notas de dólar com prata, em vez de ouro. Mas a taxa de câmbio fixa do dólar em relação às principais moedas da Europa, definida em termos de ouro, atraiu investimento estrangeiro para os Estados Unidos, eliminando um elemento de risco. Ao todo, as empresas estrangeiras valiam cerca de 5% da produção da economia dos Estados Unidos. Os estrangeiros possuíam fábricas de fibras têxteis, fábricas de pneus, cerca de US$2,7 bilhões em títulos de ferrovias e 1/4 das ações da United States Steel Corporation, a maior empresa do país. Esses investimentos transformaram a economia dos Estados Unidos desde a década de 1870. A única maneira de evitar que esses fundos fossem perdidos era manter o padrão ouro em vigor, e isso exigia uma suspensão temporária da globalização das finanças. A negociação em moeda estrangeira foi suspensa. A bolsa de valores de Nova York, um dos veículos mais importantes da globalização, demoraria quase nove meses para retomar as operações normais.[2]

A perturbação dos mercados financeiros foi apenas o primeiro golpe na visão de um mundo no qual mercadorias e dinheiro circulavam livremente através das fronteiras. O segundo veio com o declínio drástico do comércio internacional. Interromper o comércio era o principal objetivo estratégico, tanto das Potências Centrais, inicialmente Alemanha, Áustria-Hungria e Império Otomano, quanto dos aliados da Entente, França, Rússia, Grã-Bretanha e Japão. Assim que a guerra começou, a Marinha Real Britânica bloqueou a Alemanha. Embarcações com destino à Alemanha foram apreendidas. Os navios com destino a países neutros como a Noruega e a Holanda foram forçados a entrar nos portos britânicos, nos quais as autoridades confiscavam qualquer coisa que pudesse ser transportada para a Alemanha. Grande parte da frota mercante alemã ficou presa nos portos de Bremen, Hamburgo e Lübeck para o equilíbrio da guerra; como um oficial marítimo britânico de alto escalão explicou mais tarde, os alemães "não tinham problemas de transporte, pois não tinham oportunidades para tal". A Alemanha reagiu ameaçando afundar qualquer navio mercante com destino à Grã-Bretanha, uma tentativa transparente de sufocar o comércio, tornando mais cara a realização de seguros para navios e cargas. A Grã-Bretanha, a Noruega e os Estados Unidos rapidamente forneceram um seguro patrocinado pelo estado para os navios, a fim de manter o fluxo comercial.[3]

A Grã-Bretanha, em virtude da geografia e de sua marinha maior, levou a melhor na situação. Nos primeiros meses, seu bloqueio não foi estanque. As fábricas têxteis alemãs conseguiram importar lã australiana via Estados Unidos e Suécia, ambos neutros na época, e os Estados Unidos insistiram em seu direito de importar tintas têxteis alemãs. Mas, em 1915, o bloqueio estava restringindo drasticamente o comércio da segunda maior nação comercial da Europa, mesmo quando a guerra da Alemanha contra a Rússia cortou suas importações de grãos do leste. Os britânicos apertaram ainda mais o laço, ameaçando suspender os envios de carvão para os países escandinavos, a menos que parassem de exportar alimentos e minério de ferro para a Alemanha. Sob essa pressão implacável, o comércio exterior da Alemanha caiu quase 3/4 entre 1913 e 1917.[4]

A falta de navios mercantes era sentida longe das trincheiras sangrentas da Frente Ocidental. A Grã-Bretanha controlava quase metade do transporte marítimo mundial no verão de 1914. Linhas de navios de propriedade britânica, como a Peninsular & Oriental, a maior operadora de navios a vapor, e a China Navigation Company, que transportava cargas e passageiros por todo o Sudeste Asiático, transportavam grande parte do comércio internacional da Ásia. O governo britânico requisitou muitos desses navios para necessidades militares, enquanto uma nova agência, que logo seria designada como Ministério da Navegação, encarregou-se do resto. Sob esse arranjo, o Ministério da Navegação controlava o comércio exterior da Grã-Bretanha, da França e da Itália. Os navios mercantes eram informados sobre onde navegar e qual carga transportar. Apenas produtos aprovados podiam ser importados para a Grã-Bretanha, para que a preciosa capacidade de transporte não fosse ocupada por cargas não essenciais.[5]

Em 1915, o primeiro ano completo da guerra, o volume do comércio internacional em todo o mundo foi 26% menor do que em 1913. As exportações da Europa caíram pela metade, enquanto os exportadores da América Latina, a milhares de quilômetros do campo de batalha, lutavam para encontrar navios para transportar seu café e carne para o mercado. Pouquíssimos novos navios foram adquiridos.

Os estaleiros britânicos, que construíram 2/3 da nova tonelagem mercante do mundo em 1913, não podiam manter a produção com seus trabalhadores indo para a guerra. Embora os Estados Unidos tenham acelerado a construção de navios em 1916, precisaram desses novos navios para transportar tropas e suprimentos militares depois que declararam guerra à Alemanha, em abril de 1917; eles não estavam disponíveis para o comércio. A escassez de tonelagem piorou quando os ataques de submarinos alemães infligiram perdas surpreendentes às frotas mercantes de países neutros, bem como aos países Aliados. As autoridades britânicas fingiram que os problemas eram quase insignificantes. No início de 1917, tentaram elevar o moral da pátria declarando que 2.500 navios chegavam aos portos britânicos a cada semana. Eles não revelaram que 2.360 deles eram barcos pequenos demais para cruzar o oceano, sendo que apenas 140 levava trigo, carne ou outros suprimentos essenciais. O transporte marítimo era tão escasso que as importações da China caíram 34% de 1913 a 1918; da Itália, 62%; e da Pérsia, surpreendentes 75%. Em todo o mundo, o comércio internacional diminuiu cerca de 1/3 durante os 4 anos e 3 meses de guerra.[6]

Um armistício encerrou a guerra, em novembro de 1918. Foi assinado em meio a uma epidemia global de gripe que provavelmente deixou 100 milhões de mortos, em um momento em que revoluções em toda a Europa buscavam derrubar a velha ordem, e em um continente altamente endividado, que enfrentava anos de reconstrução. Os países europeus vitoriosos deram prioridade à aquisição de colônias adicionais, reconstruindo suas reservas de ouro e anexando território das ruínas dos colapsados impérios alemão, austro-húngaro e otomano. A restauração do comércio e do investimento ocupava um lugar muito baixo na lista. Eventualmente, como o historiador Michael B. Miller apontou, a guerra impulsionaria a globalização ao enfraquecer a Europa de tal forma que o Japão e os Estados Unidos assumiriam papéis importantes como organizadores da economia mundial. Mas esses efeitos ocorreriam em um futuro distante.[7]

Em certo sentido, limitar a globalização era o objetivo da diplomacia do pós-guerra. As negociações de paz em Versalhes, perto de Paris, foram vistas como o início do fim do império, ou, pelo menos, de alguns impérios. Para Woodrow Wilson, o presidente dos Estados Unidos, a "autodeterminação", um conceito vago que presumia que uma língua ou uma etnia comuns deveria ser a base da soberania política, era o objetivo mais importante. "A guerra, sem dúvida, teve o efeito de excitar demais o sentimento nacionalista", explicou o ministro italiano de Relações Exteriores, Sidney Sonnino. "Talvez os EUA o tenham incentivado ao colocar os princípios de forma tão clara." As ideias nacionalistas passaram a dominar a política econômica. As barreiras comerciais aumentaram novamente, o investimento estrangeiro tornou-se suspeito e o controle doméstico da navegação mercante foi tratado como um imperativo estratégico. À medida que consolidavam o poder na nova União Soviética, os comunistas bolcheviques que haviam derrubado o Império Russo adotaram políticas semelhantes, se não pelas mesmas razões. Seu objetivo era manter os capitalistas estrangeiros à distância.[8]

Uma medida da globalização é o quanto a economia de um país está "aberta" ao comércio mundial. Tais cálculos estão inevitavelmente sujeitos a uma disputa: como, por exemplo, alguém pode aceitar o fato de que uma remessa de Praga para Viena se movia dentro de um único país até 1918, mas após essa data passou a cruzar uma fronteira internacional? Mas, apesar dessas questões técnicas, as tendências subjacentes são muito claras. Em 1913, o último ano antes da guerra, as exportações chegaram a cerca de 12% da produção econômica total do mundo. Após uma breve reviravolta no pós-guerra, o comércio internacional caiu drasticamente, já que grande parte do mundo entrou em recessão em 1920 e 1921. Embora o crescimento econômico e, com ele, o comércio, tenham aumentado por volta de 1924, as exportações na segunda metade da década de 1920 equivaleram a apenas mais ou menos 10% da produção global, bem abaixo do nível anterior à guerra. A economia mundial estava menos aberta do que antes.[9]

Este resultado foi deliberado. Um país após o outro aumentou as tarifas na década de 1920 para ajudar seus próprios fabricantes e agricultores a se recuperarem. Na Grã-Bretanha, durante um século, o principal defensor do comércio mais livre, o Parlamento aprovou a Lei de Salvaguarda das Indústrias, em 1921, cobrando taxas que tornavam equipamentos ópticos, instrumentos, produtos químicos orgânicos e outros produtos de fora do Império Britânico 1/3 mais caros. Essa lei também autorizava penalidades contra importações que o governo pensava que estavam sendo vendidas abaixo do custo de produção, uma cláusula que violava tratados com nada menos que 26 países, mas agradava aos sindicatos industriais. Os Estados Unidos aumentaram as tarifas em 1921 e novamente em 1922; enquanto em

2/3 das suas importações as tarifas não eram aplicadas, as tarifas médias sobre os demais produtos aumentavam o custo de uma importação de US$100 para US$139 antes de deixar o cais. A tarifa média de importação da Espanha passou de 33%, em 1913, para 44% em 1925; e a da Índia britânica, de 4% para 14%. Muitas vezes, as novas restrições de importação de um país levaram outros países a retaliarem à altura. Entre 1925 e 1929, 26 nações europeias aumentaram suas tarifas, assim como Austrália, Canadá, Nova Zelândia e muitos países da América Latina.[10]

Se os custos de envio tivessem retomado o declínio anterior à guerra, o frete mais barato poderia ter neutralizado os efeitos das tarifas mais altas. A produtividade havia crescido muito mais rápido no transporte marítimo do que em outras indústrias a partir do final do século XIX, principalmente porque o uso do aço no lugar do ferro permitiu que navios maiores pudessem transportar mais carga. Como resultado, o comércio marítimo internacional ficou mais barato: uma linha de navios calculou que seu custo médio para transportar uma tonelada de carga caiu 60% entre 1885 e 1914. Mas, na década de 1920, os custos pararam de diminuir. As razões são debatidas entre os historiadores, mas seja qual for a causa, as taxas médias de envio na década de 1920, ajustadas pela inflação, eram pouco mais baixas do que em 1913; portanto, os custos de transporte mais baixos não estimulavam o comércio.[11]

O crescimento hesitante do comércio exterior foi acompanhado por uma retirada dos investimentos estrangeiros. Antes da Primeira Guerra Mundial, o valor dos ativos de propriedade estrangeira em todo o mundo, de títulos do governo a fábricas, havia chegado a cerca de 18% da produção econômica mundial. Esse número diminuiu ao longo da década de 1920, chegando a 8% em 1930. Obviamente, houve muitos investimentos estrangeiros altamente visíveis. A Ford Motor Company, que montava carros com peças feitas nos Estados Unidos, na Grã-Bretanha e na França antes da guerra, um dos primeiros exemplos de cadeias de suprimentos de manufatura de longa distância, possuía 13 fábricas na Europa no final da década de 1920. Mas a pegada expansiva da Ford revelou os limites da globalização no período entre guerras: ela precisava de fábricas mesmo em países pequenos, como a Dinamarca, porque as altas tarifas tornavam impraticável servir toda a Europa a partir de uma ou duas fábricas maiores e mais eficientes. Enquanto as fábricas da IBM na França e na Alemanha montavam máquinas tabuladoras de peças importadas dos Estados Unidos, muitas empresas estrangeiras licenciavam fábricas estrangeiras para fazer seus produtos, em vez de importar peças ou ingredientes, para evitar o pagamento de tarifas de importação: montadoras norte-americanas exportavam do Canadá para ganhar acesso livre de impostos ao Império Britânico, mas seus veículos feitos no Canadá exigiam uma porcentagem específica de produtos canadenses para evitar as altas taxas sobre as peças feitas nos Estados Unidos. No geral, finanças e manufatura tornaram-se muito menos internacionais durante a década de 1920. Diante da necessidade constante de negociação em torno de tarifas, controles de moeda e outros obstáculos, os investidores preferiram levar seu dinheiro para casa.[12]

A migração também diminuiu. Os Estados Unidos, o maior país de destino, receberam, por 6 vezes, mais de um milhão de imigrantes por ano entre 1905 e 1914. Depois de decretar fortes restrições em 1924, a imigração anual atingiu em média cerca de 300 mil pessoas, quase 1/3 delas vindo do Canadá, em vez de lugares mais distantes. Outro ímã de outrora para imigrantes europeus, a Argentina, atraía cerca de 200 mil imigrantes por ano antes da guerra, mas, na década de 1920, esse valor era, em média, cerca de metade disso. A China se tornou a principal fonte de emigração transfronteiriça, enviando milhões de pessoas para o Sudeste Asiático e outros milhões para a região da Manchúria, cada vez mais dominada pelos japoneses.[13]

―――

A Grande Depressão pôs fim a qualquer esperança de restaurar a livre circulação de mercadorias, investimentos e pessoas. Em 29 de outubro de 1929, a terça-feira na qual a bolsa de valores de Nova York afundou em meio a negociações feitas com tanto pânico que os preços das ações estavam sendo impressos com horas de atraso, entrou no imaginário popular como o início da Depressão. Mas isso era assunto das manchetes dos tabloides. Bem antes da Terça-Feira Negra, a deflação havia se enraizado em grande parte do mundo. A política econômica inepta estava em seu centro. Os governos mantiveram seus compromissos de fixar suas moedas em termos de ouro em uma época em que o metal era escasso, elevando suas taxas domésticas de juros, estrangulando o crescimento econômico e deixando os bancos lutando com carteiras de empréstimos para mutuários insolventes. Em 1930, as evidências indicavam que todas as grandes economias, do Japão à Itália e ao Canadá, caíam nas garras de uma queda prolongada de preços.[14]

A deflação tende a prejudicar o crescimento econômico. As empresas adiam a compra de equipamentos, e os consumidores param de gastar: por que comprar algo hoje, se amanhã seu preço será menor? Como isso ocorreu em todo o mundo no início da década de 1930, o desemprego se tornou endêmico. Os dados para a maioria dos países são fragmentados neste período, mas, de acordo com estimativas oficiais, a taxa de desemprego dos EUA, cerca de 3% na economia geralmente próspera de 1929, saltou para 9% em 1930. As condições nas fazendas dos Estados Unidos eram tão críticas que o salário médio diário dos trabalhadores agrícolas era de US$2,15 sem hospedagem e alimentação, 1/3 menor do que 10 anos antes. A Europa não estava em melhor situação, pois os governos se preocupavam mais em equilibrar seus orçamentos e preservar seus suprimentos de ouro do que em possibilitar que as pessoas voltassem a trabalhar. Levaria 8 anos para a economia holandesa voltar a ser tão grande como tinha sido em 1929, 9 anos para a do Canadá e 10 anos para a da França. O Dow Jones Industrial Average, o indicador de preços mais conhecido da bolsa de valores de Nova York, levaria 25 anos completos, até novembro de 1954, para recuperar seu nível de antes da queda, e consideravelmente mais se a média fosse ajustada para refletir a inflação desse meio-tempo.[15]

A própria crise econômica reduziu o comércio internacional. Com os consumidores com medo de gastar dinheiro, as exportações e importações caíram surpreendentes 8% em todo o mundo em 1930. Mas o pior estava por vir. Em abril de 1929, o Congresso dos Estados Unidos respondeu ao clamor do setor agrícola, iniciando o estabelecimento de uma nova lei tarifária. O que começou como um esforço modesto para ajudar os agricultores saiu rapidamente do controle. Oito meses após a quebra do mercado de ações, a tarifa Smoot-Hawley, como o Tariff Act de 1930 é conhecido desde sua promulgação, aumentou o número de produtos sujeitos a tarifas e elevou as taxas. A lei estabeleceu muitas taxas tarifárias em termos de dólares por unidade ou por libra, em vez de uma porcentagem do valor da importação, de modo que, à medida que a deflação se instalou e os preços caíram, as taxas passaram a representar uma parcela maior do valor das importações. Em 1932, a tarifa Smoot-Hawley acrescentaria 59% ao custo de se transportar muitos minerais, produtos agrícolas e produtos manufaturados para o país.[16]

Os EUA já eram a maior nação comercial do mundo em 1930, respondendo por cerca de 1/7 de todo o comércio internacional. As novas tarifas enfureceram seus parceiros comerciais, cujas exportações foram bloqueadas, embora seus fabricantes já enfrentassem uma demanda mais fraca. O Canadá e os países europeus reagiram, aumentando suas próprias tarifas sobre as exportações dos Estados Unidos. Então, quando uma crise bancária se espalhou pela Europa, no verão de 1931, os governos desvincularam suas moedas do ouro para que seus bancos centrais pudessem injetar mais dinheiro nas economias que estavam com dificuldades. O padrão ouro entrou em colapso, e as taxas de câmbio foram à loucura. Um após o outro, os países introduziram controles de câmbio, dificultando a obtenção das moedas estrangeiras necessárias para pagar as importações.

Ajustado pelas variações de preços, o volume do comércio mundial caiu quase 1/3 entre 1929 e 1933 e, a seguir, gerou apenas uma fraca recuperação. O comércio de produtos manufaturados caiu 42% no mesmo período. O investimento estrangeiro quase parou, pois um país após o outro limitou a capacidade dos cidadãos de movimentar dinheiro para o exterior. Quando a Liga das Nações examinou as questões, descobriu que nos 16 meses após o dia 1º de setembro de 1931, 23 países aumentaram as tarifas em geral, 50 as aumentaram em itens selecionados e 32 impuseram cotas de importação ou sistemas de licenciamento. Um relatório da League advertiu: "Em meados de 1932, era óbvio que o mecanismo de comércio internacional corria um risco real de ser destruído tão completamente quanto o sistema monetário internacional."[17]

A crise econômica de longa duração, agravada muito mais pelo colapso do comércio internacional e do investimento estrangeiro, teve consequências políticas significativas. Em meio ao desemprego consistentemente alto e à piora nos padrões de vida, os governos nacionais dos Estados Unidos e do Canadá tomaram medidas mais agressivas do que nunca, ajudando os agricultores; realizando obras públicas; fornecendo assistência aos pobres, idosos e desempregados e expandindo amplamente o papel do estado. O bem-estar econômico não mais seria tratado apenas como uma preocupação do setor privado. Na Europa, a crise desestabilizou governos eleitos, enquanto partidários de movimentos nacionalistas autoritários marcharam por Londres e Paris, e levaram regimes ditatoriais ao poder na Alemanha, na Hungria, em Portugal e em outros lugares.

Países que exportavam principalmente commodities, incluindo muitas das colônias das potências europeias na África e na Ásia, tiveram um momento particularmente difícil. As altas barreiras comerciais nos países ricos da Europa e da América do Norte significavam que os exportadores de commodities não tinham perspectiva de desenvolver a manufatura. Sua única alternativa, vender a produção de suas fazendas e minas, tornou-se perigosa. Depois que o preço do cobre despencou, em 1929, o valor das exportações do Chile, expresso em dólares norte-americanos, despencou 88% em 3 anos. O Brasil, com um grande comércio de exportação de café e açúcar e nenhuma exportação de manufaturados, viu o valor de suas exportações cair em 2/3. Borracha, lã, óleo de palma, estanho: todos caíram drasticamente de preço no início da década de 1930, de modo que cada tonelada de exportação comprava menos produtos manufaturados importados do que antes. Os preços de muitas commodities permaneceram baixos por anos, até que os preparativos para a Segunda Guerra Mundial criaram uma demanda. O padrão de vida nas partes mais pobres do mundo era muito inferior ao da Europa, América do Norte e Japão.[18]

No final da década de 1930, o mundo estava se transformando em uma série de blocos comerciais, nos quais alguns países deram preferências especiais a parceiros favorecidos, enquanto usavam as tarifas para isolar outros. O Império Britânico se destacou: a maioria das exportações do Canadá, da Índia, da Austrália e da África do Sul foi vendida dentro do império, onde não enfrentava taxas de importação. O Japão, que já controlava a Coreia, ocupou a Manchúria e partes do leste da China na década de 1930, e as transformou no principal mercado para as exportações japonesas; o comércio chinês com outros países foi cortado em grande parte. Quando o comércio da Alemanha com a América do Norte entrou em colapso, seus mercados foram redirecionadas para a Europa, incluindo países que esperava-se serem transformados em estados vassalos. A Itália também negociava mais com suas colônias na África, principalmente a Líbia, e menos com outros países. O investimento estrangeiro se esgotou, e os empréstimos transfronteiriços pararam à medida que o desdobramento das relações econômicas internacionais pavimentou o caminho para a guerra. Em 1º de setembro de 1939, 1,5 milhão de soldados alemães marcharam para a Polônia, desencadeando um conflito sangrento que devastaria grande parte do mundo.

4
Norte e Sul

Em julho de 1944, a Segunda Guerra Mundial, o conflito mais destrutivo já travado, estava prestes a entrar em seu 6º ano. Com as tropas aliadas espremendo a Alemanha de Hitler pelo leste e oeste, e pressionando o norte através do Pacífico em direção ao Japão, especialistas econômicos de 44 países se reuniram em Bretton Woods, um resort nas Montanhas Brancas de New Hampshire, para planejar o mundo do pós-guerra. A questão diante deles era como restaurar o comércio e os investimentos internacionais sem criar crises econômicas como as das décadas anteriores à guerra. Isso exigia, acima de tudo, encontrar uma forma de administrar as taxas de câmbio.

A experiência da era da Depressão influenciou profundamente os negociadores em Bretton Woods. Os benefícios de uma economia mundial mais aberta foram amplamente reconhecidos, exceto pela União Soviética. Ao mesmo tempo, porém, parecia óbvio que vincular as taxas de câmbio ao ouro havia piorado a Grande Depressão, deixando os governos incapazes de injetar dinheiro para revigorar suas economias em face do desemprego em massa, piorando as condições de vida e a inquietação social. Embora a possibilidade de taxas de câmbio instáveis fosse preocupante, um retorno à era em que o preço do ouro era mais importante do que tudo estava fora de cogitação.[1]

A solução encontrada em Bretton Woods foi uma espécie de padrão ouro mais flexível. Cada país anunciaria sua taxa de câmbio em dólares norte-americanos. Os Estados Unidos, por sua vez, prometeram converter os dólares dos bancos centrais estrangeiros em ouro à taxa de US$35 por onça. Assim, todas as principais moedas foram fixadas em relação ao ouro e uma à outra.

Mas duas válvulas de escape foram criadas no novo sistema. Uma admitia que um governo mudasse sua taxa de câmbio em até 10% do ponto de partida. Isso permitiu que as taxas de juros fossem alteradas modestamente, a fim de administrar sua economia doméstica. A outra válvula de escape previa que se um país estivesse em "desequilíbrio fundamental", expressão que nunca foi definida, o governo poderia mudar sua taxa de câmbio, mas apenas com a permissão de uma nova organização internacional, o Fundo Monetário Internacional (FMI). A noção subjacente era que um padrão ouro flexível criaria confiança na estabilidade da moeda de um país e, ao mesmo tempo, permitiria que as taxas de câmbio subissem ou caíssem quando o país enfrentasse sérios problemas econômicos.

Alguns países provaram ser modelos de estabilidade. O franco-suíço, por exemplo, foi negociado por cerca de 4,3 em relação ao dólar dos EUA, de 1946 a 1970, e 5,18 coroas suecas, com variação de mais ou menos um ponto percentual, valeram um dólar por mais de duas décadas. Por outro lado, países com economias problemáticas foram forçados a se desvalorizar; na França, propensa à inflação, um dólar comprava 119 francos em 1945, mas 490 no início de 1960, quando o governo francês tentou estabilizar a moeda criando um "novo franco", que valia 100 francos antigos. O que os países não deveriam fazer, exceto em circunstâncias terríveis, era restringir as importações para ajudar a controlar suas moedas. O fato era que o comércio mais livre era o objetivo de todo o sistema de Bretton Woods. Mas, para fazer o sistema funcionar, havia um produto que não podia ser comercializado livremente: o dinheiro. Se os investidores pudessem vender libras britânicas por francos franceses à vontade, suas transações poderiam afetar a taxa de câmbio libra-franco; portanto, os fluxos de capital precisavam ser controlados. "Os proprietários privados de riqueza não têm direito à liberdade de movimentar fundos ao redor do mundo de acordo com sua conveniência particular", afirmou a economista britânica Joan Robinson em 1944. O que isso significava, na prática, era que os governos mantiveram rédea curta sobre o setor financeiro, limitando os investimentos internacionais e até mesmo determinando quais de seus cidadãos teriam acesso às preciosas moedas estrangeiras. Não se podia permitir a globalização das finanças.[2]

Para os negociadores de Bretton Woods, expandir o comércio internacional era mais do que uma questão de economia. Tendo vivido duas guerras mundiais catastróficas, eles viram os laços econômicos mais próximos entre as nações como fundamentais para evitar uma terceira. Mas eles também sabiam que as fazendas e empresas familiares estão no centro da economia da maioria dos países. Barreiras comerciais e restrições ao investimento mantiveram vivas empresas pequenas e ineficientes, mas dificultaram a expansão internacional das bem-sucedidas. Especialmente na Europa, onde uma fábrica em um país pode estar a uma curta distância de clientes em potencial em outro, tornar mais fácil a operação além das fronteiras poderia resultar em empresas maiores, com capacidade de gastar mais para comprar equipamentos de última geração e financiar pesquisas, melhorando sua produtividade e, assim, aumentando os padrões de vida em todo o continente.

O acordo de Bretton Woods pretendia iniciar esse processo com a criação da Organização Internacional do Comércio para governar o comércio mundial. Entretanto, a ideia de que um órgão internacional pudesse regulamentar as políticas comerciais norte-americanas gerou polêmica nos Estados Unidos, e a nova entidade nasceu morta. Em seu lugar, 23 países estabeleceram uma organização com poderes muito mais fracos, o Acordo Geral sobre Tarifas e Comércio (GATT). Sua ambição era reduzir os direitos de importação por consenso. Em 4 rodadas de negociação, entre 1947 e 1956, cada país membro se ofereceu para reduzir suas tarifas sobre certos produtos, em troca de compromissos dos demais países de fazer o mesmo. O resultado final de cada rodada era uma lista de milhares de reduções tarifárias, algumas derrubando 20% ou mais do preço de uma mercadoria importante de fabricação estrangeira, forçando os produtores domésticos a se tornarem mais eficientes se quisessem competir. O GATT foi muitas vezes ridicularizado como sendo um lugar de conversas fiadas, e a negociação das reduções tarifárias tornou-se mais lenta e complicada à medida que outros países reivindicavam lugares à mesa. Ele conseguiu reduzir as tarifas sobre produtos industriais, em alguns casos até a zero, mas as tarifas sobre produtos agrícolas quase não caíram. Os obstáculos à comercialização de serviços, que geralmente assumiam a forma de requisitos de licenciamento ou de outras restrições em vez de tarifas, eram tão assustadores que o GATT mal os alcançava.

Apesar de suas muitas deficiências, o GATT introduziu duas inovações que afetariam drasticamente o curso da globalização. Uma foi o ato de tornar os cortes tarifários obrigatórios: assim que um país concordasse que os eixos de caminhão importados enfrentariam uma tarifa de apenas 5% em vez de 15%, a tarifa não poderia ser aumentada novamente. Isso proporcionou uma apólice de seguro para as empresas, garantindo-lhes que algum futuro governo não mudaria repentinamente seus planos, tornando uma determinada importação mais cara. A outra inovação era que os compromissos de um país se aplicavam igualmente a todos os outros membros. Até então, os acordos comerciais geralmente envolviam dois países, os Estados Unidos e a Nicarágua assinaram um em 1936, ou um grupo restrito, como alguns países do Império Britânico. No entanto, as reduções tarifárias acordadas no GATT se aplicavam às importações de qualquer país que as aderisse. Os países só poderiam chegar a acordos comerciais mais favoráveis uns com os outros se tais acordos cobrissem "substancialmente todo" o comércio entre eles ou se dois terços dos membros do GATT aprovassem. Essa disposição abriu o caminho para uma série notável de tratados que eventualmente transformariam grande parte da Europa em um único mercado.[3]

———

A prosperidade demorou a retornar ao mundo do pós-guerra. Os primeiros anos após o fim da guerra, em 1945, foram difíceis na América do Norte e miseráveis em muitas partes da Europa e da Ásia. As restrições às importações restantes da década de 1930, os primeiros cortes tarifários sob o GATT que viriam em 1948, foram apenas um dos obstáculos à recuperação econômica. O custo de se travar a guerra havia exaurido as reservas de ouro e dólares de muitos países, deixando-os sem recursos para importar tratores e máquinas para fábricas, carne, grãos e carvão, e deixando os Estados Unidos e o Canadá, cujas fábricas sobreviveram sem danos, sem os principais mercados de exportação. Anos de controle de preços e salários minaram o poder de compra dos trabalhadores, desencadeando inquietação trabalhista e demandas por aquisições estatais da indústria privada: a França perdeu mais de 22 milhões de dias de trabalho em greves em 1947. Naquele mesmo ano, os agricultores da Europa e da Ásia produziram muito menos alimentos do que na década anterior, e os fabricantes adiaram os investimentos porque consideraram injustos os preços permitidos. O crescimento econômico era tênue, a ponto de, em muitos países, a renda *per capita*, ajustada pela inflação, ainda ser menor em 1948 do que antes da guerra.[4]

Foi necessária ajuda dos Estados Unidos para romper a barreira. O Plano Marshall, aprovado pelo Congresso em 1948, canalizou quase US$13 bilhões para países europeus ao longo de 4 anos, para que eles pudessem importar maquinário, matérias-primas, alimentos e rações necessários para restabelecer suas economias. O objetivo fundamental era estratégico: os Estados Unidos, facilmente a potência dominante no mundo do pós-guerra, estavam ansiosos para formar uma coalizão de Estados forte o suficiente, tanto política quanto economicamente, para enfrentar a União Soviética, que considerava a maior ameaça para a paz. A União Soviética e seus Estados clientes rejeitaram a ajuda do Plano Marshall e não queriam mais ter nenhuma ligação com maiores comércios e investimentos estrangeiros. Com o isolamento dos soviéticos, as três zonas de ocupação ocidental foram amalgamadas na República Federal da Alemanha, Alemanha Ocidental, e receberam uma nova moeda, o marco alemão. Esses movimentos desencadearam o renascimento do que havia sido a maior e mais industrializada economia da Europa antes da guerra.[5]

A ajuda do Plano Marshall veio com restrições. Todos os dezessete países que se uniram tiveram que prometer, entre outras coisas, acabar com o controle de preços e encorajar a iniciativa privada. Assim, eles se comprometeram com economias baseadas na livre troca a preços baseados na oferta e demanda, ao contrário das economias estatais criadas no leste.[6] Os norte-americanos também exigiam que os países do Plano Marshall agissem coletivamente. A cooperação não foi fácil para nações que lutaram entre si duas vezes, e para as quais as batalhas ainda estavam presentes na memória da maioria dos adultos vivos. O primeiro passo concreto foi dado em 1951, quando 6 países se comprometeram a eliminar todas as práticas discriminatórias que afetavam o carvão, o principal combustível para a eletricidade e a energia industrial, e o aço, um produto industrial fundamental. A Comunidade Europeia do Carvão e do Aço abriu as portas para um comércio mais amplo, permitindo que as minas e siderúrgicas mais eficientes expandissem e vendessem seus produtos em toda a Europa Ocidental, levando, assim, as menos eficientes a fecharem suas portas. O órgão de governo da Comunidade, conhecido como Alta Autoridade, deveria orientar tais decisões, distribuindo empréstimos para atualizar usinas e subsídios, a fim de ajudar os trabalhadores desempregados, financiados por um imposto sobre cada tonelada de carvão e aço.

Não apenas os empregos estavam em jogo. O objetivo subjacente, como disse o ministro das Relações Exteriores da França, Robert Schumann, era unir os países para "tornar a guerra não apenas impensável, mas materialmente impossível". A ideia de governos nacionais entregando o controle de parte de seu comércio exterior a um organismo internacional era radical, tanto que os diplomatas franceses que desenvolveram o esquema o mantiveram em segredo até de seu próprio governo pelo máximo de tempo possível. Bélgica, França, Itália, Luxemburgo e Holanda assinaram porque, embora soubessem que o renascimento da Europa exigia uma Alemanha Ocidental saudável, queriam a garantia de que a Alemanha não usaria novamente seu poder econômico para travar guerras.[7]

A rigor, a Comunidade Europeia do Carvão e do Aço violou as regras do GATT, porque não cobria "substancialmente todo" o comércio. Mas os Estados Unidos, o membro mais poderoso do GATT, não se opuseram a esse defeito legal; queriam que a Comunidade tivesse sucesso, porque sua preocupação de que os europeus discriminassem as exportações dos Estados Unidos pesava menos do que seu desejo de construir um baluarte contra o comunismo. Os partidos comunistas com simpatizantes pró-soviéticos eram fortes na Itália, na França e em outros lugares. Elevar o padrão de vida dos trabalhadores era visto como a melhor maneira de derrotá-los, e se isso significasse que os europeus poderiam comprar mais uns dos outros e menos dos Estados Unidos, parecia um preço pequeno a ser pago.

Essa estratégia foi extremamente bem-sucedida. Com tarifas mais baixas, moedas mais estáveis e forte demanda por produtos manufaturados gerados pela Guerra da Coreia, as economias da Europa se aceleraram. Entre 1950 e 1952, as exportações da Alemanha Ocidental para outros países europeus aumentaram 87%, sendo 45% da Suécia e 36% da Holanda. Em 1953, 9/10 das importações da Alemanha Ocidental tinham isenção de direitos aduaneiros. O investimento estrangeiro decolou, à medida que as empresas europeias investiam pesadamente fora de seus países de origem e os fabricantes dos EUA abriam fábricas em toda a Europa. O ganho de produtividade devido ao aumento do comércio e investimento foi imediato. Em 1955, o trabalhador mediano holandês produzia 1/4 a mais do que em 1950; o trabalhador mediano da Alemanha Ocidental, 2/5 a mais. O padrão de vida aumentou rapidamente: enquanto as exportações de produtos manufaturados da Itália mais que dobraram entre 1950 e 1957, ajustadas pela inflação, milhões de camponeses empobrecidos se mudaram de vilas isoladas no sul para as cidades em expansão do norte, nas quais os empregos nas fábricas ofereciam salários estáveis, casas com encanamento eram comuns e as vitrines das lojas exibiam a última moda. Havia uma razão para os italianos conhecerem a era do pós-guerra como *il miracolo*, o milagre.[8]

Alguns líderes europeus tinham sonhos ainda maiores, de eliminar as fronteiras que causaram duas guerras mundiais. Em 1956, no Tratado de Roma, a Comunidade Europeia do Carvão e do Aço foi rebatizada como Comunidade Europeia, na qual os membros eliminariam as restrições a todas as importações de outros países-membros, não apenas ao carvão e ao aço. Isso era totalmente novo: nunca antes os governos nacionais abriram mão de todo o poder sobre a política comercial. O livre comércio dentro da Comunidade Europeia forçou os fabricantes europeus a se tornarem empresas internacionais, quisessem ou não. A aposta era que, à medida que a competição mais acirrada fizesse com que as fábricas obsoletas fechassem as portas, as mais modernas criariam empregos com salários mais altos para substituir o que foi perdido. Era uma aposta que valeria a pena.

———

Uma Segunda Globalização começou quando o primeiro acordo do GATT entrou em vigor, em 1948. O volume do comércio mundial aumentou rapidamente, mas seu padrão foi semelhante ao da Primeira Globalização. As mercadorias, assim como o investimento estrangeiro, fluíam principalmente entre a Europa Ocidental, a América do Norte e o Japão, que haviam sido as regiões mais industrializadas antes da Segunda Guerra Mundial. Na linguagem da época, eram conhecidas como "Norte", "centro" ou economias "desenvolvidas", dependendo das inclinações políticas do falante. O comércio internacional era geralmente popular no Norte, à medida que os fabricantes geravam novos empregos relativamente bem pagos aos milhões.

O resto do mundo, porém, participou da Segunda Globalização basicamente por meio do fornecimento de matéria-prima para esses países "avançados". No "Sul", na "periferia", nas economias "subdesenvolvidas", a pessoa mediana consumia significativamente menos produtos manufaturados do que a pessoa mediana na Europa ou na América do Norte, e as fábricas domésticas produziam pouco além de roupas. Os países mais pobres não conseguiam subir na escada econômica, processando seu algodão em tecido e seu minério em barras de ferro, devido ao alto custo do transporte de suas mercadorias e porque os países mais ricos ergueram barreiras às suas exportações industriais. Poucos empregos ofereciam mais do que um salário de subsistência. Uma estatística captura graficamente a divisão: em 1959, a América Latina, a África e a Ásia, somadas, eram responsáveis por menos de 10% da produção industrial mundial.[9]

É verdade que esses países, muitos dos quais se libertaram de seus antigos senhores coloniais nos anos do pós-guerra, fizeram um forte negócio exportando minerais, alimentos e fibras. Os produtos primários, do café à juta e ao petróleo, representavam 9/10 das exportações do Brasil em 1955, e 3/4 das da Índia e da Turquia. Porém, em quase todos os casos, essas exportações limitavam-se a produtos que os países mais ricos não produziam em volume suficiente ou careciam de todo: havia mercados estrangeiros para o cobre chileno e o chá indiano, mas o açúcar colombiano era indesejado nos Estados Unidos e o arroz da Tailândia não podia ser vendido no Japão. Além do mais, a maioria dos países era extremamente dependente de apenas uma ou duas commodities, então um declínio acentuado no preço da borracha ou do estanho poderia ser cataclísmico. As populações desses países mais pobres, portanto, viam-se como perdedoras, para quem o comércio e os investimentos estrangeiros levavam miséria, não prosperidade. Isso condizia com os sentimentos fortemente nacionalistas em terras ansiosas por se libertarem do controle europeu.[10]

O economista argentino Raúl Prebisch traçou um caminho alternativo. Prebisch, o chefe do banco central independente de seu país, foi afastado do cargo após um golpe militar em 1943, e acabou forçado ao exílio. Em março de 1949, com poucas opções, ele assumiu como consultor de uma obscura organização das Nações Unidas, a Comissão Econômica para a América Latina, com sede no Chile. Sua primeira tarefa foi preparar um levantamento econômico da América Latina. Seu relatório, apresentado em uma conferência naquele mês de maio, foi uma bomba. Ele afirmou que, embora o comércio mais livre tenha beneficiado os grandes países industrializados, falhou com aqueles "na periferia da economia mundial". A alegação de David Ricardo, de que cada país ficaria melhor se produzisse os produtos que são mais capazes e os trocasse por suas outras necessidades, não permitiria que esses países periféricos melhorassem a produtividade dos trabalhadores e elevassem os padrões de vida, insistiu Prebisch. Em vez disso, argumentou ele, os países da periferia estavam correndo em uma esteira, precisando exportar cada vez mais matérias-primas para comprar a mesma quantidade de produtos manufaturados importados. Em vez de acolher o livre comércio, disse ele, os países periféricos deveriam trazer máquinas e equipamentos de fábrica, ao mesmo tempo que desencorajariam o consumo de produtos importados. Os bens de consumo podiam ser produzidos localmente em fábricas protegidas por altas tarifas e exportados para os países ricos. Com o tempo, afirmou Prebisch, essa estratégia aumentaria a produtividade dos países da periferia, permitindo-lhes abrir gradualmente suas economias.[11]

A proposta de Prebisch, conhecida como substituição de importações, teve uma recepção bem-vinda em grande parte do mundo. Para os países latino-americanos, representou uma alternativa ao domínio econômico dos EUA e da Grã-Bretanha, enquanto que, para a Ásia e a África, ofereceu um guia para as ex-colônias escaparem do controle econômico de seus antigos senhores coloniais. Da Índia recém-independente, que criou uma comissão de planejamento em 1950, à colônia britânica de Gold Coast, que criou um ministério de planejamento mesmo antes de se tornar o país independente de Gana, em 1957, os governos designaram especialistas para determinar quais indústrias deveriam desenvolver e como deveriam ser promovidas. A ideia de que a substituição de importações oferecia uma "terceira via" de desenvolvimento econômico, distinta do comunismo soviético dominado pelo Estado e do sistema capitalista defendido pelos Estados Unidos, foi endossada pelos líderes de 29 países africanos e asiáticos na primeira reunião das nações não alinhadas, em Bandung, Indonésia, em 1955. Quase unanimemente, esses governantes sentiram que seus países estavam atolados em uma relação desigual com as partes mais ricas do mundo.

A maneira de retificar esse desequilíbrio, pensavam eles, era pôr fim às drásticas oscilações nos preços das commodities que abalavam sua economia. Em 1958, um grupo de economistas de prestígio contratado pelo GATT concluiu que os países exportadores de commodities tinham razão, e que limitar a volatilidade brutal dos mercados internacionais poderia fazer sentido. A estabilidade dos preços das commodities era tão atraente que 77 países, imediatamente chamados de G-77, pediram às Nações Unidas que ajudassem a realizá-la. Indo contra a oposição europeia e norte-americana, a ONU criou uma organização para cuidar das preocupações dos países em desenvolvimento, a Conferência das Nações Unidas sobre Comércio e Desenvolvimento (UNCTAD), em 1964. Prebisch, nomeado seu líder, pediu uma mudança radical na relação entre os países ricos e os mais pobres, incluindo cooperação para estabilizar os preços das commodities, apoio à substituição de importações para fortalecer a manufatura nos países em desenvolvimento e maior ajuda externa. Esse pacote de propostas, e vários outros, ficaria conhecido como Nova Ordem Econômica Internacional.

Na teoria, essas ideias eram atraentes; na prática, nem tanto. A estabilização do preço de uma commodity como o café exigia, primeiro, que cada país produtor limitasse sua produção, o que significava controlar a quantidade que cada produtor poderia colher. Em segundo lugar, um fundo internacional precisaria comprar, armazenar e vender a quantidade de café necessária para manter o preço de mercado global no nível acordado. Isso exigiria grandes quantias de dinheiro, bem como sabedoria para perceber quando o preço atual estava muito alto, justificando as vendas do café armazenado, ou muito baixo, caso em que o fundo deveria comprar café. Nem o dinheiro nem a sabedoria para administrar tal sistema foram fáceis de se encontrar. Quanto à substituição de importações, dar poder aos funcionários para conceder licenças e subsídios de importação criou infinitas oportunidades para a corrupção, ao mesmo tempo em que criava indústrias que eram irremediavelmente ineficientes, precisamente porque não tinham concorrência estrangeira. Apenas um punhado de países que as experimentaram, notadamente Coreia, Taiwan e, anos depois, China, utilizou a substituição de importações com sucesso. Muitos seguiram o conselho da UNCTAD para criar frotas mercantes e lhes garantir uma parte do comércio marítimo do país; esses empreendimentos mal administrados custavam caro tanto para os governos que os patrocinavam quanto para os exportadores que eram obrigados a usá-los.[12]

No final da década de 1960, muitos países mais pobres ainda permaneciam extremamente mal conectados à economia mundial. Os países em desenvolvimento da Ásia, dilacerados pela guerra envolvendo o Vietnã e o Laos, as repetidas hostilidades entre a Índia e o Paquistão, um confronto armado na fronteira entre a Coreia do Sul e a Coreia do Norte e a turbulência da Grande Revolução Cultural Proletária na China, forneciam menos de 1% das exportações mundiais de carga seca em 1967, de acordo com a UNCTAD. As economias da África estavam estagnadas, e a América Latina tinha pouco a mostrar sobre a substituição de importações, exceto uma montanha de dívida externa. Grande parte do mundo entendia o comércio internacional como uma conspiração do "Norte" para controlar o "Sul", e a maioria dos países mais pobres não queria fazer parte dela. Alguns anos depois, essas posições seriam invertidas.[13]

PARTE II
Um Mundo

5
A Revolução do Contêiner

No longo curso da história, 1956 foi um ano significativo por dois motivos. Foi o ano em que o comércio internacional de produtos manufaturados ultrapassou pela primeira vez o comércio de commodities. Foi também o ano em que um método radicalmente novo de movimentação de cargas, o transporte de contêineres, foi utilizado pela primeira vez. Nenhum dos eventos ganhou muita atenção na época. Ambos foram marcos da Segunda Globalização e abririam caminho para mudanças drásticas na economia mundial durante a Terceira.

O custo do transporte de mercadorias foi um grande obstáculo ao comércio internacional após a Segunda Guerra Mundial. Os grandes avanços na navegação mercante, a substituição de navios a vela por navios a vapor oceânicos, a substituição de cascos de ferro por aço, o desenvolvimento de motores compostos eficientes para navios a vapor, haviam ocorrido décadas atrás. O transporte ferroviário internacional de mercadorias era lento e caro: na Europa, os serviços de passageiros tinham prioridade sobre o frete, que era negligenciado pelas ferrovias estatais; na América do Norte, a regulamentação das taxas de frete mitigou os lucros das ferrovias a ponto de reduzir drasticamente o investimento em seus trilhos e pátios de carga e, na Ásia, poucos trilhos cruzavam as fronteiras. Inovações como navios-tanque maiores e o uso de empilhadeiras nas docas não foram suficientes para evitar que o custo da movimentação de cargas aumentasse continuamente.

Exportar commodities a granel era bastante simples: correias transportadoras depositavam trigo ou minério de ferro no porão de um navio graneleiro, e petróleo bruto ou gasolina era bombeado a bordo de um navio-tanque, exigindo pouco tempo ou pouca mão de obra em ambos os casos. Mas exportar o que era conhecido como "carga fracionada", itens distintos embalados separadamente, como uma máquina de lavar, um saco de grãos de café ou uma caixa de bonecas de plástico, era um processo árduo. Os produtos saíam das fábricas, ou das unidades de processamento, em uma ampla variedade de embalagens, desde caixotes de madeira ou tambores de metal até sacos de estopa ou caixas de papelão. Cada item precisava ser carregado individualmente em um caminhão ou vagão. Se a exportação fosse feita por mar, era transportada para um porto, onde seria retirada do caminhão ou trem e transportada para um depósito, para ser armazenada, talvez por várias semanas, até que o navio estivesse pronto para partir. Para carregar o navio, era necessário levar cada remessa para o cais, colocá-la ao lado de outras peças de carga em uma rede ou em uma placa de palete de madeira, e usar um guincho para içar a carga até o porão. Lá, os estivadores separavam cada item da carga empilhada e determinavam onde deveria ser armazenado. Assim, cada barril de produtos químicos ou caixa de sapatos era manuseado várias vezes antes mesmo de um navio zarpar.[1]

Um navio transatlântico típico da década de 1950 poderia transportar talvez 200 mil itens separados, de fardos de algodão bem embalados a carros de 4 portas. O simples carregamento da embarcação poderia levar duas semanas e envolver cem ou mais estivadores. Desembarcar o navio no final da viagem e, em seguida, transportar as mercadorias para seus destinos finais era tão complicado quanto. Ao todo, enviar mercadorias de uma fábrica nos EUA para um cliente na Europa, principal destino das exportações norte-americanas, poderia levar três meses e custar de 10% a 20% do valor das mercadorias, com alto risco de roubo ou danos. As fábricas costumavam se agrupar perto das docas nas cidades portuárias para minimizar o tempo e o custo do transporte; por esse motivo, portos importantes como Londres, Hamburgo e Nova York também eram centros de manufatura. Controlar as despesas e complicações de transportar mercadorias de um lugar para outro era uma consideração importante ao se decidir onde localizar uma fábrica.

Colocar carga em contêineres para reduzir os custos de transporte não era uma ideia nova. O conceito foi testado pela primeira vez com compartimentos de carga destacáveis a bordo de barcos de canal no século XVIII. As ferrovias francesas e britânicas movimentavam contêineres de madeira no século XIX, usando guindastes acionados manualmente para transferir as caixas entre vagões ferroviários e carroças de cavalos. Nos Estados Unidos, várias ferrovias colocavam a carga em pequenas caixas de aço posicionadas lado a lado em vagões especialmente projetados durante a década de 1920. Os contêineres, porém, não agradaram ao *Interstate Commerce Commission*, organismo regulador ferroviário, que há muito exigia que cada mercadoria transportada por ferrovia tivesse sua própria tarifa. A comissão determinou que as ferrovias não poderiam cobrar menos por um contêiner do que pelo peso equivalente da mercadoria mais cara dentro dele. Para atender a essa determinação, uma ferrovia teria que abrir cada contêiner e inspecionar cada pacote dentro dele. Essa dificilmente era uma receita para acelerar os embarques ou cortar os custos.

Mais experimentos com contêineres começaram após a Segunda Guerra Mundial. Os navios projetados para atracagens anfíbias nas praias das ilhas do Pacífico foram transformados em cargueiros "roll-on/roll-off" para transportar caminhões ao longo da costa atlântica dos Estados Unidos. O *International Container Bureau*, originalmente estabelecido por ferrovias europeias em 1933, retomou seus esforços para encorajar o uso de pequenos contêineres de madeira a bordo de trens de carga. Os militares dos EUA adotaram pequenas caixas de aço, conhecidas como caixas *Conex*, para transportar os pertences pessoais dos soldados, e várias ferrovias dos EUA desenvolveram contêineres para serem transferidos entre caminhões e vagões especialmente projetados. Um pequeno número de contêineres de aço era enviado por navio.

Nenhum desses esforços reduziu o custo do transporte internacional de mercadorias. Os sistemas de contêineres das ferrovias não combinavam com os das linhas de navios. Para carregar um contêiner a bordo de um navio, um estivador primeiro tinha que usar uma escada para subir em cima dele e prender ganchos em cada canto e, depois que um guincho baixasse o contêiner até o porão, outro estivador tinha que subir em cima dele para remover os ganchos antes de empurrar o contêiner para seu lugar ao lado das outras cargas. Os navios não foram projetados para grandes caixas de metal, o que desperdiçava um precioso espaço a bordo. "É certo que as mercadorias ocupariam muito menos espaço se fossem armazenadas individualmente em vez de em contêineres", disse o chefe da associação dos estivadores franceses, em 1954. O custo de enviar um contêiner vazio de volta para o local de onde viera superava qualquer economia gerada pelo seu uso. Era amplamente acordado, em meados da década de 1950, que o custo do manuseio da carga havia se tornado um grande obstáculo ao comércio internacional. No entanto, a mudança demorou a chegar.[2]

A era dos contêineres começou em abril de 1956, quando o *Ideal-X*, um petroleiro convertido que sobrou da guerra, carregou 58 contêineres de alumínio em seu convés de Newark, New Jersey, a Houston, Texas. Ninguém imaginava que esse conceito viraria a economia mundial de cabeça para baixo. Ele foi concebido com um propósito totalmente diferente em mente: economizar alguns dólares no custo da movimentação de caminhões entre a Carolina do Norte e Nova York.

O *Ideal-X* foi ideia de um magnata dos caminhões chamado Malcom P. McLean. McLean, nascido na zona rural da Carolina do Norte em 1913, tornou-se caminhoneiro no auge da Grande Depressão, ganhando alguns dólares extras usando um trailer enferrujado para levar óleo de motor para o posto de gasolina que administrava. Em 1945, após se expandir rapidamente durante a Segunda Guerra Mundial, a McLean Trucking possuía 162 caminhões, transportando têxteis e cigarros da Carolina do Norte para a Filadélfia, Nova York e Nova Inglaterra. As regulamentações dificultaram o atendimento das transportadoras a novas rotas, por isso a McLean Trucking comprou empresas de transporte menores como forma de entrar em novos mercados. Em 1954, ela se tornou a 8ª maior empresa de transporte rodoviário dos Estados Unidos em receita e a 3ª maior em lucro depois de impostos.

As tarifas cobradas pelas estações de serviços, como as das ferrovias, estavam sujeitas à aprovação da Comissão Interestadual de Comércio. Para oferecer tarifas mais baixas do que seus concorrentes e, assim, atrair novos clientes, uma estação de serviços precisava provar que as tarifas propostas seriam lucrativas. Um foco obsessivo em cortar custos para justificar taxas mais baixas foi a chave para o sucesso de McLean. E foi isso que o levou, em 1953, a uma ideia inovadora para a movimentação de cargas. Graças ao boom das vendas de automóveis no pós-guerra, o agravamento dos engarrafamentos estava atrasando os caminhões e elevando os custos. McLean propôs construir terminais à beira-mar na Carolina do Norte, em Nova York e em Rhode Island, nos quais os caminhões subiriam as rampas para depositar seus reboques a bordo dos navios. Os navios navegariam ao longo da costa, evitando o agravamento do tráfego. No porto de chegada, outros caminhões recolheriam os reboques e os entregaria aos seus destinos.

Pesquisas posteriores convenceram McLean de que fazia mais sentido separar as carrocerias do trailer de suas bases de aço, eixos e rodas e mover apenas as carrocerias a bordo. Para realizar seu esquema, McLean propôs comprar uma pequena operadora doméstica, a Pan-Atlantic Steamship Corporation, que já tinha autorização para operar entre portos ao longo das costas do Atlântico e do Golfo do México. Os reguladores, porém, desaprovavam a ideia de uma empresa de transporte possuir navios. Para obter a aprovação da transação, ele vendeu a McLean Trucking e depois adquiriu a Pan-Atlantic, que administraria navios de contêineres em suas rotas existentes. A receita da Pan-Atlantic vinha principalmente da navegação entre o continente dos EUA e Porto Rico, um território insular dos EUA, em rotas sem concorrência entre caminhões e trens. Apesar da resistência dos sindicatos longshore que, com razão, temiam que o contêiner eliminasse a maior parte do trabalho de seus membros, outras linhas de embarcação dos EUA gradualmente introduziram contêineres nas rotas para o Havaí e o Alasca.[3]

Havia um fator comum a essas primeiras incursões no transporte de contêineres: cada linha de embarcação usava os contêineres que considerava mais adequados para seu próprio negócio. Os contêineres da Pan-Atlantic tinham 7,5m de comprimento porque, na época, esse era o comprimento máximo que os caminhões tinham permissão para transportar em importantes rodovias que levavam ao seu terminal de Nova Jersey. Outras empresas testaram contêineres com 2,5, 5 ou 7m de comprimento. Alguns contêineres tinham ranhuras na parte de baixo para serem transportados por empilhadeiras. Outros não tinham ranhuras, mas tinham alças no topo, às quais estivadores podiam prender ganchos para içamento. Alguns tinham portas na parte traseira, outros nas laterais; alguns tinham suportes internos para permitir o empilhamento, outros não. Cada linha de embarcação notou que aceitar um único padrão da indústria significaria usar contêineres que eram menos do que ideais para seu negócio específico. A Marinha dos Estados Unidos, que em tempos de guerra tinha o direito de comandar navios subsidiados, temia que sistemas de contêineres incompatíveis complicassem a logística. Sob pressão do governo, o setor de transporte marítimo formou comitês para definir padrões de comprimento, resistência, mecanismos de içamento e assim por diante. Após 3 anos de intensa negociação, os comitês chegaram a um acordo, em 1961, sobre a questão mais polêmica. Os contêineres, decidiram, deveriam ter 3m, 6m, 9m ou 12m de comprimento, de modo que uma combinação de contêineres menores, digamos, uma caixa de 6m e duas de 3m, ocupasse o mesmo espaço a bordo do navio que um único contêiner de 12m.

Então, a Organização Internacional de Normalização (ISO) se envolveu. Em setembro de 1961, representantes de 11 países foram a Nova York para falar sobre contêineres, com a presença de observadores de mais 15. O debate sobre o tamanho dos contêineres, a estrutura interna, a colocação das portas e coisas semelhantes, que haviam consumido 3 anos nos Estados Unidos, agora se repetia em nível internacional. A importância das novas regras era óbvia para todos: o transporte internacional de contêineres faria sentido apenas com embarcações construídas especificamente para esse fim, mas ninguém investiria em embarcações projetadas para transportar contêineres de um determinado tamanho se houvesse a chance de que algum outro tamanho pudesse se tornar padrão internacional. A questão mais polêmica era o método de içar contêineres e travá-los no chassi de um caminhão ou conectá-los uns aos outros. Cada fabricante de contêineres queria que sua maneira de fazer isso se tornasse o padrão internacional. Só em 1965 o comitê chegou a um acordo sobre um único projeto para o encaixe de aço em cada canto de um contêiner, de modo que um contêiner padrão de 12m pudesse ser movimentado em qualquer porto ou terminal ferroviário, em qualquer lugar do mundo. Finalmente, o transporte de contêineres poderia se tornar global.

———

Em março de 1966, dois navios convertidos para transportar contêineres junto com cargas mistas fizeram suas primeiras viagens entre os Estados Unidos e o norte da Europa. Entretanto, essa não era uma proposta econômica: se um navio então tivesse que passar dias no porto para descarregar outra carga além dos contêineres, a vantagem de custo do transporte de contêineres seria perdida. O primeiro navio projetado para transportar apenas contêineres, operado pela empresa de Malcom McLean, rebatizado de Sea-Land Service, chegou no mês seguinte a Rotterdam, onde os caminhoneiros esperavam para entregar seus 226 contêineres em toda a Europa. Depois disso, os navios da Sea-Land cruzavam o Atlântico semanalmente. Os concorrentes estavam logo atrás. Em 1968, apenas 2 anos depois daquela primeira viagem de porta-contêineres transatlânticos, 10 navios porta-contêineres cruzavam o Atlântico Norte por semana, e os navios de carga fracionada tradicionais praticamente abandonaram a rota.

As coisas iam mais devagar no Pacífico. Os especialistas disseram que o transporte transpacífico de contêineres não era financeiramente viável: por causa da longa distância entre a América do Norte e a Ásia, os navios passavam mais tempo no mar do que no cais, então havia menos dinheiro a ser economizado acelerando o carregamento e o descarregamento. De todo modo, a Ásia não era um mercado particularmente promissor na década de 1960. Apenas o Japão era uma grande nação comercial. A China, no meio da Revolução Cultural, proibiu o investimento estrangeiro e as empresas privadas e tinha muito pouco comércio exterior. A Coreia do Sul, ainda muito pobre, estava apenas começando a se industrializar; exportava principalmente produtos de mão de obra intensiva, como gravatas e sapatos, e realizava o mínimo possível de importações. O Vietnã, dividido ao meio e abalado pela guerra com os Estados Unidos, praticamente não tinha relações comerciais estrangeiras.

Inesperadamente, a guerra dos EUA no Vietnã traria o avanço da navegação intermodal. O Vietnã do Sul, com 1.100km de extensão de norte a sul, era extremamente inadequado para as operações militares modernas. Tinha apenas um porto de águas profundas, em Saigon; uma linha ferroviária envelhecida, em grande parte inoperante; e um sistema rodoviário rudimentar, praticamente todo não pavimentado. Sua infraestrutura se esforçou para acomodar os 23 mil soldados norte-americanos que, no início de 1965, "aconselhavam" os militares sul-vietnamitas em uma guerra sem fim contra ambas as guerrilhas domésticas, conhecidas como Viet Cong, e seus apoiadores, o governo socialista do Vietnã do Norte. Em abril de 1965, quando o presidente Lyndon Johnson decidiu enviar um grande número de tropas norte-americanas, o Serviço de Transporte Marítimo Militar da Marinha teve dificuldades para fornecer botas e suprimentos de construção, quem dirá equipamentos de comunicação e armas. A carga que chegava se amontoava nas docas de Saigon, enquanto as tropas no campo não tinham equipamento básico. À medida que as coisas iam de mal a pior, as revistas transformavam a bagunça logística no Vietnã em uma vergonha em Washington.

Desesperada para resolver o problema, uma equipe de estudo militar recomendou mudanças básicas nos procedimentos de envio de suprimentos em dezembro de 1965. A primeira recomendação da equipe foi que todas as remessas para o Vietnã deveriam ter "embalagens unitizadas", um nome prolixo para contêineres. Depois de uma longa resistência entre os militares, em março de 1967, a Sea-Land ganhou um contrato para operar navios de contêineres entre o continente dos EUA e um novo porto que criaria em uma enseada vietnamita chamada Baía de Cam Ranh. Ela iniciou o serviço no final daquele ano, com o primeiro porta-contêineres entregando 609 contêineres; seriam necessários 10 navios de carga fracionada médios para transportar a mesma quantidade de carga militar para o Vietnã. A rota da Sea-Land para a Baía de Cam Ranh resolveu todas as dúvidas sobre se os navios porta-contêineres poderiam operar de forma lucrativa em toda a extensão do Pacífico. O primeiro serviço de navio porta-contêineres entre o Japão e os Estados Unidos iniciou-se em 1967. Dentro de 3 anos, navios porta-contêineres chegavam a Hong Kong, Austrália, Taiwan e Filipinas, interligando mais intimamente um sistema de comércio internacional que havia sido dominado pelo Japão, Estados Unidos e Europa Ocidental.

O transporte marítimo de contêineres ajudou a transformar a globalização em um fenômeno mundial, sobrecarregando o comércio internacional. Os Estados Unidos importaram mais de 1 milhão de veículos pela primeira vez em 1967, a maioria deles da Alemanha. Aqueles carros não eram transportados em contêineres, mas as peças necessárias para sua manutenção, sim. As importações norte-americanas de pneus e câmaras de ar aumentaram a uma taxa de 25% ao ano durante a primeira década de envio internacional de contêineres, liderada por produtos da França e do Japão, enquanto as importações norte-americanas de câmeras do Japão e da Alemanha cresceram a uma taxa semelhante. Em 1972, os Estados Unidos importaram mais produtos manufaturados do que exportaram pela primeira vez desde o século XIX. Os investimentos das empresas norte-americanas em fábricas estrangeiras mais do que dobraram entre 1968 e 1978, enquanto o valor dos ativos de manufatura de propriedade estrangeira nos Estados Unidos triplicou, incluindo uma nova fábrica de montagem da Volkswagen na Pensilvânia, viável graças aos navios de contêineres que transportavam motores e transmissões pelo Atlântico a baixo custo.[4]

A conteinerização permitiu que o Japão se tornasse uma superpotência de exportação e, à medida que seus produtos manufaturados cada vez mais avançados adentravam os mercados da Europa e da Ásia, os investimentos no exterior se seguiam: as empresas japonesas, tradicionalmente voltadas para o mercado interno, tinham 10 vezes mais investimentos nos Estados Unidos em 1978 do que uma década antes. As empresas japonesas começaram a usar fábricas em Taiwan e na Coreia, não mais isoladas por ligações de transporte erráticas, para transformar componentes japoneses em rádios e despertadores de baixo custo para serem vendidos em outros países em desenvolvimento, enquanto gigantes corporativos norte-americanos usavam fábricas na Malásia, na Singapura e nas Filipinas, para construir subconjuntos com peças feitas nos Estados Unidos para abastecer as fábricas norte-americanas. Em 1980, as exportações da Ásia, excluindo o Japão, eram 11 vezes maiores do que no início da década, e as importações da região cresceram quase tão rapidamente, conforme as montadoras estrangeiras começaram a criar as linhas de abastecimento internacionais que levariam à globalização a um novo patamar extremo.[5]

6

Dinheiro Quente

Durante 25 anos após a Segunda Guerra Mundial, as taxas de câmbio estáveis foram o cimento que manteve a economia mundial unida. Esse cimento começou a se esfarelar no final da década de 1960. O caos econômico que se seguiu demonstrou que os governos nacionais não poderiam lidar com as tensões e o estresse de um sistema financeiro globalizado, mas que as finanças se globalizariam de qualquer maneira, a um custo considerável para o público.

Os arranjos acertados em Bretton Woods, em 1944, procuravam minimizar as flutuações da taxa de câmbio. Isso exigia controles rígidos sobre o setor financeiro para conter o fluxo de dinheiro através das fronteiras. Muitos governos mantinham os empréstimos estrangeiros dos bancos sob rédea curta, exigiam que os importadores obtivessem licenças para gastar preciosas moedas estrangeiras e até mesmo especificavam quanto dinheiro os viajantes poderiam levar para o exterior. Uma companhia que adquirisse uma empresa estrangeira poderia precisar de uma permissão de um governo para exportar o dinheiro para fechar o negócio e da promessa de outro garantindo que a nova subsidiária teria permissão para remeter dividendos para o exterior. Administrar uma fábrica que dependia de componentes importados era arriscado, porque os dólares ou ienes necessários para comprar esses insumos poderiam não estar disponíveis. Os obstáculos financeiros para se operar uma empresa internacional eram grandes.

Todo o sistema de taxas de câmbio dependia dos Estados Unidos. Enquanto eles ajudavam na reconstrução do pós-guerra e pagavam por suas tropas destacadas na Europa Ocidental e no Japão, seus dólares iam parar nos cofres de bancos centrais estrangeiros. Manter esses dólares para ajudar a financiar as importações de seus países e os investimentos estrangeiros não envolvia riscos para os bancos centrais, porque os Estados Unidos haviam prometido que comprariam seu ouro a qualquer momento ao preço de US$35 por onça. Mas, a cada ano, exceto um durante os anos 1950 e o início dos anos 1960, mais dólares saíam dos Estados Unidos do que entravam. A recompra desses dólares lentamente drenou os estoques de ouro dos Estados Unidos, a ponto de outros governos e bancos centrais deterem mais dólares do que os Estados Unidos possuíam ouro. Se todos esses estrangeiros procurassem trocar seus dólares, o ouro acabaria, deixando o sistema sem suas escoras. Na prática, manter os dólares fora de mãos estrangeiras era impossível, enquanto ele fosse a principal moeda do mundo. Sem um excedente de dólares, teria sido difícil financiar o comércio internacional e os investimentos que estavam alimentando o impressionante crescimento econômico do mundo.[1]

Sob essa contradição, o sistema de Bretton Woods começou a se fragmentar. Seu rompimento foi encorajado por críticos como o presidente francês Charles de Gaulle, que ameaçou, em 1965, resgatar dólares de propriedade francesa por ouro dos EUA, em um esforço deliberado para abalar a hegemonia norte-americana. O governo do país tomou algumas medidas pouco convincentes para estancar a saída de dólares. Uma lei de 1961 reduziu a quantidade de compras que os turistas norte-americanos podiam fazer no exterior sem pagar taxas de importação, enquanto uma lei de 1964 impôs um imposto sobre ações estrangeiras e as emissões de títulos nos EUA. Por precaução, Washington pediu aos bancos norte-americanos que reduzissem seus empréstimos estrangeiros. Cada um desses anúncios fortaleceu a convicção entre banqueiros e investidores de que as taxas de câmbio fixas não sobreviveriam. Em 1967, a Grã-Bretanha, com falta de moeda estrangeira por causa de deficits comerciais perenes, abalou os mercados ao desvalorizar inesperadamente a libra esterlina. Então, em 1971, Nixon renunciou à promessa dos Estados Unidos de trocar dólares por ouro. Em uma reunião de cúpula de emergência após a outra, os líderes mundiais lutaram para encontrar uma nova maneira de estabilizar as taxas de câmbio. Em 1972, eles desistiram, concordando em deixar que os caprichos do mercado determinassem os valores de suas moedas.[2]

A mudança para taxas de câmbio flutuantes minou a necessidade de se manter um controle rígido sobre as finanças internacionais. Em 1973, o governo dos Estados Unidos declarou a livre circulação de capitais, tão importante na formação de uma economia mundial aberta quanto a livre circulação de mercadorias. Outros países discordaram fortemente. "É sensato que tais movimentos especulativos influenciem o fluxo do comércio internacional e, portanto, os empregos de milhões de pessoas em todo o mundo?", retrucou o ministro das finanças belga, Willy de Clercq. Como lar do maior mercado financeiro e da moeda mais importante, os Estados Unidos venceram a discussão. Nos anos seguintes, uma regulamentação após a outra cairia, à medida que os países se abrissem para investidores, banqueiros e empresas estrangeiras que buscavam emitir ações, construir fábricas ou adquirir empresas locais. Embora o comércio de mercadorias ainda fosse prejudicado por uma série de restrições e complicações, o comércio de dinheiro tornou-se praticamente livre.[3]

O fim do sistema de Bretton Woods ocorreu no momento em que os países exportadores de petróleo do Oriente Médio concordaram em cortar a produção e exigir preços mais altos. O petróleo era comprado e vendido mundialmente em dólares norte-americanos. Quando os preços dispararam, em 1973, exportadores como a Arábia Saudita e a Líbia de repente se viram com enormes quantidades de dólares e pouca ideia de como administrá-los. Banqueiros de Londres, Nova York e Tóquio ficaram felizes em ajudar. Mas com a alta nos preços do petróleo levando suas próprias economias à recessão, tiveram que colocar os depósitos de "petrodólares" dos produtores de petróleo para trabalhar em outro lugar. Pela primeira vez desde o início da Primeira Guerra, os bancos começaram a emprestar grandes quantias aos países mais pobres da América Latina, Europa Oriental, África e Ásia. Os países subdesenvolvidos, conhecidos como LDCs, aspiravam a empréstimos de longo prazo e baixas taxas de juros para pagar por estradas, represas e fábricas que acreditavam que impulsionariam suas economias.

Em muitos casos, um grande banco organizava o empréstimo e vendia partes dele para outros, que muitas vezes sabiam pouco ou nada sobre os mutuários, a ponto de a sorte dos bancos em lugares como Atlanta e Düsseldorf depender de mutuários em Buenos Aires e Jacarta para realizar seus pagamentos em dia. O volume era tão grande que os LDCs se tornaram responsáveis por 1/6 de todos os empréstimos de bancos norte-americanos. Ao mesmo tempo, as empresas dos países ricos aproveitavam as taxas de câmbio flutuantes para tomar empréstimos em moedas estrangeiras, introduzindo ainda mais complicações às finanças globais. Para lidar com o afluxo de dinheiro, 169 novas agências bancárias estrangeiras abriram as suas portas nos principais centros financeiros europeus entre 1971 e 1974. Como observou o historiador Harold James: "A década de 1970 foi a década em que a internacionalização realmente dominou o setor bancário."[4]

Os banqueiros pensaram pouco sobre os novos riscos que estavam assumindo. Eles sabiam como avaliar os mutuários, mas o risco cambial, a possibilidade de um banco que usava depósitos em dólares de financiar empréstimos em liras italianas ou ienes japoneses não conseguir reembolsar os depositantes se as taxas de câmbio mudassem de direção, era desconhecido. Empréstimos para empresas localizadas nos LDCs poderiam ir mal devido a uma desvalorização cambial inesperada ou a uma restrição de importação, mesmo que a estratégia de negócios do mutuário parecesse sólida. Os governos dos países ricos haviam encorajado os bancos a emprestarem aos LDCs, e os banqueiros naturalmente esperavam ser socorridos se esses empréstimos os colocassem em apuros. Afinal, instituições como o Fundo Monetário Internacional e o Banco Mundial foram criadas exatamente para esse fim. Walter Wriston, chefe do Citibank com sede em Nova York e banqueiro mais proeminente de sua época, insistiu que os bancos haviam se tornado tão proficientes em empréstimos internacionais que era improvável que sofressem grandes perdas. Além disso, Wriston proferiu a famosa frase: "Países não vão à falência."[5]

Os supervisores bancários, encarregados de manter seguros os sistemas bancários de seus países, observaram os empréstimos estrangeiros com cautela. Todos eles supervisionavam os bancos domésticos, mas os bancos internacionais eram uma história diferente. As leis de sigilo suíças impediam que as autoridades norte-americanas examinassem as operações dos bancos norte-americanos em Zurique, mas, em todo caso, o Federal Reserve Board dos EUA não tinha examinadores bancários no exterior. Nenhum supervisor tinha o poder de se certificar de que a incapacidade de um mutuário de pagar um empréstimo de um banco japonês em Nova York não colocaria em risco a matriz em Tóquio:

nem as autoridades norte-americanas nem japonesas tinham um entendimento completo das finanças do banco. Não houve acordo internacional sobre quanto capital, fundos dos acionistas, os bancos deveriam ser obrigados a manter para garantir que eles pudessem reembolsar os depositantes, mesmo se os mutuários ou parceiros comerciais não cumprissem suas obrigações. A probabilidade de que bancos pouco capitalizados abaixassem seus juros, prejudicando os bancos bem capitalizados na competição para fazer empréstimos, ameaçava uma corrida para o abismo, que poderia deixar os bancos vulneráveis em uma economia amarga. E ninguém estava prestando atenção ao risco de contágio, à possibilidade de que um problema em um país infectasse os demais.

Todos esses riscos vieram à tona no final de 1974. Primeiro, os investigadores descobriram que o Franklin National Bank, uma instituição de médio porte com sede perto da cidade de Nova York, havia sofrido perdas não divulgadas devido a negociação de moeda não autorizada. O Franklin havia se envolvido em centenas de negociações com outros bancos ao redor do mundo e, se fosse declarado insolvente e fechado, alguns de seus parceiros comerciais também poderiam falir. As autoridades norte-americanas foram forçadas a manter o Franklin vivo, injetando dinheiro à medida que resolviam gradualmente sua situação. Um mês depois, revelou-se que um banco alemão pouco conhecido, o Bankhaus Herstatt, sofreu enormes perdas em transações de câmbio que contornavam os controles internos. Supervisores alemães o fecharam rapidamente, sem considerar que o Herstatt negociava pesadamente com bancos no exterior. Seus pagamentos a serem efetuados para bancos em outros países foram bloqueados, minando as finanças desses bancos estrangeiros. A falência de Herstatt, por sua vez, expôs problemas em outros bancos que haviam evitado as regulamentações nacionais, movimentando dinheiro entre suas subsidiárias em diferentes países, transformando o sistema bancário em um jogo de monte de três cartas. Os supervisores desconheciam esses problemas em bancos relativamente pequenos, levantando a preocupante questão de saber se estavam cientes dos problemas em instituições muito maiores e mais complexas.

Diante da primeira crise financeira internacional desde a década de 1930, os supervisores bancários da Europa, da América do Norte e do Japão começaram a se reunir regularmente para discutir como tornar o sistema bancário internacional mais seguro. As políticas eram assustadoras: alguns supervisores não tinham autoridade legal nem mesmo para compartilhar informações com suas contrapartes em outros países, e todos queriam ter certeza de que quaisquer novos padrões não colocariam os bancos de seus próprios países em desvantagem. O resultado foi um acordo internacional que evitou as questões mais difíceis, como decidir qual país teria a responsabilidade de supervisionar as instituições financeiras que operam além das fronteiras internacionais. "Não é possível estabelecer regras claras para determinar exatamente onde a responsabilidade pela supervisão pode ser mais bem alocada em uma determinada situação", concluíram os supervisores. Não havia novas regras para prevenir crises como as causadas por Franklin e Herstatt. A questão sobre se os bancos em diferentes países deveriam ser obrigados a manter níveis semelhantes de capital acionário era tão politicamente sensível que, em outubro de 1976, o comitê de supervisores decidiu não a discutir. Quando se tratava de finanças internacionais, ainda não haveria ninguém no comando.[6]

Quanto mais os supervisores bancários conversavam, mais dólares eram despejados nas contas dos exportadores de petróleo, para serem emprestados ao redor do mundo. Os empréstimos comerciais aos países subdesenvolvidos, que atingiram um total de US$17 bilhões em 1972, alcançaram US$209 bilhões em 1981. Entretanto, o impressionante crescimento dos bancos mascarou fundações cada vez mais frágeis.

Em outubro de 1979, o Federal Reserve Board decidiu elevar as taxas de juros o quanto fosse necessário para desacelerar a economia dos EUA e acabar com a inflação teimosamente alta. As taxas dos títulos de um ano emitidos pelo Tesouro dos Estados Unidos, que haviam sido de 9,4% no mês de junho anterior, atingiram notáveis 17% em 1981. Dado o tamanho da economia norte-americana, a ação do Fed espalhou aflição pelo mundo todo. Nos Estados Unidos, o mercado imobiliário fechou, e as vendas de automóveis despencaram, gerando a maior taxa de desemprego desde a Grande Depressão. O Japão e a Europa foram fortemente atingidos pelo aumento das taxas de juros e pelo fato de os consumidores dos EUA comprarem menos Toyotas e BMWs. Porém, à medida que os efeitos posteriores se espalharam pelo globo, foram os países subdesenvolvidos que enfrentaram as maiores dificuldades. Muitos de seus empréstimos tinham taxas de juros flutuantes; cada vez que as taxas de juros nos EUA aumentavam, o mesmo acontecia com os pagamentos que deviam aos banqueiros. Quando os ministros das finanças de países como Polônia, Uruguai e Indonésia questionaram sobre o refinanciamento de suas dívidas, descobriram que os banqueiros que tão avidamente lhes emprestaram dinheiro alguns anos antes não estavam mais tão solícitos. As reservas de dólares de seus bancos centrais, essenciais para fazer pagamentos de empréstimos, estavam baixas.

As crises da dívida internacional não eram um fenômeno novo. A Primeira Globalização lidou com muitas delas. Talvez a primeira tenha ocorrido em 1890, depois que um forte aumento nas taxas de juros britânicas acabou repentinamente com o entusiasmo na Grã-Bretanha, então a maior potência financeira mundial, por investir na Argentina. Enquanto a economia argentina tropeçava, a negligência do governo com seus títulos minou o banco mercantil britânico Baring Brothers, o principal credor da Argentina, e causou o caos em toda a América Latina, até que o Bank of England apoiou o Barings para encerrar a crise. O Pânico de 1907, que começou com uma tentativa de concentrar o mercado de cobre em Nova York, levou a uma profunda recessão nos Estados Unidos e a falências de bancos e crises econômicas em países tão distantes como Suécia, Japão e Chile. Inesperadamente, foi o banco central da França que remediou a situação. A crise financeira que eclodiu com a Primeira Guerra Mundial, em agosto de 1914, se espalhou para cinquenta países tão distantes um do outro quanto Japão, Peru e Índia, todos os quais dependiam de financiamento e mercados de exportação europeus que foram engolidos pela guerra.[7]

Durante a Segunda Globalização, as restrições ao fluxo internacional de dinheiro significaram que crises financeiras desse tipo, transmitidas de um país para outro como uma epidemia viral, eram inicialmente raras. Poucos formuladores de políticas econômicas na década de 1970 haviam vivenciado uma crise financeira em primeira mão. Mas, à medida que os fluxos internacionais se amplificaram de um gotejamento para uma inundação, o risco de uma crise ressurgiu de forma virulenta. Em 1981, 11 países em 3 continentes procuraram renegociar seus empréstimos externos. Então, em 12 de agosto de 1982, o governo mexicano informou ao Tesouro dos Estados Unidos que não poderia pagar US$300 milhões na segunda-feira seguinte, muito menos os US$2 bilhões mensais necessários para arcar com sua dívida externa no ano seguinte. Os empréstimos dos bancos comerciais a países subdesenvolvidos cessaram imediatamente; embora as autoridades brasileiras insistissem que "o Brasil não é o México", os financistas agora enxergavam semelhanças que antes não notavam. O ceticismo dos banqueiros era bem fundamentado. O Brasil não tinha esperança de fazer pagamentos pontuais de sua dívida externa, nem Turquia, Argentina, Indonésia ou Polônia. No final de 1982, com os LDCs devendo coletivamente mais de US$700 bilhões em dívidas em moeda estrangeira, quarenta países estavam com seus pagamentos atrasados.[8]

A crise da dívida dos LDCs durou até a década de 1990. Ela se provaria extremamente cara, tanto em termos econômicos quanto humanos. Nos países devedores, os padrões de vida entraram em colapso, e a desnutrição e a mortalidade infantil aumentaram. Os bens de consumo importados desapareceram das prateleiras, e os aumentos salariais foram deliberadamente mantidos abaixo da taxa de inflação, em um esforço para baratear as exportações. "Aqueles que pagam são principalmente os trabalhadores cujos salários reais são cortados", observou o economista norte-americano Rüdiger Dornbusch. Levaria quase duas décadas até que a renda média no Peru e nas Filipinas recuperasse o poder de compra que possuía em 1982. Os governos do "mundo rico" insistiam para que os LDCs adotassem a austeridade a fim de acumular as somas necessárias para pagar os credores estrangeiros, o que significava cortar gastos com saúde, educação, habitação e outras necessidades sociais. Mesmo assim, apenas um país altamente endividado, a Coreia do Sul, conseguiu aumentar as exportações com rapidez suficiente para acumular os dólares necessários para pagar suas dívidas. Em outros lugares, o serviço de dívidas do passado pesaria muito sobre a capacidade dos países de ter trabalhadores mais saudáveis e com melhor educação, capazes de competir em uma economia mundial que mudava rapidamente. Não foi sem motivo que a década de 1980 ficou conhecida como a "década perdida".[9]

O custo da crise para as economias mais ricas é mais difícil de calcular. Em parte, o custo assumiu a forma de crescimento mais lento da renda e aumento do desemprego. Os bancos, prejudicados por seus empréstimos inadimplentes a mutuários estrangeiros, não podiam cumprir sua função normal de ajudar as empresas a substituir máquinas antigas, construir novas instalações e financiar as compras dos clientes. Vários dos maiores bancos do mundo ficaram à beira da falência, e o dinheiro dos contribuintes foi usado para socorrê-los. "Já houve transferência constante de risco de credores privados para públicos", observou Toyoo Gyohten, ex-funcionário do Ministério das Finanças japonês, em 1992. Os bancos comerciais, observou Gyohten, detinham 62% das dívidas dos países em desenvolvimento em 1984, mas apenas metade em 1990; o resto foi entregue a governos ou organizações internacionais. Entre 1989 e 1994, 18 países com US$191 bilhões de dívidas pendentes negociaram o perdão de, pelo menos, uma parte, com a ajuda do Banco Mundial, do Banco Interamericano de Desenvolvimento e de outras organizações apoiadas por governos nacionais. Os contribuintes das economias ricas foram efetivamente chamados para subsidiar a globalização das finanças.[10]

Um dos efeitos colaterais do dinheiro quente seria mais duradouro. As crises econômicas nos países subdesenvolvidos desfavoreceram suas moedas em relação às das economias mais ricas, especialmente os Estados Unidos. Essas taxas de câmbio favoráveis ajudaram os LDCs a obterem superavits comerciais, tornando suas exportações mais atraentes e suas importações mais caras. O Fundo Monetário Internacional orientou que os superavits comerciais permitissem aos LDCs acumular moeda estrangeira para pagar seus banqueiros. "As importações dos EUA da Ásia e dos países em desenvolvimento europeus aumentaram cerca de 80% entre 1980 e 1984", relatou o FMI com orgulho em 1985, acrescentando que "os exportadores de produtos manufaturados alcançaram um sucesso notável". Os trabalhadores norte-americanos sentiram as consequências. O deficit comercial dos EUA com os países em desenvolvimento do Leste Asiático aumentou de US$4 bilhões em 1980 para US$30 bilhões em 1986. Fábricas de roupas, calçados e siderúrgicas demitiram trabalhadores às dezenas de milhares. As vagas de emprego nas fábricas norte-americanas, que atingiram uma média de quase 19 milhões nos 4 anos antes do início da crise da dívida, nunca se aproximariam desse número novamente.[11]

7
Combustão

Para os amantes da história, a globalização das finanças, que começou nos anos 1970, parecia ser a reedição de um filme antigo. Afinal, havia muito dinheiro circulando pelo mundo nos anos anteriores à Primeira Guerra Mundial, quando 71 bancos estrangeiros ostentavam escritórios em Londres, o Deutsch-Asiatische Bank de propriedade alemã financiava o comércio em toda a Ásia e o National City Bank de Nova York estava orgulhoso de suas relações com 132 bancos estrangeiros que podiam providenciar pagamentos de qualquer tamanho em qualquer cidade em 24 horas. No entanto, o ressurgimento dos empréstimos internacionais, que ocorreu depois de 1973, não foi simplesmente um retorno aos velhos tempos. Mesmo enquanto os bancos redescobriam os mercados estrangeiros, muitas das regras que vinham os impedindo de entrar em novos negócios e de assumir novos riscos eram eliminadas em nome da desregulamentação.[1]

O setor bancário foi apenas o começo. Um movimento mundial para desregulamentar a atividade empresarial mudou drasticamente a forma como a economia global funcionava nas últimas décadas do século XX. A narrativa de seus defensores era sempre a mesma: a regulamentação do governo favorecia interesses arraigados, impedia a inovação e sobrecarregava o público com custos desnecessários. A desregulamentação, dizia-se, traria maior eficiência, uma competição mais intensa e preços mais baixos, à medida que as forças do mercado fizessem sua mágica. Em alguns casos, a desregulamentação funcionou conforme anunciado, em outros, passou longe. Mas mesmo quando teve sucesso em estimular a competição, a desregulamentação minou as proteções ao consumidor, enfraqueceu os sindicatos e deixou muitos trabalhadores sofrendo com salários mais baixos e condições de trabalho mais precárias. A desregulamentação mal planejada do setor financeiro contribuiu para crises da Coreia à Argentina. Acima de tudo, a desregulamentação enfraqueceu o poder dos governos nacionais de administrar as economias de seus países, ao renunciar aos poderes tradicionais e terceirizar responsabilidades. Como dois banqueiros centrais italianos descreveram o desenvolvimento-chave daquela época: "Os mercados se tornaram o fator unificador da economia global." A desregulamentação forneceu combustível para a Terceira Globalização, que se desenrolou no final dos anos 1980.[2]

―――

A regulamentação de negócios no mundo do pós-guerra era tão extensa que chegava a ser confusa. Na União Soviética, na China e nos países socialistas da Europa Oriental, é claro, estabelecer limites ao setor privado não era um problema; quase todas as atividades econômicas estavam sob controle direto do governo, e as empresas privadas eram muito pequenas ou inexistentes. Em outros lugares, embora a maioria das empresas fosse de propriedade privada, regras grandes e pequenas ditavam o que elas poderiam fazer, como e quando poderiam fazê-lo e que preço cobrar por isso. Nem todas essas regras eram definidas diretamente pelos governos nacionais: em alguns lugares, prefeitos e governadores tinham grande autoridade sobre o comércio, e muitos grupos privados tinham o poder de regulamentar negócios e profissões e, às vezes, fixar preços. Cada país tinha um legado histórico diferente, mas todos estavam determinados a usar a lei para manter a competição desenfreada sob controle.

Os objetivos sociais por trás de muitos tipos de regulamentação eram claros. As leis que estabelecem salários mínimos ou horas máximas de trabalho foram elaboradas para corrigir o desequilíbrio de poder entre empregadores e trabalhadores, e as leis que regem a segurança no local de trabalho reconhecem que a pressão competitiva pode levar os empregadores a economizar, a menos que o governo intervenha. Mas, em muitos outros casos, as regulamentações serviam principalmente para proteger os interesses de algumas empresas contra outras. Os bancos no estado norte-americano de Illinois poderiam ter apenas um único escritório, conforme determinado pela constituição do estado, de modo que os banqueiros das cidades grandes, como os de Chicago, não pudessem aniquilar os bancos das pequenas. As comissões de negociação de ações em Londres foram fixadas pela bolsa de valores, para evitar uma concorrência que pudesse prejudicar os corretores estabelecidos. A "licença raj", da Índia, exigia dezenas de aprovações antes de iniciar um negócio, mimando as empresas existentes e, ao mesmo tempo, mantendo os concorrentes estrangeiros de fora. Uma lei japonesa da década de 1950 proibia lojas com mais de 500m², a menos que os comerciantes próximos aprovassem, e os reguladores da Alemanha Ocidental controlavam as taxas de frete de barcaças e caminhões, a fim de direcionar os negócios para a ferrovia estatal.[3]

Esse tipo de regra batia de frente com a realidade econômica. Alguns regulamentos eram moldados para forçar um cliente a subsidiar outro, enquanto outros codificavam uma interpretação particular de "justiça", exigindo que pequenos e grandes clientes fossem tratados exatamente da mesma forma, mesmo que saísse mais caro atender um do que outro. Os clientes que não viam razão para carregar tais fardos procuravam maneiras de evitá-los. No início da década de 1960, para citar apenas um dos muitos exemplos, 1/6 da carga embarcada das fábricas dos Estados Unidos saía em caminhões de propriedade dos próprios fabricantes. Isso não ocorria porque os fabricantes queriam estar no setor de caminhões, mas porque os caminhões de propriedade da fábrica estavam isentos das regulamentações impostas aos caminhoneiros que ofereciam serviços ao público. Esses regulamentos significavam que, se uma fábrica em Des Moines quisesse contratar uma empresa de caminhões para entregar um pedido de portas de madeira a Paducah, precisava localizar uma que tivesse o direito de transportar portas entre esses dois pontos e pagar a taxa oficialmente autorizada. Muitas vezes, era mais simples e barato para a fábrica usar seus próprios caminhões, mesmo que tivessem que fazer a viagem de volta vazios.[4]

Essas contradições entre as demandas da regulamentação e o mercado criaram demandas ocasionais para facilitar ou eliminar as regulamentações. Um movimento de desregulamentação foi fomentado por acadêmicos norte-americanos, apoiados por doações de fundações, que produziram dissertações, artigos e livros atacando o estado regulador. Em casos individuais, a desregulamentação ocorria em pequenos passos, sem um propósito maior. Decisões legais desmantelaram a regulamentação do transporte rodoviário interestadual na Austrália em 1954, mas os governos estaduais do país continuaram a regulamentar as taxas e as rotas dos caminhões dentro de suas fronteiras por mais duas décadas. Uma lei britânica de 1968 facilitou a entrada dos caminhoneiros na indústria, mas os controles de preços permaneceram em vigor. Quando, em 1969, a Comissão Federal de Comunicações dos Estados Unidos permitiu que uma empresa iniciante transmitisse chamadas de voz e dados usando antenas de micro-ondas, ninguém imaginava que o monopólio nacional da American Telephone and Telegraph Company seria desfeito em uma década e meia. A pressão política para reduzir a supervisão do governo foi mínima. Como os cientistas políticos norte-americanos Martha Derthick e Paul J. Quirk observaram em 1971, a desregulamentação "permaneceu uma solução em busca de um problema amplamente percebido".[5]

Um problema adequado logo apareceu. No início dos anos 1970, muitas das ferrovias que atendiam ao nordeste e ao centro-oeste dos Estados Unidos declararam falência, ameaçando as economias de centenas de comunidades. A dificuldade das ferrovias se deveu, em parte, às regulamentações que as forçavam a continuar operando trens de passageiros e linhas de baixo fluxo, que geravam prejuízos. Em uma lei de 1976 que reestruturou as empresas falidas, o Congresso concedeu às ferrovias maior liberdade para definir as taxas de frete, na esperança de que pudessem recuperar o tráfego de carga perdido e encontrar uma base financeira mais estável. Isso provou ser apenas o primeiro passo para afrouxar as rédeas. O consenso político mudou 180°; algo improvável aconteceu, vozes de todo o espectro ideológico concordaram que a regulamentação excessiva tornara o sistema de transporte dos Estados Unidos ineficiente, prejudicando os consumidores e retardando o crescimento econômico. Um Congresso estimulado aprovou 9 leis diferentes desregulamentando o transporte, entre 1976 e 1986, eliminando o poder do governo federal de decidir quais companhias aéreas deveriam voar entre Los Angeles e Seattle, o valor das tarifas que um ônibus intermunicipal cobraria dos passageiros e quais mercadorias um caminhoneiro poderia transportar. Um dos efeitos da desregulamentação que gerou mais consequências, porém, e que passou quase despercebido na época, foi o fato de as empresas de transporte serem autorizadas a transportar cargas sob contrato.[6]

Por décadas, em quase todos os países, a principal função dos reguladores de transporte era garantir que todos os clientes recebessem taxas e serviços idênticos. O princípio da não discriminação significava que uma linha de embarcações tinha que oferecer a todos os clientes a mesma tarifa por tonelada entre Hong Kong e Hamburgo, e que uma ferrovia não podia permitir que um cliente ficasse com um vagão por vários dias, enquanto insistia que outro o devolvesse prontamente. Os contratos que regem taxas e serviços eram um peso para os reguladores, precisamente porque envolviam discriminação: quem assinava um contrato estava obtendo um acordo diferente dos outros. Mas obedecer a grandes volumes de regras e precedentes legais havia transformado o transporte de carga em algo caro e pouco confiável. Levava semanas para mover um vagão de carga por 15km e meses para movimentar a carga através do oceano; as transportadoras eram indiferentes a esses atrasos, pois não ganhavam bônus se a remessa fosse entregue no prazo e não sofriam penalidade se atrasasse. As reclamações de cargas perdidas ou danificadas eram frequentes, e os fazendeiros que queriam despachar o trigo descobriam que os vagões vazios não chegavam na data combinada. O transporte internacional de mercadorias era tão caro que muitos produtos não valiam a pena. Fabricantes e varejistas mantinham seus depósitos cheios de peças e produtos acabados, uma forma cara de evitar a interrupção dos negócios, para administrar o risco de remessas vitais não chegarem a tempo.[7]

Os contratos permitidos pela desregulamentação possibilitaram que as transportadoras e seus clientes negociassem preços e padrões de serviço. Um dos primeiros contratos estabeleceu que a Ford Motor Company enviaria um trem diário de automóveis e peças de Salt Lake City, em Utah, para San Jose, na Califórnia, por meio da Western Pacific Railroad. A ferrovia concordou em entregar o trem às 2h30 todas as manhãs e pagar à Ford uma multa a cada 15 minutos de atraso do trem. A Ford, em troca, concordou que não deveria pagar o mesmo para cada vagão de carga, mas sim uma tarifa baixa por vagão para um trem de 60 vagões e uma tarifa muito mais alta por vagão quando o trem fosse mais curto. As linhas de embarcações poderiam fechar negócios semelhantes, cheios de compromissos, contingências e penalidades por inadimplência, começando em 1984. À medida que outros países seguiram o exemplo norte-americano, o frete contratado tornou-se a norma no comércio internacional. Em 1986, mais de 4/5 da carga do Japão para a costa do Pacífico dos Estados Unidos, a maior rota para as importações norte-americanas, eram transportados sob contrato.[8]

O frete contratual deu o impulso decisivo para a globalização da produção fabril. Convenientemente, ela chegou em um momento em que a desregulamentação do serviço telefônico comercial estava começando. Com os concorrentes desafiando seu monopólio de longa data, a American Telephone and Telegraph cortou as taxas de chamadas internacionais em 40% em 1981 e em 1982; com a queda do custo das ligações, o número de ligações internacionais dos Estados Unidos aumentou 6 vezes entre 1980 e 1990. Mudanças semelhantes ocorreram na Europa, onde os governos introduziram a concorrência nos serviços de comunicações para empresas e começaram a privatizar os monopólios telefônicos nacionais, começando com a British Telecom, em 1984. A combinação de transporte mais confiável e comunicações baratas tornou viável para fabricantes e varejistas criar cadeias de suprimentos intrincadas de longa distância, envolvendo uma fábrica em um país para fazer insumos, que poderiam ser enviados para processamento posterior em outro e, em seguida, para consumidores em outro lugar, coordenando o processo de produção à distância por telefone, telex e fax.[9]

―――

O movimento de desregulamentação também alimentou a globalização de outra maneira. Indústrias desregulamentadas estavam maduras para o investimento privado, frequentemente de capital estrangeiro. Em meio à ampla desregulamentação do mercado financeiro de 1986, conhecida como "Big Bang", quase todas as principais corretoras e bancos comerciais da Grã-Bretanha foram abocanhados por bancos estrangeiros em busca de escala global. Dezenas de empresas estatais de eletricidade, gás e água foram leiloadas, geralmente para compradores estrangeiros, e corporações estrangeiras adquiriram franquias telefônicas da Nova Zelândia à Irlanda. Depois que a Lei de Lojas de Varejo de Grande Escala do Japão foi revisada, em 1992, para permitir lojas maiores e horários mais longos, os principais varejistas dos EUA e da Europa entraram no mercado. Até mesmo empresas estatais tornaram-se empresas globais, licitando para operar ferrovias, aeroportos e terminais portuários "privatizados" em todo o mundo.[10]

Durante as décadas de 1980 e 1990, muitos países em desenvolvimento descobriram que a desregulamentação era o preço do dinheiro estrangeiro. Os especialistas prometeram que as lentas empresas estatais se deteriorando nas mãos do governo se tornariam eficientes e lucrativas em mãos privadas. Dizia-se que permitir que as forças de mercado, em vez de decretos governamentais, moldassem seu desenvolvimento econômico ajudaria os países menos avançados a utilizar a assistência internacional para desenvolver economias prósperas e modernas, então a desregulamentação tornou-se obrigatória para países que buscavam fundos de ajuda de governos estrangeiros e empréstimos com juros baixos de organizações internacionais como o Banco Mundial.[11]

Esse conselho não levava a história em consideração. Nenhum país jamais escalou da pobreza à prosperidade deixando o desenvolvimento econômico nas mãos das forças do mercado. A Revolução Industrial, no século XVIII, que fez da Grã-Bretanha a maior potência econômica do mundo, não teria ocorrido sem políticas governamentais deliberadas para suprimir as importações de têxteis, bloquear a emigração de artesãos, que poderiam compartilhar seu conhecimento de máquinas têxteis no exterior, e acabar com as terras comuns para empurrar trabalhadores deslocados para as cidades industriais emergentes. O crescimento da manufatura, que enriqueceu os Estados Unidos no final do século XIX, dependia não apenas da proteção contra as importações, mas também de regulamentações, principalmente das decisões judiciais que mantinham os custos trabalhistas baixos, reprimindo sindicatos e bloqueando leis estaduais para limitar as horas de trabalho e melhorar as condições nas fábricas. O crescimento extraordinariamente rápido das economias da Europa Ocidental após a Segunda Guerra Mundial envolveu uma grande dose de planejamento governamental, com oficiais frequentemente determinando quais empresas poderiam tomar dinheiro emprestado ou obter moeda estrangeira, e o florescimento econômico do Japão, da Coreia e de Taiwan, no final do século XX, baseou-se na orientação do estado sobre quais indústrias deveriam ser fomentadas com proteção às importações, crédito de baixo custo e terras baratas. A noção de que as forças de mercado sozinhas podem transformar economias pobres em ricas é um mito.

Além disso, poucos países subdesenvolvidos eram capazes de realizar as tarefas burocráticas rotineiras de administrar a desregulamentação. Embora a regulamentação pesada da era do pós-guerra muitas vezes servisse a interesses políticos, e não ao público, fazer a desregulamentação e a privatização funcionarem exigia a criação e a aplicação de regulamentações, em vez de sua evisceração: sem regras detalhadas sobre como deveria trocar ligações e compartilhar informações de faturamento com outros do ramo, um antigo monopólio estatal de telefonia poderia simplesmente agir como um monopólio telefônico privado, sem nenhum benefício econômico para ninguém, exceto seus novos proprietários.

A falta de capacidade administrativa revelou-se desastrosa quando se tratou de desregulamentar o setor financeiro. Países como Rússia, Malásia e Indonésia se curvaram à orientação internacional de que deveriam tornar mais fácil a abertura de bancos, supervisioná-los com mão leve e permitir que empresas nacionais realizassem empréstimos livremente no exterior. Na prática, isso significava que empresários bem relacionados assumiriam o controle dos sistemas bancários de seus países, emprestando dinheiro de forma imprudente, enquanto os banqueiros centrais e supervisores bancários lutavam para manter o sistema financeiro estável. Nos três países, a desregulamentação das finanças levou a graves crises econômicas em 1998, devastando os padrões de vida de milhões de pessoas que apenas recentemente começaram a desfrutar dos benefícios da globalização. Até mesmo o Banco Mundial, aquele grande templo da expertise econômica, reconheceu tardiamente que muitos de seus conselhos foram totalmente errados. Como seus especialistas admitiram com pesar: "A experiência dos anos 1990 mostra como são difíceis tanto a privatização quanto a regulamentação."[12]

―――

A desregulamentação ressoou em todo o mundo. O valor do comércio mundial de produtos manufaturados, depois de se estagnar em meio à recessão do início dos anos 1980, aumentou 130% entre 1983 e 1990. Essa onda de carga, quase toda movida por contratos negociados entre carregadores e transportadores, incentivou o investimento em navios maiores, em centros de distribuição de alta tecnologia e em vagões nos quais os contêineres poderiam ser empilhados em dois níveis, dobrando a quantidade de mercadorias que um único trem poderia transportar. As telecomunicações desregulamentadas levaram a inovações que permitiram a fabricantes, varejistas e empresas de transporte gerenciarem esse sistema complexo. A internet não teria transformado o mundo no século XXI se os monopólios nacionais de telefonia estritamente regulamentados não tivessem sido forçados a enfrentar a concorrência no século XX.[13]

Essas inovações, frutos da desregulamentação, não beneficiaram todas as empresas na mesma medida. Os vencedores foram as grandes corporações, que conseguiam cortar custos operando em escala global, cujo constante envolvimento no mercado de frete gerava informações atualizadas que podiam usar para exigir as melhores condições das empresas de transporte e de comunicação. Os consumidores, que tiveram acesso a uma seleção inimaginavelmente grande de produtos a preços mais baixos do que antes, também foram vencedores. Os trabalhadores e as pequenas empresas, por outro lado, não se dariam bem neste mundo cada vez mais desregulamentado. Os trabalhadores de setores que enfrentaram a concorrência das importações viram seus salários serem reduzidos ou seus empregos desaparecerem completamente. Pequenas empresas, que haviam sido o alicerce da economia local por décadas, não tinham influência na negociação cara a cara com ferrovias e linhas de embarcações, então, conforme as importações baratas inundavam seus mercados, eram frequentemente forçadas a vender ou a simplesmente fechar. Quando se tratava de colher os benefícios da desregulamentação, o tamanho e a escala eram extremamente importantes, e aqueles que não os tinham geralmente perdiam. Em sua busca por tamanho e escala, as empresas criariam um maior interesse por um mundo em que as fronteiras nacionais fossem muito mais permeáveis.

8
"Um Som de Sucção Extremamente Alto"

Durante o quarto de século que começou em 1948, os países não comunistas da Europa desfrutaram de economias prósperas. A prosperidade proporcionou telefones, geladeiras e encanamento para quase todos, graças em boa parte à área de livre comércio criada em 1957, no Tratado de Roma. Em 1969, quando os países da Comunidade Europeia finalmente aboliram todas as tarifas sobre as exportações uns dos outros, a renda per capita mais do que dobrou na França e triplicou na Alemanha nos dezoito anos desde que a criação da Comunidade Europeia do Carvão e do Aço fez com que caminhassem em direção a um mercado comum. As exportações da Alemanha cresceram rapidamente para quase 1/4 de sua produção econômica em 1973, 4 vezes a participação em 1950, criando milhões de empregos no processo, e em outras partes da Comunidade Europeia ocorreram situações semelhantes. O acesso irrestrito a um mercado maior permitiu que os produtores tirassem proveito das economias de escala e se tornassem mais eficientes. Sua maior produtividade, a quantidade média produzida por residentes da CE em uma hora de trabalho, praticamente triplicou durante aqueles anos e viabilizou aumentos salariais impressionantes. Três países fora da zona livre de comércio, Dinamarca, Grã-Bretanha e Irlanda, tiveram um crescimento muito mais lento no comércio exterior e na renda de seus cidadãos. A disparidade era tão evidente que, em 1971, os três aderiram avidamente à Comunidade Europeia.[1]

A crise do petróleo, que começou em outubro de 1973, foi um ponto de ruptura. O crescimento econômico despencou, à medida que os preços do petróleo extremamente mais altos drenaram drasticamente as carteiras dos consumidores e dizimaram os lucros das empresas. O desemprego, quase inexistente na Europa Ocidental por duas décadas, aumentou em todos os países. Com o aumento da inflação corroendo o valor dos salários dos trabalhadores, havia uma sensação de que a preciosa economia social de mercado Europeu, no qual a empresa privada e um estado ativista se combinavam para assegurar uma ampla quantidade de empregos, generosos benefícios sociais e padrões de vida em constante elevação, estava em crise.

Para aplacar os eleitores, os líderes europeus aumentaram os gastos com programas sociais, de assistência habitacional a bolsas para crianças. Eles reduziram a idade de aposentadoria com base na teoria de que isso liberaria empregos para os jovens: em 1980, a maioria das mulheres na Europa Ocidental estava fora da força de trabalho aos 61 anos, a maioria dos homens, aos 63. Eles ofereciam subsídios para evitar demissões em massa em fábricas não lucrativas, uma estratégia autodestrutiva que prejudicou concorrentes mais bem administrados ao manter vivas fábricas zumbis. Os governos europeus distribuíram mais dinheiro para apoiar novas indústrias de tecnologia da informação do que os Estados Unidos ou o Japão, sem criar empresas viáveis. Quando os subsídios industriais ficaram aquém, eles encorajaram "cartéis de crise", pedindo aos donos das indústrias que concordassem entre si quais fábricas deveriam fechar enquanto o estado oferecia pagamentos de longo prazo aos trabalhadores cujos empregos foram cortados.

Mas nada poderia trazer de volta os bons tempos de que os europeus desfrutavam em 1973. Cidades de carvão e aço de longa data foram devastadas, já que 1 em cada 5 empregos siderúrgicos desapareceram entre 1978 e 1981. Em meados da década de 1980, 1/4 dos jovens adultos estava desempregado na França, e 1/3 na Itália. Mais de 40% dos trabalhadores desempregados da Europa estavam sem trabalho há mais de 1 ano. Como Gaston Thorn, o principal oficial da Comunidade Europeia, perguntou em 1984: "É surpreendente que os europeus se questionem se a Comunidade é capaz de reavivar o crescimento e reduzir o desemprego?"[2]

O problema subjacente era aquele que não tinha solução pronta: o rápido crescimento da produtividade dos anos 1960 e início dos anos 1970 havia acabado. Quase todas as nações da Europa sentiram o arrocho. Entre 1963 e 1973, a medida mais básica de produtividade, a quantidade gerada por hora pelo trabalhador médio, quase dobrou na Itália; entre 1973 e 1983, o aumento foi inferior a 1/3. O crescimento da produtividade da Bélgica, 86% ao longo da década de 1963 a 1973, caiu para 37% na década seguinte. O dinamismo da Europa havia desaparecido. Em 1984, o termo "eurosclerose" entrou no vocabulário, sugerindo que a relutância dos europeus em deixar velhas indústrias desaparecerem e abraçar novas estava sufocando o crescimento. Como o economista de livre mercado Herbert Giersch diagnosticou o problema, em 1985: "Os membros essenciais do corpo econômico tornaram-se rígidos demais para permitir um ajuste rápido e indolor."[3]

Embora o Tratado de Roma tenha revigorado as economias da Europa ao eliminar as tarifas sobre o comércio entre os Estados-membros, deixou outros assuntos sob o controle total dos governos nacionais. Cada país ainda tinha seus próprios padrões técnicos: os brinquedos da Alemanha Ocidental não podiam ser vendidos na França, a menos que atendessem às regras de segurança francesas, e um fabricante de detergentes poderia precisar de uma formulação diferente para Roma e Amsterdã. Os setores de transporte e serviços não foram cobertos pelo Tratado de Roma. Os benefícios do tratado foram reais, mas eles atingiram seus limites. De acordo com uma pesquisa, nove em cada dez executivos corporativos europeus viram a fragmentação da Europa como uma barreira à eficiência.[4]

Sem saber mais o que fazer, os líderes da Europa potencializaram o acordo. Em 1985, eles concordaram em ir além da eliminação de tarifas e criar um mercado único, que se estendia da Grécia à Irlanda. De acordo com o Ato Único Europeu, que entrou em vigor em 1987, os postos de fronteira desapareceriam, os caminhoneiros e as companhias aéreas ficariam livres para transportar mercadorias e pessoas para qualquer lugar da Comunidade Europeia, e padrões uniformes foram aplicados a tudo, desde medicamentos veterinários até emissões de veículos de passageiros. Pessoas de um país podiam trabalhar ou emigrar para qualquer um dos outros, e seu treinamento vocacional e diplomas universitários eram válidos em todos os doze países-membros. A responsabilidade de avaliar os efeitos de grandes fusões corporativas, lidar com a poluição de navios, regulamentar a radiodifusão e centenas de outros assuntos foi transferida das capitais nacionais para as autoridades da CE. De uma forma nunca vista, governos eleitos renunciaram voluntariamente a grande parte de sua soberania em favor de uma Europa unida, e as empresas começaram a tratar a Europa não como uma dúzia de mercados, mas como um mercado único.[5]

―――

Parecia improvável que a América do Norte seguisse o exemplo da Europa. Embora os Estados Unidos e o Canadá tivessem relações estreitas — um acordo especial permitia aos fabricantes de automóveis enviar e receber motores, peças e carros acabados pela fronteira sem formalidades desde 1965 —, o México estava muito mais defensivo. Mais da metade do território do país foi cedido aos Estados Unidos no século XIX, e o medo de novas invasões do norte estava por trás das tarifas altíssimas do México e de sua proibição constitucional de investimento estrangeiro na indústria do petróleo. Muitas importações exigiam licenças, o que o governo raramente concedia quando produtos semelhantes eram feitos no mercado interno, e os carros novos para venda no México tinham de ser montados lá, com a maior parte das peças sendo mexicanas. Graças a essas políticas, a fabricação no México estava atrasada em relação aos padrões internacionais; na fábrica da Volkswagen em Puebla, a última fábrica do mundo a produzir os antiquados Fuscas amplamente usados como táxis na Cidade do México, os trabalhadores realizavam tarefas manualmente, que haviam sido automatizadas na Alemanha anos antes. Embora a manufatura tenha se expandido rapidamente desde a década de 1950, muito pouco foi vendido no exterior, exceto por bens montados em fábricas ao longo da fronteira que receberam transistores ou pedaços de tecido cortado dos Estados Unidos, que foram soldados ou costurados para gerar produtos acabados pela mão de obra mexicana barata, e enviado para o norte. O México se recusou a aderir ao GATT, pois isso o obrigaria a reduzir suas tarifas. Em vez disso, queria que os EUA recebessem de braços abertos as exportações mexicanas, sem oferecer nada em troca. Como gostava de dizer

José López Portillo, presidente mexicano de 1976 a 1981, os acordos comerciais deveriam "tratar os iguais com igualdade e os desiguais com desigualdade". Desnecessário dizer que o governo dos Estados Unidos não concordava.[6]

As políticas de substituição de importações do México produziram um sólido crescimento econômico até a década de 1970, quando as descobertas de enormes reservas de petróleo atraíram a atenção de Washington. O presidente dos EUA, Jimmy Carter, que assumiu o cargo em janeiro de 1977, buscou estreitar os laços. Em particular, os Estados Unidos estavam obcecados por temores de escassez de energia, e queriam que o México permitisse que as empresas norte-americanas explorassem petróleo na esperança de que mais petróleo bruto mexicano reduzisse os preços da gasolina e ajudasse a baixar a inflação. O controle da indústria do petróleo, entretanto, era uma questão explosiva no México; os mexicanos estavam dispostos a tomar empréstimos no exterior para financiar poços, oleodutos e refinarias, mas não a permitir que estrangeiros participassem de qualquer forma. Eles concordaram em criar comitês conjuntos para tratar de questões importantes nas relações EUA-México, incluindo comércio e imigração, mas se recusaram a abrir sua economia. Após uma intensa insistência por parte dos EUA, López Portillo concordou, em 1979, em reduzir as tarifas para que o México pudesse entrar no GATT, mas, diante de um alvoroço no México, ele recuou.[7]

Na época, sua recuada pareceu sem importância, porque a economia do México estava aquecida. Os voos de Nova York para a Cidade do México foram reservados por banqueiros ávidos por emprestar dinheiro ao governo, a grandes empresas privadas e à Pemex, a empresa estatal de petróleo. A dívida externa do México, de US$18 bilhões em 1975, atingiu US$78 bilhões em 1981, no momento em que a produção de petróleo pela Pemex, a principal fonte de moeda estrangeira do país, não atingiu as projeções. A bolha estourou quando a insolvência do México chegou às manchetes, em agosto de 1982. López Portillo adicionou lenha à fogueira, repentinamente nacionalizando todos os bancos do México. Como os bancos detinham ações em muitas empresas, a nacionalização colocou o governo no comando de grande parte do setor privado do país. Quando o Fundo Monetário Internacional, o governo dos EUA e os banqueiros estrangeiros do México montaram um pacote de resgate, em outubro, o peso havia perdido 3/4 de seu valor e a economia estava debilitada.

A economia mexicana se estagnou por sete anos. Mesmo os trabalhadores sortudos o suficiente para manter seus empregos viram seu poder de compra ser destruído. A necessidade de ganhar cada vez mais pesos para comprar um dólar levou à falência as empresas que haviam feito empréstimos no exterior, mesmo que seus negócios mexicanos estivessem saudáveis. Embora a produção manufatureira tenha crescido lentamente durante os anos 1980, as exportações não petrolíferas quadruplicaram em uma década, à medida que as empresas buscavam desesperadamente dólares para pagar o serviço de suas dívidas: tudo o que pudesse ser vendido no exterior era exportado. Com cada dólar disponível sendo utilizado para pagar seus credores, o México não tinha mais nada para investir em maquinário, educação ou infraestrutura.

A nacionalização dos bancos rompeu os laços acolhedores entre o governo e os industriais mexicanos, que estavam bastante dispostos a aceitar a mão pesada do Estado, contanto que ganhassem grandes lucros em uma economia com pouca competição. Agora, muitos executivos mexicanos viam a exposição da economia às forças do mercado, incluindo o comércio internacional, como a única maneira de tirar o governo de seus negócios. Trabalhando por meio de um comitê empresarial conjunto EUA-México, eles lançaram com cautela ideias que ainda beiravam a heresia, como acolher o investimento estrangeiro e remover as barreiras ao comércio. O presidente Miguel de la Madrid, que assumiu o cargo no final de 1982, respondeu de forma cautelosa. Algumas tarifas foram reduzidas em 1984, e menos importações foram sujeitas a licenças. Em um café da manhã com líderes empresariais em 1985, ele insinuou que o México poderia aderir ao GATT e buscar um acordo comercial com os Estados Unidos. O acordo que se seguiu estabeleceu nada mais do que procedimentos e diretrizes, poucos deles vinculativos para qualquer um dos países. No entanto, foi tão polêmico que ambos os governos tiveram de tranquilizar seus públicos de que um mercado único como o que estava se formando na Europa não estava em andamento.[8]

———

Para os Estados Unidos, o México não era sua única carta na manga. O presidente Ronald Reagan não escondia sua crença na economia do *laissez-faire*, baseada no livre comércio e na iniciativa privada, e o México era apenas uma das várias cartas que seu governo estava jogando para espalhar essa doutrina pelo mundo.

A maior delas foi a chamada Rodada Uruguai, uma negociação que visava refazer o GATT. Desde o final da década de 1940, o GATT teve sucesso repetidamente em aumentar o comércio, reduzindo as tarifas sobre produtos manufaturados. Mas o acordo tinha grandes lacunas. Não cobriu o comércio de produtos agrícolas, um tema sensível em todos os países, nem o comércio de serviços. As remessas de têxteis e roupas eram controladas com altas tarifas e uso extensivo de cotas de importação sob um acordo fora do GATT. O GATT foi de pouca utilidade quando um país acusou outro de subsidiar exportações ou alegou que as importações estavam prejudicando as indústrias domésticas. Quando se tratava de fazer cumprir suas próprias regras, o GATT ladrava, mas não mordia, razão pela qual dezenas de ministros do Comércio se reuniram em Punta del Este, Uruguai, em setembro de 1986, em um esforço para corrigi-lo.[9]

Essas negociações, que acabariam envolvendo 123 países, não foram rápidas, de modo que o governo Reagan deu um passo inesperado: negociou um pacto com o maior parceiro comercial dos Estados Unidos, o Canadá. Os dois países liberaram a movimentação de produtos automotivos em 1965, e milhares de caminhões por dia transportavam peças e carros acabados entre fábricas de automóveis em Ontário e Michigan. O novo Acordo de Livre Comércio EUA-Canadá, ratificado em 1988, deu vários passos além, eliminando todas as tarifas sobre as exportações uns dos outros, facilitando viagens para empresários, permitindo que empresas em um país licitassem negócios governamentais no outro e prometendo tratar os prestadores de serviços do outro como os seus. Mas o verdadeiro propósito do acordo EUA-Canadá era menos econômico do que diplomático. Negociar o comércio, de acordo com uma teoria popular, era como andar de bicicleta: se o ciclista não pudesse continuar seguindo em frente, a bicicleta cairia. Se outros países não assinassem um único grande acordo para abrir suas fronteiras, os Estados Unidos estavam declarando que manteriam o ímpeto para um comércio mais livre, assinando acordos menores com um país de cada vez.

Um acordo tão estreito com seu vizinho grande e poderoso não era o que os mexicanos tinham em mente. Eles estavam bem cientes de que as muitas fábricas na fronteira, montando produtos para clientes dos EUA, traziam poucos benefícios econômicos ao México. Empregando mão de obra não qualificada e usando quase nenhum conteúdo ou tecnologia mexicana, elas não produziam oportunidade para o México subir na escada rumo a um trabalho industrial mais valioso. Uma nova geração de oficiais mexicanos sonhava com investimentos estrangeiros mais sofisticados. Mas, em 1990, quando o presidente Carlos Salinas tentou atrair banqueiros e industriais europeus para o México, ele encontrou poucos dispostos. Os países da Europa Oriental estavam se livrando do domínio comunista e buscando conexões com o Ocidente, e ninguém na Europa tinha tempo para o México. Sem outra opção, Salinas decidiu que o México teria que abraçar a América do Norte. Depois que ele deu seu aval, demorou apenas 2 anos para expandir o Acordo de Livre Comércio EUA-Canadá em um tratado entre os 3 países, o Acordo de Livre Comércio da América do Norte, assinado em 1992.

Apesar do nome, as 1.700 páginas do NAFTA nada diziam sobre o livre comércio. Muitas disposições foram estreitamente adaptadas para favorecer interesses específicos de um dos três países, e alguns dos tópicos mais controversos em discussão na Europa, como a livre circulação de trabalhadores e as medidas em direção a uma moeda comum, nem mesmo estavam em questão. O NAFTA eliminou as tarifas sobre o comércio entre os três países, uma medida que exigia que o México, que tinha tarifas muito mais altas, fizesse reduções mais acentuadas do que o Canadá e os Estados Unidos. No entanto, muitas barreiras permaneceram em vigor. Os caminhoneiros mexicanos não podiam transportar mercadorias entre pontos nos Estados Unidos e vice-versa. O Canadá manteve suas cotas de importação de laticínios, e o setor de energia do México ainda estava fora do alcance de investidores estrangeiros. Mas os detalhes importavam menos do que a visão. Ao proteger investidores estrangeiros contra mudanças radicais na política econômica mexicana e conceder aos produtos mexicanos acesso quase ilimitado aos mercados do norte, o tratado levou o México a um caminho inesperado. Em vez de exportar petróleo e produtos baratos feitos com mão de obra não qualificada, ele poderia atrair corporações multinacionais que gerariam empregos qualificados e tecnologia de ponta. Por via das dúvidas, Salinas ordenou que todos os dezoito bancos que haviam sido nacionalizados em meio à crise financeira de 1982 fossem vendidos a compradores domésticos, em 1991 e 1992; essa mudança não foi exigida pelo NAFTA, mas foi um sinal adicional da ânsia do México em ingressar na economia global moderna.

Essa perspectiva não foi universalmente bem-vinda. No México, o abandono abrupto da autarquia foi um choque. Produtores de milho empobrecidos, cuidando de lotes de dois acres nas montanhas, e pequenos fabricantes com maquinários antiquados temiam que fossem levados pela enxurrada de importações do norte, e os nacionalistas econômicos se enfureciam com a perspectiva de que os bancos recém-privatizados pudessem acabar em mãos estrangeiras. Sindicatos trabalhistas no Canadá e nos Estados Unidos se opuseram que os fabricantes mudassem a produção para o sul, grupos ambientalistas previram que poluidores corporativos se estabeleceriam no lado mexicano da fronteira com os Estados Unidos e nacionalistas vociferantes objetaram que a soberania nacional estava sendo infringida. Anúncios de página inteira nos principais jornais dos Estados Unidos condenavam "SABOTAGEM! Das Leis de Saúde, Segurança e Meio Ambiente!", enquanto Ross Perot, um empresário rico e conservador que concorreu à presidência em 1992, previu: "Você vai ouvir um som de sucção extremamente alto de empregos sendo sugados deste país." Depois que o presidente Bill Clinton submeteu o NAFTA ao Congresso, em 1993, a maioria dos membros de seu próprio Partido Democrata votou contra. Somente quando a oposição republicana deu seu apoio, o Congresso concordou.[10]

———

Os movimentos separados em direção ao comércio mais livre dentro da Europa e depois na América do Norte alcançaram seu propósito. Enquanto os norte-americanos ratificavam o NAFTA, a Comunidade Europeia se expandia para quinze nações e se transformava em uma comunhão ainda mais estreita, a União Europeia, cujos membros queriam substituir seus dinheiros nacionais por uma moeda comum europeia. Apesar das disputas intermináveis sobre a política e as lendárias queixas sobre a burocracia em Bruxelas, os benefícios de uma Europa unida eram tão atraentes que os países da Europa Oriental e do Mediterrâneo fizeram fila para aderir. Clinton, recém-saído de sua campanha bem-sucedida para ratificar o NAFTA, pressionou os europeus a encerrarem as negociações da Rodada Uruguai. Seguiram-se semanas de negociações ininterruptas, com os Estados Unidos e a União Europeia nos papéis principais, antes que as várias partes de um acordo complexo se concretizassem. O acordo foi formalmente assinado em abril de 1994, 8 anos após o início das negociações em Punta del Este. Nesse ponto, como uma explicação oficial admitiu delicadamente: "A fadiga da negociação foi sentida nas burocracias comerciais em todo o mundo."[11]

Das muitas questões sobre as quais as nações envolvidas na Rodada Uruguai finalmente concordaram, desde a redução dos subsídios agrícolas até a aceitação do comércio de serviços, duas seriam particularmente importantes para moldar a globalização. Os países ricos prometeram finalmente abrir seus mercados para roupas feitas em países pobres; em 2005, a maioria das cotas de importação dos países ricos em roupas e têxteis teria acabado, permitindo que países que mal estavam conectados à economia mundial, como Bangladesh e Camboja, desenvolvessem grandes indústrias de vestuário. Ao mesmo tempo, os países pobres e ricos concordaram em reduzir suas tarifas de importação, especialmente para produtos manufaturados, com muitos produtos não sofrendo qualquer tarifa. Somando-se à expansão da União Europeia e à adoção do NAFTA, o acordo da Rodada Uruguai mudou os cálculos para as empresas multinacionais. Agora, de modo geral, elas podiam fabricar mercadorias em um país e despachá-las para outro sem se preocupar com a forma como as tarifas afetariam seus custos. As cadeias de suprimentos internacionais, que criaram raízes na década de 1980, poderiam se estender ainda mais ao redor do mundo.[12]

Isso foi exatamente o que ocorreu. Os padrões de comércio mudaram significativamente. No final da década de 1990, as peças e os componentes respondiam por 29% do comércio internacional, à medida que os produtores cortavam um rolo de tecido ou soldavam um semicondutor em um país e depois o despachavam para trabalho posterior em outro. Além do mais, depois de 1990, uma parcela cada vez maior das importações das economias ricas veio das menos prósperas. Os centros comerciais tradicionais da Europa, América do Norte e Japão não eram mais dominantes. Dezenas de acordos entre pares ou pequenos grupos de países eliminaram tarifas, simplificaram as formalidades de importação e removeram outros obstáculos ao comércio exterior e ao investimento. Em 1990, quando os Estados Unidos, o Canadá e o México se reuniram pela primeira vez para negociar o NAFTA, havia 19 acordos desse tipo em vigor em todo o mundo. Em 2000, havia 79, desde um modesto pacto que facilitou o comércio entre 4 nações insulares do Pacífico até um ambicioso acordo entre o Canadá e o Chile, abordando comércio, investimento estrangeiro, política ambiental e de concorrência, telecomunicações e uma dúzia de outros assuntos.[13]

Tarifas mais baixas, transporte mais barato e confiável e custos decrescentes de telecomunicações levaram a economia mundial a um novo estágio, a Terceira Globalização. Depois de se estagnar, entre 1980 e 1985, quando muitos países sofreram recessões, o comércio global de bens manufaturados, medido em dólares, dobrou entre 1985 e 1990, novamente entre 1990 e 2000, e entre 2000 e 2010. O investimento estrangeiro também se recuperou. Grandes empresas, quase todas identificáveis por seu país de origem durante as décadas de 1970 e 1980, começaram a adquirir caráter internacional, localizando pesquisas de alta prioridade no exterior e lotando os escritórios de suas matrizes com executivos de todo o mundo.[14]

No entanto, os efeitos da criação de um mercado único na Europa, de uma área de livre comércio na América do Norte e de um regime de tarifas baixas em todo o mundo acabaram sendo muito diferentes do que o previsto quando esses arranjos foram elaborados, no início da década de 1990. Graças aos avanços na tecnologia da informação, culminando na internet, um cliente de um país poderia supervisionar de perto um fornecedor em outro, enquanto os fornecedores poderiam obter acesso em tempo real aos registros de estoque dos clientes e alterar os planos de produção em curto prazo. Mas, embora os navios de contêineres e os computadores tornassem viável para fabricantes e varejistas estender suas cadeias de suprimentos a quase qualquer local com bom acesso a um porto e uma linha telefônica, não foi isso o que aconteceu. Em vez disso, as cadeias de valor das empresas vincularam principalmente as economias mais ricas a um mero punhado de países de salários mais baixos, principalmente China, México, Turquia, Bangladesh, Vietnã e alguns estados do Leste Europeu, que emergiram como produtores em grande escala de produtos manufaturados para o mercado mundial. O resto do mundo participou da Terceira Globalização principalmente fornecendo commodities, assim como nas décadas anteriores, e vendo os baratos produtos chineses destruírem suas ineficientes indústrias domésticas.

No entanto, apesar de toda a conversa sobre o livre comércio de mercadorias, o livre fluxo de investimento estrangeiro e o desaparecimento das fronteiras nacionais, a Terceira Globalização não foi simplesmente um fenômeno impulsionado pelo mercado. Os governos moldaram-na a cada passo, frequentemente de maneiras que eram contraditórias aos objetivos que seus líderes políticos defendiam.

PARTE III
Contos de Excesso

9
Navios-Dentista

A REDUÇÃO DAS BARREIRAS comerciais, o fluxo livre de finanças e os avanços em transporte, computação e comunicações ajudaram a deixar o mundo menor. Mas não foram apenas essas mudanças fundamentais que fizeram com que as empresas expandissem suas cadeias de suprimentos ao redor do globo. As decisões sobre onde fazer as coisas e como entregá-las foram influenciadas pelo fato de que o transporte de mercadorias através dos oceanos era altamente subsidiado, ao passo que o transporte interno de mercadorias frequentemente não era. Estaleiros, proprietários e operadores de navios, canais e terminais portuários estavam entre os beneficiários, capazes de prestar seus serviços a um custo artificialmente baixo em virtude dos auxílios recebidos, direta ou indiretamente. Ironicamente, muitos desses subsídios foram fornecidos pelos governos de países com salários elevados, que foram duramente atingidos pela perda de empregos nas fábricas devido às importações de baixo custo que o transporte barato tornou possível.

Alguns países haviam subsidiado navios de passageiros com contratos para transporte de correspondência no século XIX, mas o transporte subsidiado não era a norma nos anos após a Segunda Guerra Mundial. Nas décadas anteriores à guerra, as embarcações produzidas pelos estaleiros mundiais em um ano, em média, eram capazes de transportar menos de 3 milhões de toneladas de carga. A produção de navios durante a guerra havia sido várias vezes maior e, apesar da perda de milhares de navios no mar, muitos dos navios mercantes construídos às pressas pelos estaleiros norte-americanos durante a guerra ainda estavam em serviço no início dos anos 1950. Esses navios, no entanto, foram deliberadamente construídos em tamanhos pequenos, para minimizar a perda de armamentos e alimentos caso algum fosse atingido por um torpedo. As companhias de petróleo e os comerciantes de commodities queriam navios maiores para lidar com o comércio em rápido crescimento de petróleo, grãos e minério de ferro a um custo menor. Seus pedidos lotaram os estaleiros; só o armador grego Aristóteles Onassis comprou 30 novos petroleiros de estaleiros norte-americanos, alemães e franceses entre 1948 e 1954. A capacidade dos navios recém-lançados chegou a 5 milhões de toneladas em 1954 e 10 milhões uma década depois, quando os superpetroleiros tomaram o lugar dos petroleiros da Segunda Guerra Mundial, com 1/10 de seu tamanho. No início da década de 1970, com a construção de navios porta-contêineres em pleno andamento, navios com capacidade total de mais de 30 milhões de toneladas, 10 vezes a média antes da guerra, deslizavam pelas rampas a cada ano.[1]

    A maior parte da construção naval comercial do mundo do pós-guerra, quase 2/3 em 1960, ocorreu na Europa, e a maior parte do restante no Japão. Os governos, sem exceções, consideravam a construção naval uma indústria crítica. Os estaleiros que construíam navios oceânicos rotineiramente empregavam milhares de trabalhadores e eram grandes consumidores de aço. A produção mundial de aço quase quadruplicou entre 1950 e 1973, e uma parte substancial desse metal foi moldada em cascos, vigas e placas de convés que foram soldadas em navios oceânicos. O Japão se especializou na construção de petroleiros, geralmente com projetos padronizados, enquanto os pedidos de navios de passageiros, navios de carga geral e navios porta-contêineres mantinham os estaleiros europeus ocupados. "Os estaleiros japoneses refinaram suas técnicas de produção durante esse período, a ponto de sua produtividade ser mais do que o dobro dos estaleiros europeus e norte-americanos", concluiu um estudo da Marinha dos Estados Unidos, enquanto seus custos de mão de obra permaneceram baixos. A ajuda governamental para a construção de navios foi relativamente pequena, exceto nos Estados Unidos, onde os subsídios foram usados para induzir as empresas norte-americanas que atendem rotas internacionais a construir em estaleiros norte-americanos, e no Japão, onde o banco de exportação e importação forneceu financiamento de baixo custo a armadores estrangeiros durante a década de 1960.[2]

A crise do petróleo de 1973 mudou as coisas da noite para o dia. A demanda por petroleiros despencou, e o comércio de outras mercadorias foi duramente atingido pela recessão que se alastrou. Muitos armadores se recusaram a aceitar a entrega de embarcações que encomendaram, mas já não necessitavam. Os pedidos feitos aos estaleiros japoneses caíram 90% entre 1973 e 1978, e o declínio foi praticamente tão acentuado quanto na Europa. Em um momento em que as perspectivas do setor já pareciam péssimas, a Coreia do Sul se intrometeu. A rápida industrialização da Coreia na década anterior dependeu das exportações de produtos de mão de obra intensiva, como roupas e calçados; mas, com o aumento dos salários, os planejadores econômicos do governo estabeleceram um curso para a indústria pesada, na qual os custos trabalhistas importavam menos e os trabalhadores podiam ganhar mais. Eles traçaram uma série de grandes investimentos estatais. O primeiro, Pohang Iron and Steel Company, inaugurado em 1972, foi talvez o empreendimento industrial mais subsidiado da história até aquele momento. A mudança para a produção de aço foi seguida por um plano de desenvolvimento de construção naval, que propunha a construção de 9 estaleiros em 1980 e 5 em 1985.

Anteriormente, os construtores navais coreanos tinham feito apenas pequenas embarcações para pesca e comércio costeiro, principalmente de madeira. Nenhum estaleiro do país era capaz de construir modernos navios-tanque ou porta-contêineres. O governo pressionou empresas como a Hyundai, o maior conglomerado industrial da Coreia, para construir e operar os novos pátios, concedendo-lhes isenções fiscais, acesso a moeda estrangeira escassa, empréstimos a juros baixos de bancos estatais e garantias de empréstimos que os deixariam tomar empréstimos baratos no exterior. O primeiro estaleiro da Hyundai foi em Ulsan, onde poderia obter aço barato da nova usina em Pohang, a 56km costa acima. A Hyundai começou com um projeto de navio estrangeiro, que previa a construção de um petroleiro em duas metades, mas era tão inexperiente que as metades concluídas não se encaixavam, fazendo com que o estaleiro perdesse a data de entrega prometida. Quando o comprador se recusou a aceitar o navio, o governo ajudou a iniciar uma nova linha de embarcações para tirar os navios indesejados das mãos do estaleiro. Essa empresa, a Hyundai Merchant Marine, logo se classificou entre as principais linhas de embarcações do mundo.[3]

Como estratégia de criação de empregos, o plano de desenvolvimento da construção naval foi extremamente bem-sucedido. Os subsídios aos estaleiros e à usina siderúrgica Pohang, junto com os baixos salários da Coreia, permitiram que os estaleiros coreanos ficassem com o preço abaixo dos concorrentes na Europa e no Japão. Como resultado, as linhas de embarcações de todo o mundo foram capazes de obter navios a preços de pechincha. O financiamento estatal permitiu até que os estaleiros fretassem navios recém-construídos para transportadores com problemas tão graves que nenhum banco comercial lhes emprestaria dinheiro, uma estratégia que manteve os estaleiros ocupados, mas subsidiou ainda mais os armadores.[4]

Em 1990, a produção de navios da Coreia do Sul era 8 vezes maior do que em 1975, enquanto todas as outras grandes nações construtoras de navios estavam produzindo muito menos tonelagem do que antes. No Japão, o país mais atingido pela crise da construção naval, o governo orquestrou um "cartel antidepressão", que fechou 50 das 138 docas secas do Japão no final de 1980, eliminando 119 mil empregos. Os governos europeus foram menos decisivos. Os subsídios para novos navios eram excessivos, a ponto de uma diretiva da UE de 1987, que limitava a "ajuda à produção" a 28% do custo de um navio, ser considerada uma grande conquista. Com acesso imediato a financiamento com taxas reduzidas para novos navios, as linhas de embarcações aumentaram avidamente suas frotas de navios porta-contêineres, em um mercado que já estava saturado.[5]

Os subsídios não eram apenas para estaleiros e siderúrgicas. Os investidores em transporte marítimo também embarcaram no trem da alegria. Tradicionalmente, os mercadores e financistas investiam em navios mercantes com o objetivo de obter lucro. Porém à medida que o transporte de contêineres crescia, grande parte do dinheiro investido no setor destinava-se a gerar prejuízos. Por meio do labirinto do código tributário, o governo da Alemanha Ocidental incentivou os cidadãos prósperos, que buscavam paraísos fiscais, a investirem em navios oceânicos. Ao fazer isso, transformou Hamburgo, o maior porto do país, a Wall Street da indústria naval, e forneceu outra maneira para um mundo globalizado transportar suas mercadorias a um custo artificialmente baixo.

Hamburgo, localizada às margens do rio Elba, a cerca de 113km do Mar do Norte, tem sido um importante centro de navegação e comércio desde a Idade Média. A divisão da Alemanha após a Segunda Guerra Mundial prejudicou a cidade, já que a Cortina de Ferro entre a Europa Ocidental e os países dominados pela União Soviética, mais a leste, fez com que seu porto não movimentasse mais cargas para Berlim, Praga e outros lugares antes servidos por barcaças no Elba. No entanto, a segunda maior cidade da Alemanha permaneceu como lar de grandes construtores navais, inúmeras linhas de embarcações e uma comunidade considerável de banqueiros, seguradoras, engenheiros, corretores e advogados, especializados em questões marítimas. Mas, no início da década de 1970, o sustento de Hamburgo foi ameaçado. Uma mudança na lei tributária grega levou os armadores alemães a transferir 631 navios do registro alemão para o grego em um período de 2 anos. No curto prazo, a transferência de registros de navios sob a bandeira grega ameaçava as receitas fiscais alemãs. Olhando mais à frente, parecia possível que as atividades envolvidas em possuir, gerenciar e financiar esses navios também pudessem mudar.[6]

A resposta do governo alemão foi oferecer reduções fiscais mais generosas aos armadores. Por volta de 1973, os banqueiros aproveitaram a mudança na lei tributária para criar uma maneira engenhosa de financiar navios. Em vez de comprar diretamente uma ação de um navio, que apenas os muito ricos podiam pagar, pessoas de riqueza mediana foram convidadas a colocar seu dinheiro em sociedades limitadas, cada uma criada para financiar um único navio. Com esse dinheiro em mãos, as parcerias, conhecidas como fundos de navio, poderiam tomar emprestado o restante das somas necessárias para construir o navio. Isso permitiu que os armadores adquirissem nova tonelagem, enquanto colocavam pouco dinheiro próprio. A magia financeira garantiu que os novos navios não fossem lucrativos, pelo menos, por uma década ou mais. Os fundos, então, repassavam essas perdas para os sócios individuais, que podiam deduzir até duas vezes e meia o valor do investimento quando declaravam seus rendimentos ao fisco. Foi um negócio imbatível. Mais de cinquenta instituições financeiras alemãs criaram fundos de navios, o que gerou pesadas taxas de administração para eles e comissões para consultores financeiros, que prometiam a seus clientes grandes retornos sem risco. Como explicou o historiador Erik Lindner: "A ideia tradicional de que o proprietário de uma frota deve ter lucro desapareceu em segundo plano."[7]

A redução de impostos foi extremamente bem-sucedida, tanto que o governo os reduziu novamente em 1984 e em 1995. Mesmo assim, encontrou objeções da Comissão Europeia, o órgão executivo da União Europeia. Em 1997, a comissão descobriu que, ao subsidiar novos navios, certas medidas tributárias "tendiam a criar ou manter um excesso de capacidade", o que permitia que as companhias de navios adquirissem navios a preços baixos. Ela ordenou que a redução de impostos para o transporte marítimo fosse concedida apenas quando a "gestão estratégica e comercial de todos os navios envolvidos" ocorresse na União Europeia e as empresas cumprissem as regras europeias sobre segurança e condições de trabalho.[8]

Os navios pertencentes a sociedades parceiras muitas vezes não atendiam a esses padrões, e o fato de seus investidores poderem reportar prejuízos fiscais maiores do que seus investimentos também infringia as regras. Mas, ao tirar essa redução de impostos, a Comissão Europeia deu sua bênção a uma outra, conhecida como imposto sobre a tonelagem. Não importava onde um navio era construído; desde que fosse registrado na Europa e envolvido no comércio internacional, ele poderia ser tributado com base em seu tamanho e não em seu lucro ou prejuízo real. A atração para dentistas e médicos alemães era ainda maior: agora, em vez de crédito por prejuízo fiscal, eles esperariam um pagamento de dividendos levemente tributados a cada ano. Quantias recordes foram injetadas em fundos de navios. No pico do mercado, no início dos anos 2000, os fundos eram sustentados por €20 bilhões, ou cerca de US$26 bilhões, de investimentos anuais em navegação, o suficiente para construir centenas de navios por ano.[9]

Muitos desses "navios-dentistas" pertenciam às empresas de Hamburgo, que organizavam as parcerias, os construíram de acordo com as especificações das principais linhas de embarcações e os operavam sob contrato. O gerente de frota E. R. Schiffahrt, controlado por uma venerável família de navegação de Hamburgo, foi um exemplo disso. Em 2008, ele tinha 82 navios porta-contêineres em sua frota ou encomendados. Todos foram financiados por uma empresa irmã, a Nordcapital, que arrecadou €1,6 bilhão de parcerias, que tinham um total de 41 mil investidores. Com esse dinheiro em mãos, a Nordcapital poderia recorrer a bancos especializados em transporte marítimo, como o HSH Nordbank e o Commerzbank, em busca de empréstimos para cobrir o restante dos custos de construção. Outras empresas patrocinaram fundos semelhantes para financiar petroleiros e navios graneleiros, geralmente construídos na Coreia ou na China. Estimulado por milhares de investimentos relativamente pequenos, um investimento típico em um fundo de navio era de cerca de €25 mil (US$35 mil na época), a frota de propriedade alemã inchou. O HSH Nordbank, com sede em Hamburgo, afirmou ser o maior credor de navios do mundo, com colossais €40 bilhões em empréstimos de navios, que compunham a metade de sua carteira de empréstimos total.

———

Graças aos fundos dos navios, um em cada três navios porta-contêineres construídos nos primeiros anos do século XXI foi encomendado por um proprietário alemão e operado com subsídio fiscal do governo alemão. Transportadores baseados em Taiwan e Chile, França e Japão aproveitaram a oportunidade para fretar navios de propriedade alemã em condições favoráveis. Muitos desses novos navios, encomendados em 2007 e em 2008, foram entregues quando as consequências da crise financeira desfavoreceram o comércio, em 2009 e em 2010, levando a capacidade altamente subsidiada para o mercado no pior momento possível.

O resultado foi catastrófico para os investidores de fundos de navios. As sociedades supostamente livres de risco sofreram perdas surpreendentes quando seus navios navegaram pela metade ou pararam completamente, deixando seus investidores em apuros. Centenas de parcerias declararam insolvência, assim como alguns dos gestores de frotas que as patrocinaram. Os contribuintes alemães, tendo subsidiado a construção das embarcações em primeiro lugar, tiveram de pagar novamente para resgatar os bancos à beira da ruína. Os governos estaduais de Hamburgo e de Schleswig-Holstein, proprietários do HSH Nordbank, estavam no limite, com cerca de €14 bilhões em perdas e, eventualmente, tiveram que vender o banco. O Commerzbank recebeu um resgate federal de €16 bilhões em troca de entregar ao governo federal 1/4 de suas ações. Muitos dos navios-dentistas foram vendidos para levantar dinheiro; a participação da Alemanha na frota de fretamento de navios porta-contêineres caiu de 2/3 em 2010 para 1/3 em 2017. Mas, embora houvesse menos navios nas mãos dos alemães, eles permaneceram disponíveis para transportar cargas, e mantiveram sua vasta capacidade de reduzir as taxas de frete e tornar artificialmente barato o comércio de mercadorias por mar.[10]

A China entrou no mercado com a retirada dos investidores alemães. Em 2006, o governo em Pequim identificou a construção naval como uma "indústria estratégica", e definiu a meta de a China se tornar a maior nação construtora de navios em uma década. Apoiou isso com pesados investimentos estatais: graças a cerca de US$4,3 bilhões em subsídios, 2 empresas estatais, a China Shipbuilding Industry Corporation e a China State Shipbuilding Corporation, adicionaram mais de cem docas secas grandes o suficiente para construir navios comerciais, tudo isso em sete anos. Os armadores chineses, muitos deles empresas estatais, fizeram uma maratona de demolição, substituindo seus petroleiros, navios graneleiros e navios porta-contêineres mais antigos por navios novos altamente subsidiados, construídos quase exclusivamente em estaleiros chineses.

A China rapidamente dominou o mercado de navios graneleiros, usados para transportar commodities como carvão e minério: entre 2006 e 2012, 57% da nova tonelagem graneleira em todo o mundo fora produzida na China. Entrar no mercado de porta-contêineres, embarcações muito mais complexas, foi mais difícil. No final de 2005, quase todos os grandes navios porta-contêineres foram construídos na Coreia do Sul e no Japão, pois armadores julgaram que a China carecia de trabalhadores qualificados para projetos tão complicados. Mas, com ampla ajuda estatal, a China subiu rapidamente na curva de aprendizado. Construir em um pátio chinês altamente subsidiado custava de 20% a 30% menos do que construir em um pátio coreano nas mesmas condições. Não foi à toa que, entre 2006 e 2012, a China construiu cerca de 2/5 da nova capacidade de navios porta-contêineres do mundo.[11]

As implicações econômicas do frete subsidiado foram muito além do custo para os contribuintes. Com o setor público arcando com parte das despesas de construção e operação de navios, a frota mercante global se expandiu muito mais rapidamente do que teria ocorrido sem os subsídios. Isso contribuiu para o excesso crônico de capacidade. Com muitos navios perseguindo muito pouca carga, as taxas de embarque caíram tanto que as receitas das transportadoras marítimas das viagens mal cobriam suas despesas com combustível. As enormes perdas financeiras das transportadoras trabalharam em benefício das empresas que enviavam suas cargas por mar, os carregadores. Graças aos subsídios para a construção de navios, os carregadores podiam pagar menos do que o custo total de transporte de suas mercadorias por mar e, portanto, podiam vender suas exportações por preços que não refletiam o custo real de transporte. Esses subsídios dos contribuintes desempenharam um papel importante para tornar as cadeias de valor de longa distância financeiramente viáveis.

Vale a pena considerar as implicações competitivas. Em todo o mundo, os subsídios do governo para o transporte de superfície eram geralmente menores do que para o transporte marítimo. Em muitos países, os caminhoneiros tinham que pagar impostos substanciais sobre o óleo diesel e pedágios nas estradas. O frete ferroviário geralmente era cobrado para gerar lucro; onde as ferrovias eram de propriedade do governo, os lucros do frete muitas vezes serviam para subsidiar o serviço de passageiros. Regulamentações frouxas que regem o custo ambiental do transporte marítimo também eram uma forma de subsídio, assim como uma estrutura de tarifas postais que favorecia os pacotes de países em desenvolvimento para países ricos em vez dos embarques domésticos. Como as empresas que enviam para clientes domésticos por caminhão ou trem pagam algo mais próximo do custo total do transporte de suas mercadorias, elas enfrentam custos de transporte comparativamente mais altos do que os importadores que enviam por mar. Mesmo com os produtores domésticos lutando contra a concorrência das importações, os subsídios ao transporte marítimo proporcionaram uma vantagem aos importadores. Era uma política industrial de um tipo muito estranho.[12]

10
Mão na Balança

O TRANSPORTE SUBSIDIADO ajudou a tornar a globalização financeiramente viável. Os subsídios a negócios internacionais ajudaram a torná-lo contencioso.

Quando se trata de comércio internacional, o termo "subsídio" não tem uma definição precisa. Alguns subsídios, como uma concessão do governo para convencer uma empresa a construir uma fábrica em um determinado local, chamam a atenção. Outros, como uma garantia governamental de um empréstimo bancário que permite a um cliente estrangeiro comprar uma exportação, podem não ser notados, a menos que o tomador do empréstimo se encaixe no padrão e os contribuintes fiquem com dívidas incobráveis. Incentivos especiais enterrados profundamente no código tributário, subsídios estaduais para um programa de pesquisa do setor e restrições de importação que permitem aos produtores domésticos aumentarem seus preços são formas de subsídio, mas também são medidas menos óbvias, como a exigência de que um militar compre apenas equipamento feito internamente. A ideia comum é a de que um governo de um país está distorcendo a concorrência de maneiras que afetam as importações, exportações ou investimentos de outro.[1]

Em um mundo em que quase todo o comércio era doméstico, o fato de um governo ajudar agricultores ou fabricantes pouco importava para outros países. O pensamento econômico tradicional justifica essa indiferença, sustentando que as exportações subsidiadas são uma bênção: se alguém quer vender algo por menos do que o custo de produção, por que olhar os dentes de um cavalo que foi dado? Até a década de 1960, as alegações sobre injustiça no comércio internacional giravam não em torno de subsídios, mas de diferenças de salários. Por exemplo, quando os fabricantes norte-americanos se opuseram veementemente às roupas importadas do Japão na década de 1950, eles protestaram contra a "concorrência estrangeira de mão de obra barata", até que o Japão, então um país de baixos salários, concordou em limitar suas exportações de roupas de algodão em 1957.[2]

Os subsídios tornaram-se uma questão delicada apenas na década de 1960, quando o governo dos Estados Unidos distribuiu contratos com empresas norte-americanas para projetos militares e espaciais. Os países europeus objetaram que os norte-americanos recorressem a pesquisas subsidiadas pelo governo para obter uma vantagem injusta na construção de jatos de passageiros, computadores e milhares de outros produtos para o mercado civil. Com os fabricantes de aeronaves europeus lutando para sobreviver, empresas na França, Alemanha, Holanda, Grã-Bretanha e Espanha, a maioria estatais, foram dolorosamente fundidas em uma corporação pan-europeia, a Airbus Industrie, em 1970. Os Estados Unidos reclamaram imediatamente dos grandes subsídios canalizados para a Airbus. Os europeus responderam na mesma moeda, alegando que aviões comerciais de empresas aeroespaciais sediadas nos Estados Unidos, como Boeing e Lockheed, eram igualmente subsidiados. A disputa se arrastaria por décadas, surgindo periodicamente quando uma ou outra empresa vencesse uma venda de seus concorrentes.

Sob a rubrica "ajuste estrutural", a União Europeia tentou administrar o encolhimento de setores problemáticos, como aço, construção naval, produtos químicos e papel, na esperança de criar empresas fortes o suficiente para resistirem à concorrência internacional. Os políticos europeus se preocupavam com a possibilidade de que a sobrevivência da Comunidade Europeia fosse posta em questão se as indústrias simplesmente entrassem em colapso. O governo dos Estados Unidos foi menos generoso com doações em dinheiro para empresas individuais, mas os governos estaduais e locais costumavam usar subsídios e empréstimos a juros baixos para atrair novas empresas e reter as antigas. Outros países reclamaram amplamente do uso agressivo de barreiras comerciais pelos Estados Unidos, para manter as indústrias problemáticas abertas e suas exigências de que muitos bens adquiridos com fundos do governo fossem produzidos internamente, não importados. O grande orçamento de defesa dos EUA também financiou o desenvolvimento de tecnologias de ponta para aeronaves, computadores e outros produtos que eram facilmente reaproveitados para uso civil. A indústria de microeletrônica da Califórnia emergiu como líder mundial, em parte porque os militares dos Estados Unidos injetaram grandes somas em empresas localizadas no que ficou conhecido como Vale do Silício; antes de 1967, mais da metade da produção norte-americana de circuitos integrados foi para sistemas de mísseis, dando aos fabricantes dos EUA uma escala que nenhum fabricante de chips de outro país poderia igualar. Se essas despesas públicas representavam subsídios injustos que beneficiavam os exportadores dos Estados Unidos, seria um ponto de discórdia nos próximos anos.[3]

———

Os subsídios para as indústrias de capital intensivo, como aço e produtos químicos, foram pontos de discórdia já na década de 1950. Por razões históricas, uma grande parte da capacidade mundial estava concentrada em cidades de um único setor, como Youngstown, em Ohio, e Ludwigshafen, no sudoeste da Alemanha, onde empresas líderes haviam se estabelecido muitas décadas antes. Os altos salários dessas regiões importavam pouco, já que a mão de obra representava apenas uma pequena parcela dos custos de produção, e a grande escala das fábricas existentes proporcionava uma vantagem de custo tal que novas fábricas em outros países teriam dificuldade em se estabelecer. Quando os governos asiáticos e latino-americanos decidiram construir suas próprias indústrias químicas e de aço, não tinham chance de sucesso, a menos que subsidiassem as fábricas e garantissem as vendas internas, mantendo as importações fora.

Essas estratégias de substituição de importações, como vimos no Capítulo 4, frequentemente falhavam. Em países como Índia e Argentina, muitas das novas fábricas eram elefantes brancos, produzindo coisas que poderiam ter sido importadas a um custo muito mais baixo e nada fazendo para impulsionar o crescimento econômico ou reduzir a pobreza. No Japão, entretanto, a substituição de importações provou ser um grande sucesso. Fortemente apoiados por restrições e subsídios de importação, os fabricantes japoneses avançaram de trabalhos intensivos em mão de obra, como costura de roupas e placas de circuito de soldagem, para a produção em grande escala de maquinários, automóveis, produtos químicos e produtos de metal. Um dos principais motivos pelos quais o Japão teve sucesso onde outros países fracassaram foi que, embora o governo mantivesse os concorrentes estrangeiros afastados, ele forçou as empresas nacionais a competirem vigorosamente entre si e a exportarem. As empresas que não estavam à altura do desafio eram autorizadas a falir. As que tiveram sucesso tornaram-se tão produtivas quanto as melhores empresas do exterior.[4]

As importações do Japão haviam excedido suas exportações por duas décadas, mas em 1965 ele começou a apresentar um superavit comercial que perduraria, com apenas breves interrupções, por 46 anos. Datsuns e Toyotas baratos apareceram nas ruas das cidades dos Estados Unidos, e o aço japonês fez incursões na Califórnia, onde os custos de transporte favoreciam as bobinas de aço que chegavam de navio pelo Pacífico em vez daquelas enviadas por trem de Pittsburgh e Chicago. Quando o serviço de transporte de contêineres foi inaugurado, em 1968, reduzindo os custos de transporte e os danos à carga, as prateleiras das lojas de eletrodomésticos dos Estados Unidos e Canadá rangeram sob o peso das televisões, dos aparelhos de som e dos fornos de micro-ondas feitos no Japão. Em 1970, o Japão havia se tornado um país altamente industrializado e extremamente próspero, produzindo 45% de sua renda nacional no chão de fábrica. Enquanto isso, uma variedade de obstáculos, oficiais e não oficiais, dificultavam a venda de fabricantes estrangeiros no Japão. Em 1966, o país montou cerca de 2,5 milhões de carros, e importou apenas 15.244.

Em 1968, depois que a indústria siderúrgica gritou por ajuda, o Departamento de Estado dos Estados Unidos exigiu que o Japão e a Europa limitassem "voluntariamente" suas exportações de aço. Poucos meses depois, os fabricantes norte-americanos de televisores em cores alegaram que as TVs japonesas estavam minando sua indústria, mesmo com o candidato à presidência Richard Nixon prometendo conter as importações de têxteis do Japão. Pouco depois de assumir o cargo, em janeiro de 1969, ele disse a repórteres que "preferia lidar com isso voluntariamente". Com o Japão dependendo dos Estados Unidos tanto para os mercados de exportação quanto para a defesa militar, seu governo entendeu a dica. O poderoso Ministério da Indústria e Comércio Internacional, MITI, colocou um freio nas exportações de têxteis e emitiu novas orientações para as empresas japonesas. "O conceito de que 'Não importa o que esteja envolvido, devemos expandir as exportações' não pode mais ser considerado apropriado", anunciou em 1972. "Dependendo das circunstâncias, tal política tende a causar insatisfação por parte das outras nações."[5]

———

A crise do petróleo, que começou em outubro de 1973, transformou os subsídios às exportações em uma ferramenta aberta de guerra comercial. Uma alta vertiginosa do preço do petróleo, resultante dos cortes de produção dos países exportadores de petróleo do Oriente Médio, levou a recessão para o resto do mundo. Nenhum país estava mais ameaçado do que o Japão, que não produzia petróleo. Para levantar os dólares necessários para as importações de petróleo, o governo de Tóquio queria desesperadamente aumentar as exportações. Mas o Japão não era mais um lugar barato para fazer coisas: o petróleo, agora caro, fornecia 3/4 da energia do Japão, e o salário médio nas fábricas, em dólares, havia aumentado 38% entre 1971 e 1973. O MITI determinou que, para o Japão prosperar, as indústrias que dependiam de energia ou de mão de obra barata deveriam dar lugar às indústrias de "conhecimento". Na visão do MITI, o Japão ficaria rico vendendo carros, eletrônicos avançados e máquinas de precisão, não brinquedos, roupas e rádios transistores.

O MITI tinha o poder e o dinheiro para colocar sua visão em prática. Ele encorajou os concorrentes a decidirem entre si quais fundições de alumínio, fábricas de papel e estaleiros deveriam fechar. Tantas fábricas têxteis foram fechadas que a promessa do Japão, de 1972, de limitar as exportações de fibras sintéticas para os Estados Unidos acabou sendo irrelevante. As empresas que cumprissem as recomendações do MITI poderiam receber subsídios e empréstimos subsidiados para se expandir em novos ramos de negócios e, é claro, proteção contra a concorrência de importações, enquanto a assistência generosa aliviava a dor dos 800 mil trabalhadores de indústrias que perderam seus empregos devido à reestruturação do setor industrial, entre 1973 e 1979.[6]

No topo da lista de indústrias favorecidas estava a de automóveis. Embora os veículos japoneses fossem pequenos e não particularmente confortáveis, eram perfeitos em meio a uma crise do petróleo, que tornara os Cadillacs e BMWs, que consumiam muito combustível, caros para serem mantidos. As exportações anuais de automóveis do Japão quase triplicaram entre 1973 e 1980, e as exportações de caminhões aumentaram ainda mais rápido. Os modelos japoneses respondiam por 1/4 das vendas de carros nos Estados Unidos em 1980, mas, no Japão, os trabalhadores que queriam gastar sua renda, que crescia rapidamente, em automóveis dificilmente comprariam um Chevrolet ou um Volkswagen. As tarifas adicionaram de 30% a 40% ao custo dos veículos de fabricação estrangeira, e as taxas de registro eram muito mais altas em grandes carros importados do que em pequenos carros japoneses. De qualquer forma, poucos revendedores de automóveis em Sapporo ou Fukuoka estavam dispostos a lidar com modelos estrangeiros.[7]

Como os planejadores do MITI haviam imaginado, a doutrina do "mais leve, mais fino, mais curto e menor" cativou os executivos japoneses. Em 1975, as máquinas e os equipamentos de transporte respondiam por metade das exportações do Japão, quatro vezes a proporção de duas décadas antes. Graças ao apoio do MITI para pesquisa e desenvolvimento, computadores, câmeras com ótica avançada, máquinas-ferramentas controladas numericamente e fotocopiadoras coloridas de alta capacidade começaram a sair das fábricas japonesas. Nem tudo o que o MITI tocou se transformou em ouro: apesar de sua insistência, as empresas japonesas não conseguiram produzir um motor a jato comercialmente viável. Mas o sucesso do Japão em promover as exportações enquanto restringia as importações ajudou a gerar enormes superavits comerciais com países cujos produtos industriais sofisticados competiam com os japoneses. Seu novo padrão de comércio rapidamente se tornou um problema internacional. Políticos e sindicalistas dos Estados Unidos, Canadá e Europa Ocidental ficaram indignados. À medida que o fechamento de fábricas se espalhava por comunidades industriais devastadas pelas importações no meio-oeste dos Estados Unidos, nas Terras Médias inglesas, no Ruhr alemão e no norte da França, uma nova palavra entrou no léxico econômico: "desindustrialização".[8]

O impulso do Japão para a manufatura avançada, que acompanhou a queda do crescimento econômico ao redor do mundo, desafiou os acordos de Bretton Woods, que haviam desempenhado um papel tão importante na globalização desde a Segunda Guerra Mundial. Os homens que negociaram esses acordos não ficaram maravilhados. Eles estavam cientes de que todo governo enfrentava pressões para ajudar trabalhadores, empresas e comunidades, mas não previam que os subsídios cresceriam tanto a ponto de minar o apoio a uma economia mundial mais aberta. Agora, porém, o Japão era acusado de inundar o mundo com exportações subsidiadas de alto valor, enquanto mantinha seu próprio mercado fechado. Os críticos acreditavam que a mão pesada do MITI na escala significava que o comércio prejudicava outros países, enquanto beneficiava apenas o Japão.[9]

Um acordo de 1960 entre 17 das maiores nações comerciais foi elaborado para lidar com tal situação. Sob esse pacto, se as exportações subsidiadas ameaçassem "dano material" a uma indústria no país importador, aquele país poderia retaliar com direitos de importação iguais ao valor do subsídio, tirando a vantagem de custo dos estrangeiros. Essa disposição provou ser uma ameaça útil. O governo japonês não queria ser apontado como um violador das regras internacionais, por isso concordou repetidamente em restringir "voluntariamente" suas exportações, da mesma forma que havia feito com fibras sintéticas para aplacar Richard Nixon, em 1972. Em 1977, limitou as exportações de carros das empresas japonesas para a Grã-Bretanha e de aparelhos de televisão em cores para os Estados Unidos. Em 1978, impôs "monitoramento e orientação intensificados" aos exportadores de automóveis, motocicletas, aço, televisores, navios, fotocopiadoras, relógios e câmeras, e fixou preços mínimos para as exportações de máquinas-ferramenta aos Estados Unidos e Canadá, para que as empresas não oferecessem descontos para ganhar participação de mercado. No ano seguinte, os Estados Unidos impuseram uma tarifa de 15% sobre pregos, porcas e parafusos, a fim de "salvar" uma indústria norte-americana ameaçada pela concorrência japonesa, embora a indústria que estava sendo salva fosse conhecida por suas fábricas arcaicas e ineficientes.[10]

Aquele mesmo ano, 1979, viu o quase colapso da Chrysler Corporation, a 3º maior montadora dos Estados Unidos. Em meio a avisos de desemprego em massa, o Congresso dos EUA concordou em garantir até US$1,5 bilhão em empréstimos para manter a Chrysler aberta. Outras montadoras estavam à beira do precipício, pois 1980 se tornou um dos piores anos da história da indústria automobilística dos Estados Unidos. Embora as altas taxas de juros e a falta de carros pequenos estivessem matando as vendas, os políticos e líderes sindicais culparam amplamente o Japão. Durante a campanha presidencial daquele ano, Ronald Reagan, conhecido como um comerciante livre, disse aos trabalhadores de uma fábrica da Chrysler, em Detroit, que o governo dos Estados Unidos deveria "convencer os japoneses, de uma forma ou de outra, e em seu próprio interesse, que o dilúvio de carros nos Estados Unidos deveria ser desacelerado enquanto a indústria do país se recuperava". O Japão aceitou restrições "voluntárias" às exportações de automóveis para os Estados Unidos em 1981, com controles mais rígidos sobre as exportações de automóveis para a Europa Ocidental e para o Canadá. Em 1983, o Japão concordou em controlar as exportações de videocassetes, relógios de quartzo, tornos, empilhadeiras e vários outros produtos para a Europa, em cada caso agindo "voluntariamente".[11]

Os resultados foram decepcionantes. Cada nova "restrição voluntária à exportação" parecia expandir o superavit comercial do Japão, não o diminuir, já que seus fabricantes, limitados no número de automóveis e televisores que podiam exportar, despachavam mercadorias mais sofisticadas a preços mais altos. Os lucros adicionais proporcionaram às empresas japonesas recurso financeiro para construir fábricas na América do Norte e na Europa Ocidental, fortalecendo a percepção de que o capitalismo ao estilo japonês estava conquistando o mundo. Só mais tarde ficaria claro que, em seu entusiasmo por desenvolver manufatura avançada, o Japão havia esquecido seu setor de serviços notavelmente ineficiente. A troca de dinheiro em um banco exigia assinaturas de vários banqueiros subempregados, e as lojas de departamentos da vistosa Ginza de Tóquio contratavam mulheres jovens vestidas de quimonos para se curvarem educadamente aos clientes que chegavam. No geral, a produtividade em serviços, ou seja, a produção por hora trabalhada, era menor em 1980 do que em 1970. Nos próximos anos, o desvalorizado setor de serviços do Japão seria visto como um obstáculo ao crescimento econômico, mas, na década de 1980, com o crescimento dos fabricantes japoneses, a estagnação das indústrias de serviços mal chamou a atenção.[12]

———

O Japão não foi o único país a incomodar seus parceiros comerciais em um momento em que a economia mundial estava em crise. Nenhum país aprendeu mais com a experiência do Japão do que a Coreia. Embora sua população fosse consideravelmente menor, a Coreia seguiria o Japão no uso de subsídios para remodelar os padrões do comércio internacional.

Até a década de 1960, a economia coreana estava estagnada. A península coreana foi ocupada de 1910 a 1945 pelo Japão, que a usava principalmente como fonte de arroz e tungstênio, e foi dividida no final da Segunda Guerra Mundial em uma zona norte, controlada pela União Soviética, e uma zona sul, originalmente controlada pelos Estados Unidos. A Guerra da Coreia, entre 1950 e 1953, destruiu a maior parte da infraestrutura e da indústria da península, deixando mais de um milhão de mortos. Quando a guerra terminou, o governo do Sul se comprometeu com uma rápida industrialização. O primeiro passo foi alocar muitos trabalhadores na confecção de roupas e sapatos. Mas suas políticas econômicas olharam para dentro. As barreiras às importações eram altas e, em 1963, as exportações eram insignificantes.

Em 1965, o presidente Park Chung-hee decretou um novo curso. "Nós também podemos competir com sucesso contra outros na corrida de exportação internacional", anunciou à nação em 1965. O governo empurrou para baixo o valor da moeda coreana, o won, para tornar os produtos coreanos mais baratos no exterior; concedeu um financiamento generoso às exportações e ofereceu isenção de impostos sobre os insumos utilizados na exportação. Estabeleceu metas anuais para as exportações de commodities específicas e usou o Bank of Korea, o banco central, para fornecer crédito de baixo custo, para ajudar as empresas a cumprirem essas metas; mas, para estimular a competição entre exportadores, empresas que haviam cumprido as metas de exportação no ano anterior tinham acesso privilegiado aos empréstimos. Os especialistas econômicos da Coreia estavam convencidos de que o tamanho era importante, então eles encorajaram o crescimento de grupos industriais diversificados, conhecidos como *chaebol*, que seriam grandes o suficiente para competir globalmente com corporações multinacionais com base na Europa, no Japão e na América do Norte. Os planejadores do governo usaram tarifas de importação e empréstimos de bancos controlados pelo estado para direcionar os *chaebol* a investir em setores específicos, como a fabricação de automóveis e eletrônicos. Como a economista norte-americana Alice Amsden escreveu: "Todas as grandes mudanças na diversificação industrial nas décadas de 1960 e de 1970 foram instigadas pelo Estado."[13]

Ao contrário de muitos países pobres, a Coreia investiu pesadamente em educação, proporcionando uma força de trabalho excepcionalmente alfabetizada. Isso se revelou uma grande vantagem, pois as empresas coreanas, com a ajuda do governo, passaram a buscar novos produtos para exportar em um momento em que a economia mundial estava enfraquecida. Em 1962, antes do início do movimento de exportação, os alimentos e as matérias-primas respondiam por 4/5 das exportações da Coreia, e as algas marinhas eram o principal produto de exportação. Em 1980, o setor manufatureiro da Coreia era 14 vezes maior do que em 1962, e o comércio exterior, principalmente de produtos manufaturados, respondia por mais de 2/3 da produção econômica do país, uma participação muito maior do que na Europa, na América do Norte ou no Japão. Isso não foi bem recebido no exterior: quase metade das exportações da Coreia para países de alta renda no início da década de 1980 enfrentaram restrições destinadas a lidar com o comércio injusto. Depois de uma pausa durante a desaceleração econômica global do início da década de 1980, o governo da Coreia tentou mudar a direção do crescimento impulsionado pelas exportações, enfatizando a inovação e a tecnologia avançada. Os investimentos de empresas japonesas, desaprovados nos primeiros anos, ajudaram os *chaebol* a fabricar carros, televisores em cores e produtos farmacêuticos.[14]

Essa política econômica dirigida pelo Estado revolucionou um país que antes olhava para dentro. Em 1986, o deficit comercial crônico da Coreia se transformou em superavit pela primeira vez em décadas. Em 1988, a Coreia havia se tornado a 10º maior nação comercial do mundo, e sua renda per capita, ajustada pela inflação, era 8 vezes maior do que em 1960. O país tinha 996 centros privados de pesquisa e desenvolvimento em 1990, contra 54 na década anterior, à medida que as empresas atendiam aos apelos do governo para contratar engenheiros e parar de depender de mão de obra barata. Reclamações sobre subsídios, barreiras de importação e uma moeda deliberadamente desvalorizada não desapareceram; mas, agora, a alegação era a de que a Coreia estava roubando injustamente participação de mercado em tecnologia avançada. Entre as histórias de sucesso estava a da indústria de semicondutores. Os semicondutores eram em grande parte produzidos nos Estados Unidos, mas, em 1990, a Coreia era o segundo maior fornecedor de chips de memória para computador no mercado norte-americano. Em 1993, quando a Comissão de Comércio Internacional dos Estados Unidos decidiu que várias empresas coreanas estavam prejudicando a indústria dos Estados Unidos ao vender chips de memória por um valor inferior ao justo, ela teve que admitir que os clientes consideravam os chips coreanos mais confiáveis e mais rápidos de obter do que os produzidos nos Estados Unidos.[15]

O impulso da Coreia para a produção de alto valor foi cuidadosamente planejado. Sob um "Plano de Localização de Máquinas, Materiais e Componentes" de 5 anos, anunciado em 1992, o governo ajudou as empresas coreanas a reduzir as importações de 4 mil produtos, de peças automotivas e maquinários a semicondutores e componentes de computador. Anteriormente, a Coreia dependia do Japão para muitos desses produtos, mas o dinheiro do governo financiou fábricas para produzi-los em casa. Mais uma vez, os subsídios tiveram um efeito drástico sobre os padrões de comércio. Nos setores-alvo, o superavit comercial da Coreia disparou de US$3 bilhões, em 1997, para US$108 bilhões em 2014. Pela primeira vez, tornou-se uma grande exportadora de bens intermediários. Uma grande parte deles integrava cadeias de suprimentos internacionais para fábricas na China, que dependiam mais de semicondutores e dispositivos ópticos coreanos do que de qualquer outro país.[16]

11

O Preço Chinês

A China, no início da década de 1980, mal tinha presença na economia internacional, muito menos nos negócios globais. A turbulência política da Revolução Cultural havia virado o país de cabeça para baixo durante a maior parte da década de 1970. O caos, com a insistência do Partido Comunista de obter controle sobre uma economia planejada, manteve a China pobre. A mudança começou em 1978, depois que o líder supremo Deng Xiaoping visitou o Japão e a Singapura e declarou: "Devemos reconhecer que somos atrasados, que muitas de nossas maneiras de fazer as coisas são inadequadas e que precisamos mudar." Mas havia uma distância considerável a percorrer. A economia era primitiva, e milhões de estudantes que poderiam ter ajudado a modernizá-la foram forçados a abandonar seus estudos para realizar trabalho braçal em fazendas coletivas. A China tinha uma influência militar ou diplomática insignificante, porque era muito empobrecida para projetar poder.[1]

Na memória popular, a ascensão da China à força e à prosperidade após décadas de instabilidade é lembrada como uma história de sucesso atrás de sucesso. Mas nos primeiros anos após sua abertura ao mundo, em 1978, a China não foi de forma alguma uma grande potência, seja econômica ou de qualquer outra forma. "Por meio da autarquia, a China não conseguiu desenvolver um único produto industrial com o qual pudesse competir internacionalmente", observou o jornalista britânico Joe Studwell. Como na maioria das economias socialistas, os planejadores estatais há muito enfatizavam a construção da indústria pesada. O primeiro plano de dez anos sob a liderança de Deng previa um esforço intensivo para dobrar a produção de aço até 1985 e construir fundições, minas de carvão, campos de petróleo, portos, usinas de energia e ferrovias. Esse ambicioso programa estava muito além da capacidade chinesa. Ele foi rapidamente substituído por um plano mais realista para aumentar a produção de bens de consumo. Fabricar sapatos, cosméticos e rádios transistores para a vasta população da China exigia muito mais mão de obra do que fazer aço, oferecendo uma maneira de absorver milhões de trabalhadores rurais, que certamente seriam deslocados conforme o setor agrícola arcaico da China fosse modernizado, e também fornecendo bens de consumo para melhorar os padrões de vida das famílias chinesas.[2]

A partir de 1979, depois que Deng viajou para os Estados Unidos, o governo chinês abriu cautelosamente algumas Zonas Econômicas Especiais, onde o comércio exterior era incentivado. Aproveitando-se dos custos de mão de obra extremamente favoráveis — segundo uma estimativa, os salários da indústria em Hong Kong eram vinte vezes mais altos do que na China em 1981 —, os fabricantes de Hong Kong e Taiwan começaram a abrir fábricas no sul da China. Os produtos químicos, plásticos, tecidos e componentes foram feitos em outro lugar, enviados para Shenzhen e Guangdong para serem montados em bonecas, vestidos ou furadeiras elétricas e, em seguida, exportados via Hong Kong para clientes em todo o mundo. A contribuição da China foi uma força de trabalho barata e obediente, que estava acostumada a trabalhar por muitas horas.

Os países ricos apoiaram fortemente a abertura chinesa ao conceder à China as mesmas tarifas que a maioria dos outros países em desenvolvimento recebia, eliminando uma grande desvantagem competitiva. Essas tarifas mais baixas sobre as exportações para a América do Norte, o Japão e a Europa tornaram prático para a China se tornar novamente uma nação comercial. Seus parceiros comerciais ocidentais estavam mais preocupados com a balança de poder do que com a balança comercial; suas reduções tarifárias pretendiam criar uma divisão mais profunda entre a China e a União Soviética, que não foi tratada com gentileza no Ocidente. Mas esse presente veio sob certas condições. Os Estados Unidos sujeitaram seu tratamento tarifário favorável à China a uma revisão anual, com a constante ameaça de sua suspensão.[3]

O comércio internacional chinês dobrou nos 2 anos entre 1978 e 1980, mas depois parou. A insistência do governo para que os estrangeiros investissem apenas por meio de joint ventures com empresas pertencentes a governos locais, provinciais ou nacionais repeliu os fabricantes estrangeiros. Mas, embora não confiasse no investimento estrangeiro, a China foi incapaz de criar indústrias modernas por conta própria. As empresas estatais que dominavam a economia produziam de acordo com as diretrizes dos planejadores, não com as preferências dos clientes. Não havia empresas privadas com lucros que pudessem ser reinvestidos em pesquisa e desenvolvimento, porque não havia lugar para os empresários encontrarem capital: as bolsas de valores não existiam, e os bancos, que eram permitidos apenas desde 1978, não tinham ideia de como emprestar para firmas privadas. Mesmo para empresas estatais, era difícil pedir dinheiro emprestado; uma venda de títulos estrangeiros, em 1980, para financiar uma joint venture com uma empresa japonesa para fabricação de fibras têxteis foi tão controversa que o governo hesitou em repeti-la.

Ainda em 1986, a China produzia uma fração minúscula das exportações mundiais de manufaturados, e sua participação no mercado não estava crescendo. Tornar-se um centro da economia internacional era um sonho distante.[4]

―――

A República da China, que lutou ao lado dos Aliados durante a Segunda Guerra Mundial, foi membro fundador do GATT, em 1947. Quando o Partido Comunista assumiu o controle do continente, em 1949, e proclamou a República Popular da China, os líderes da antiga República da China fugiram para a ilha de Taiwan. A partir daí, em 1950, a República da China anunciou sua retirada do GATT. A República Popular não reconheceu a legitimidade desta ação, mas não se incomodou muito. O Partido Comunista estava lutando para estabelecer um novo governo em um país devastado por décadas de guerra, e voltado para o mercado interno. Além disso, a China tinha uma longa história de relações infelizes com as potências coloniais, e os países europeus ainda ocupavam o território chinês em Hong Kong e Macau. Abrir a China para a economia internacional não estava no topo da lista de preocupações do novo governo.[5]

Três décadas depois, uma China voltada para o mercado externo estava perfeitamente ciente de sua necessidade de tecnologia, investimento e mercados estrangeiros, e sua ausência no GATT de repente assumiu uma enorme importância. Não pertencer a ele era arriscado. O GATT era onde os países redigiam as regras que regiam o comércio internacional. Se, por exemplo, um país alegasse que o poliuretano japonês estava prejudicando sua indústria química, ele teria que seguir certos procedimentos antes de restringir a entrada dos produtos prejudiciais do Japão. Como não membro, a China não estava protegida por tais regras. A adesão ao GATT tornaria mais difícil para outros países interferir em seu comércio.

O recente interesse da China rendeu-lhe um convite para participar de várias reuniões do GATT, começando em 1981, mas apenas como observadora. Outros países duvidaram que a China fosse adequada para ser membro. Quando pediu para se tornar membro, em 1986, foi rejeitada. Afinal, um país no qual a maior parte da indústria pertencia aos governos, onde as decisões sobre importação e exportação eram questões de Estado e a aplicação da lei era arbitrária, não parecia se encaixar em um sistema comercial projetado com economias de mercado em mente. Nos anos seguintes, à medida que outros países em desenvolvimento — Botsuana, Costa Rica, Marrocos, Venezuela — aceitaram que o comércio mais livre a preços de mercado beneficiaria suas economias e negociaram sua entrada no GATT, a China ficou de fora, olhando para dentro.[6]

No final da década de 1980, à medida que as reformas econômicas iniciadas em 1978 seguiam seu curso, o crescimento econômico da China se desacelerou para um rastejamento lento. "A China está caminhando a passo de lesma, enquanto o resto do mundo está galopando", afirmou um comprador norte-americano citado na *Business Week*. Os aumentos salariais já não eram tão generosos e a taxa de inflação atingiu os dois dígitos. A indignação contra a corrupção e as demandas por um sistema político mais democrático levaram a protestos em todo o país, culminando em uma operação do exército que matou centenas, ou talvez milhares, de manifestantes na Praça Tiananmen, de Pequim, em junho de 1989. O Incidente de Quatro de Junho, como ficou conhecido na China, assustou investidores estrangeiros. Depois de uma luta interna, os líderes do partido rejeitaram qualquer mudança que pudesse enfraquecer o papel de liderança do Partido Comunista, mas seguiram o conselho de Deng de levar adiante as reformas para abrir a economia chinesa. "Sem reforma e abertura, nossos pontos de desenvolvimento e nossa economia desmoronam", alertou ele aos principais líderes do partido. "Os padrões de vida diminuem se regredirmos. O ímpeto da reforma não pode ser interrompido."[7]

Deng deixou seu principal cargo oficial em novembro de 1989. Embora tenha permanecido uma voz influente nos bastidores, suas políticas de encorajar a iniciativa privada e dar às forças do mercado maior domínio, até mesmo permitindo a abertura de bolsas de valores em Shenzhen e Xangai, foram criticadas por líderes mais ortodoxos do Partido Comunista. Acusado de minar o partido e promover o capitalismo, Deng lutou publicamente. Em janeiro de 1992, ele inesperadamente emergiu da aposentadoria e embarcou em uma viagem de um mês pelo sul da China. Discurso após discurso, pediu aos líderes provinciais e locais que se libertassem de velhas ideias e adotassem políticas que pudessem melhorar a produtividade e os padrões de vida, independentemente de soarem capitalistas. Visitando as Zonas Econômicas Especiais, que havia aprovado oito anos antes como áreas de teste para a reforma voltada para o mercado, Deng declarou o experimento um sucesso.

A "excursão ao sul" de Deng provou ser um ponto de inflexão na globalização. Em março de 1992, o departamento político do Comitê Central do Partido Comunista concordou em manter o curso da reforma voltado para o mercado. Em outubro, antes do congresso pleno do partido, o secretário-geral do Partido Comunista, Jiang Zemin, reafirmou o papel de liderança do partido, mas pediu que ele "acelerasse o ritmo da reforma, a abertura para o mundo exterior e o impulso para a modernização". As opiniões de Deng haviam vencido.[8]

No final daquele ano, o governo flexibilizou as regras sobre investimentos estrangeiros e o dinheiro de Hong Kong, do Japão e dos Estados Unidos começou a entrar. Em 1991, quando a direção da China ainda era questionada, os estrangeiros gastaram meros US$4 bilhões em fábricas, edifícios ou empreendimentos comerciais. O número foi 6 vezes maior em 1993, quando a economia chinesa decolou. Embora parte desse investimento visasse fabricar produtos para vender no mercado chinês em rápido crescimento, a maior parte dele foi destinada à produção para varejistas internacionais, como Uniqlo e Carrefour, e para fabricantes como Hewlett-Packard e General Motors.[9]

As exportações de bens manufaturados da China aumentaram 5 vezes durante a década de 1990, com grande parte do crescimento sendo devido a produtos que a China mal exportava antes: produtos químicos, maquinários e equipamentos de telecomunicações. Em 1998, 45% das exportações da China eram produzidas em fábricas com financiamento estrangeiro. As tarifas mais baixas sobre os insumos levaram a uma maior produtividade na manufatura, conforme mais fábricas chinesas usavam esses insumos para fabricar mercadorias para exportação. O governo central forneceu ajuda decisiva ao forçar o inchado setor estatal a diminuir. Os governos locais e provinciais foram instruídos a "agarrar o grande, deixar o pequeno ir": pequenas empresas estatais foram vendidas a empresários privados, mas muitas empresas maiores foram consolidadas em empresas voltadas para o mercado, várias em cada setor, que deveriam competir umas com as outras, mesmo que permanecendo sob o controle do Estado. Talvez 20 milhões de trabalhadores industriais tenham sido demitidos quando as empresas estatais cortaram custos para se tornarem competitivas no mercado global, as primeiras vítimas chinesas da Terceira Globalização.[10]

———

As longas negociações da Rodada Uruguai levaram à criação de uma Organização Mundial do Comércio para substituir o GATT como supervisor do comércio internacional. A OMC foi formada sem o envolvimento da China, mas, a partir do momento em que abriu seus escritórios no Centre William Rappard, em Genebra — o prédio anteriormente ocupado pelo GATT —, no início de 1995, a China quis ser membro.

Para entrar na OMC, a China precisava fazer acordos com cada um dos Estados-membros, abordando suas preocupações sobre suas políticas econômicas e definindo como trataria suas exportações. Algumas dessas negociações foram controversas, principalmente aquelas com os Estados Unidos e a União Europeia. A oposição à adesão da China foi forte, com muitos especialistas norte-americanos e europeus alertando que a China inundaria os mercados estrangeiros com suas exportações, sem nunca dar às empresas estrangeiras acesso equivalente ao seu próprio mercado. Houve também reclamações de que a China tentou deliberadamente reduzir o valor de sua moeda, o renminbi, para tornar seus produtos artificialmente baratos em outros países. Do outro lado do argumento, no entanto, o rápido crescimento econômico da China e a vastidão de seu mercado potencial foram uma atração irresistível para executivos de corporações multinacionais, que pressionaram fortemente pela entrada da China. Os acordos resultantes foram bem detalhados. A China reduziria as tarifas sobre carros, de mais de 80% para 25%, sobre massas europeias, de 25% para 15% e sobre carne de porco congelada norte-americana, de 20% para 12%. As empresas estrangeiras não seriam obrigadas a transferir tecnologia para empresas chinesas ou a usar conteúdo chinês em seus produtos. A China permitiria que empresas privadas importassem e exportassem sem precisar da aprovação do governo, que bancos estrangeiros conduzissem negócios domésticos na China, que estrangeiros possuíssem até 49% das joint ventures em telecomunicações, e assim por diante.[11]

Em troca de fazer milhares dessas promessas, muitas vezes refletindo as prioridades de interesses comerciais específicos em outros países, a China obteve acesso garantido para suas exportações a clientes em 142 nações. Fabricantes, atacadistas e varejistas, chineses ou estrangeiros, passaram a poder colocar a China na rota de suas cadeias de abastecimento, sem se preocupar com a possibilidade de outro país aumentar repentinamente as tarifas ou colocar cotas em produtos chineses e, assim, prejudicar seus planos. A China também conseguiu ser classificada como um "país em desenvolvimento" para os fins da OMC, status que a autorizava a restringir as importações e os investimentos relacionados ao comércio de maneiras que os países desenvolvidos não poderiam.[12]

O impacto da entrada da China na OMC, em dezembro de 2001, foi instantâneo. Agora, os fabricantes em outros países exigiam que seus fornecedores comprassem da China, a menos que suas fábricas em países com salários mais altos fossem capazes de atender ao "preço chinês". Em 1985, o Walmart Stores, que então operava lojas de descontos de tamanho modesto em pequenas cidades norte-americanas, havia se comprometido a vender produtos feitos nos Estados Unidos. Em 2002, agora o maior varejista do mundo, o Walmart aproveitou a nova adesão da China à OMC, mudando sua sede de compras global para Shenzhen, de onde administrava relacionamentos com milhares de fábricas chinesas que forneciam supercentros do Brasil ao Japão. Centenas de outros varejistas seguiram o exemplo do Walmart. Em janeiro de 2005, logo depois que as cotas finais dos Estados Unidos para vestuário foram eliminadas, 18,2 milhões de camisas de malha de algodão chinesas chegaram aos Estados Unidos, 19 vezes mais do que no mês de janeiro anterior. Sabendo que os acionistas aprovariam, um executivo da Liz Claiborne, uma fabricante de roupas com sede nos Estados Unidos, disse ao *Wall Street Journal*: "A China será o país mais importante em nossa estratégia de sourcing." Na época, a China fornecia menos de um terço das importações norte-americanas de têxteis e vestuário; oito anos depois, fornecia mais da metade.[13]

A emergência da China como potência econômica provou ser particularmente problemática para a economia mundial, devido à forma como seu comércio se desenvolveu. No início da década de 1990, enquanto os líderes partidários debatiam se deveriam manter as reformas econômicas defendidas por Deng Xiaoping, o comércio exterior da China estava relativamente equilibrado; em 1993, suas importações excederam suas exportações. Mas, a partir de 1995, o comércio da China mudou para uma direção mercantilista. Suas famintas fábricas engoliram volumes sem precedentes de cobre, carvão e ferro importados, e os usaram para gerar um enorme superavit comercial em produtos manufaturados. Em 2005, as exportações das fábricas da China respondiam por quase um terço de toda a sua produção econômica. Essas exportações eram muito mais sofisticadas do que o normal para um país com baixa renda e uma força de trabalho mal treinada.

A renda por pessoa da China, ajustada para as diferenças no custo de vida, era inferior à da Tunísia e à da República Dominicana em meados do século XXI; mas, enquanto esses países despachavam roupas e eletrônicos montados a partir de materiais importados, a China fabricava motores, utensílios de cozinha e energia fotovoltaica. Frequentemente, os fabricantes estrangeiros afirmavam que sua tecnologia havia sido roubada; as leis que protegem os direitos dos detentores de patentes estrangeiros raramente eram aplicadas, e as empresas estrangeiras reclamavam do roubo desenfreado de projetos e fórmulas, em alguns casos por seus próprios parceiros de joint venture chineses.[14]

―――

Os subsídios foram essenciais para o surgimento da China como um ator importante na economia mundial. Em 1980, quando o Partido Comunista havia acabado de começar a abrir a economia às forças do mercado e ao investimento estrangeiro, suas exportações de bens e serviços representavam menos de 6% da economia, bem abaixo da média global. Um quarto de século depois, as exportações da China equivaliam a 35% de sua produção econômica, bem acima da norma para o resto do mundo. Altas tarifas e outros obstáculos tornavam difícil para os produtores em outros países venderem na China, mas as tarifas sobre os componentes importados eram reembolsadas se os produtos manufaturados fossem exportados, por isso era mais barato para uma fábrica produzir para exportação do que fabricar um produto idêntico para o mercado interno. Um subsídio mais tentador aos exportadores era difícil de imaginar.[15]

Entre 1995 e 2005, de acordo com um estudo, o governo chinês gastou US$310 bilhões em subsídios industriais com empresas estatais, geralmente controladas por governos provinciais ou locais, em vez de oficiais em Pequim, reivindicando quase a metade. Esses US$310 bilhões, equivalentes a 1/4 da produção econômica total da China em 2000, incluem apenas valores pagos diretamente às empresas; não obtêm redução de impostos sobre as exportações, que valiam cerca de US$15 bilhões por ano; desconto em energia elétrica ou impostos mais baixos sobre os fabricantes localizados em zonas industriais de alta tecnologia. As empresas estrangeiras, que investindo em zonas especiais de negócios pagavam impostos de renda a taxas muito baixas, e algumas empresas de tecnologia, eram isentas do imposto de renda. As montadoras que exportavam tinham prioridade na obtenção de empréstimos e moeda estrangeira. Mais da metade dos pagamentos de subsídios do governo nacional durante esse período foi para promover a inovação e as exportações de produtos de alta tecnologia, principalmente ajudando as empresas que já exportavam a desenvolver novos produtos para venda no exterior. O objetivo era criar empresas multinacionais chinesas que pudessem competir em todo o mundo.[16]

À medida que a indústria automobilística da China cresceu, também cresceu sua indústria de pneus. Antes de 1990, os fabricantes de pneus da China eram pequenos e vendiam seus produtos quase exclusivamente no mercado interno. Quase sessenta fábricas de pneus para carros e caminhões leves foram inauguradas entre 1990 e 2014. Os maiores fabricantes mundiais chegaram, mas em termos estritos: muitos foram obrigados a entrar em joint ventures com empresas chinesas e algumas fábricas foram autorizadas a fabricar apenas para exportação. Com a ajuda de uma dúzia de subsídios diferentes, que foram desde empréstimos baratos de bancos estatais a isenções de impostos para equipamentos importados e concessões de governos locais, a China era uma localização de fábrica irresistível para fabricantes de pneus de todas as nacionalidades. Sua produção de pneus para veículos leves disparou de 84 milhões, em 2004, para 399 milhões em 2014, com mais da metade enviada para o exterior.[17]

Uma história semelhante poderia ser contada sobre o alumínio. Um abrangente estudo feito em 2019 sobre os 17 maiores produtores mundiais de alumínio primário, material de alta qualidade feito pela fundição de minério de bauxita em vez do metal de baixo teor capturado pelo derretimento de latas de cerveja recicladas, descobriu que todas as empresas receberam subsídios do governo, porém as empresas chinesas eram mais subsidiadas do que as do Canadá, do Bahrein, da Arábia Saudita e do Catar. Os subsídios da China responderam por mais de 60% dos US$12,7 bilhões em subsídios que a indústria recebeu em todo o mundo durante 5 anos, de 2013 a 2017. Em 1995, a China era um ator secundário em uma indústria amplamente dispersa. Em 2017, ela era responsável por mais da metade da produção mundial de alumínio primário, graças a subsídios de energia, incentivos fiscais e crédito extremamente barato de bancos estatais. Ao mesmo tempo, o governo chinês aplicou um imposto de 15% sobre as exportações de alumínio primário, garantindo o fornecimento de metal barato para os fabricantes de produtos de alumínio na China.[18]

Praticamente o mesmo padrão ocorreu em muitas outras indústrias, desde a fabricação de papel, na qual o país com escassez de árvores não tinha nenhuma vantagem comparativa óbvia, até a fabricação de monitores de vídeo de última geração. A China usou subsídios para atrair empresas estrangeiras, barreiras comerciais para forçá-las a atender seu vasto e crescente mercado doméstico, com produção doméstica em vez de importações, e restrições ao investimento estrangeiro, para pressioná-las a compartilhar tecnologia com parceiros chineses. Em 2006, 40% das exportações chinesas vieram de empresas estrangeiras, e outros 20% de joint ventures chinesas-estrangeiras: empresas globais estavam usando seus investimentos na China para vender em todo o mundo. Muitos deles descobriram que o sistema jurídico chinês oferecia escassa proteção para suas patentes e seus projetos. Se as empresas chinesas, sejam estatais ou privadas, desejassem copiar um produto ou tecnologia estrangeira, poderiam fazê-lo sem temer as consequências.[19]

Durante 7 anos, de 2001 a 2008, as exportações de bens manufaturados da China aumentaram impressionantes 464%. Quase da noite para o dia, a China se tornou um grande fornecedor de equipamentos eletrônicos, peças automotivas e aço para o mercado global. Também se tornou um mercado enorme e altamente lucrativo para negócios internacionais. Nenhum outro país poderia ostentar fábricas de calçados com 100 mil trabalhadores e fábricas de eletrônicos com 300 mil, com dormitórios no local para garantir que a mão de obra estivesse disponível para atender aos pedidos urgentes. Um após o outro, fabricantes de automóveis estrangeiros se estabeleceram na China por meio de joint ventures com empresas pertencentes a governos provinciais ou locais. Em 2001, antes de a China entrar na OMC, suas fábricas de automóveis produziam cerca de 700 mil veículos de passageiros. Em 2009, a produção atingiu 9 milhões, tornando a China o maior produtor mundial de automóveis. Naquele ano, as montadoras japonesas, que não tinham fábricas chinesas em 2000, contavam com joint ventures chinesas para 1/7 de sua produção global.[20]

A industrialização em alta velocidade da China transformou as condições de vida de centenas de milhões de pessoas. Em 1978, quando a reforma começou, 82% dos chineses viviam em áreas rurais, muitas vezes em circunstâncias muito difíceis. A população rural atingiu o pico por volta de 1991, depois começou a cair, à medida que novas fábricas atraíam migrantes de vilas distantes. As cidades abrigavam metade da população em 2010. A expectativa de vida ao nascer, que era de 66 anos no início da reforma, atingiu 75 anos 3 décadas depois, e a taxa de mortalidade infantil caiu 3/4. O serviço de esgoto e a água potável encanada se espalham pelas áreas rurais e urbanas. Em 1978, 1 em cada 500 casas tinha telefone; em 2010, os telefones celulares eram onipresentes. A renda por pessoa, ajustada pelo poder de compra, era 15 vezes maior, e tantas pessoas tinham dinheiro para gastar que a China se tornou o maior mercado automotivo do mundo. Nunca tantas pessoas passaram da pobreza para a prosperidade tão rapidamente.

12

Capturando Valor

Em um complexo comercial no Vale do Silício, uma equipe de engenheiros projetou o smartphone. Trabalhando com eles, conectados por computador, mensagens instantâneas e vídeo, estavam equipes parceiras em centros de pesquisa na Europa e na Ásia. Quando o projeto foi concluído, o empregador dos pesquisadores, com sede nos Estados Unidos, transferiu a propriedade para sua subsidiária na Irlanda por um valor simbólico. A entidade irlandesa licenciou o projeto para um fabricante de propriedade de Taiwan, na China, que encomendou monitores do Japão, chips de processador da Coreia, câmeras da Alemanha e fones de ouvido dos Estados Unidos. A fábrica chinesa então montou os componentes conforme as instruções e devolveu os produtos acabados para a empresa do Vale do Silício, que os projetou e comercializou sob sua própria marca em muitos países.

Agora, considere a pergunta: Onde os telefones foram feitos?

Até o final da década de 1980, a pergunta "onde" era fácil de responder. A maioria dos produtos manufaturados era feita pela empresa cujos funcionários os projetaram, nas próprias fábricas da empresa, principalmente com componentes produzidos internamente ou nas proximidades. Embora, na década de 1980, os fabricantes de alta tecnologia do Vale do Silício tenham começado a terceirizar os trabalhos que exigiam baixa tecnologia, como soldagem de placas de circuito e montagem de computadores, o trabalho quase sempre foi entregue a pequenas empresas localizadas nas proximidades; mesmo quando uma empresa como a Seagate Technology decidiu que seria mais barato fabricar discos rígidos de computador em um país de baixos salários, fazia o trabalho em sua própria fábrica, em Singapura. Da mesma forma, quando os clientes estavam escolhendo entre Nikon, Kodak e Leica, também escolhiam entre câmeras que foram projetadas e fabricadas quase inteiramente no Japão, nos Estados Unidos e na Alemanha. O fluxo de comércio era simples de calcular: uma Leica despachada de uma fábrica alemã para um distribuidor francês era registrada como uma importação de mercadoria francesa e uma exportação de mercadoria alemã.

O que distinguiu a Terceira Globalização, mais do que qualquer outra coisa, foi uma mudança nessa equação. Durante os dois primeiros períodos, quando as barreiras econômicas entre os países pareciam estar se dissolvendo, cerca de quarenta anos antes da Primeira Guerra Mundial e as quatro décadas após a Segunda Guerra Mundial, o comércio e os investimentos foram medidos como obra das nações. O deficit ou superavit comercial anual de mercadorias e a extensão em que os cidadãos de um país possuíam ativos em outros países eram frequentemente considerados medidas de sucesso econômico. As empresas eram consideradas cidadãs tanto quanto os indivíduos eram cidadãos, e quando uma empresa ia bem, seu país natal era considerado beneficiário.

A partir da segunda metade da década de 1980, as relações econômicas internacionais assumiram um caráter muito diferente. Fabricantes e varejistas espalharam suas cadeias de suprimentos por toda a parte. Graças aos navios porta-contêineres e ao frete aéreo, a empresa que projetou o smartphone pôde especificar antenas, receptores GPS e caixas de plástico, fabricados onde o preço era melhor ou a qualidade mais alta, e transportá-los para a fábrica de montagem a um custo muito baixo. Uma exportação e uma importação de mercadorias eram registradas cada vez que um desses componentes cruzava uma fronteira nacional e, novamente, quando a montadora despachava o telefone completo para o exterior, o que significa que o comércio de equipamentos de comunicação disparava. Os insumos sem forma física — os projetos de todo o telefone e dos semicondutores individuais dentro dele, os vários softwares que permitem enviar mensagens de texto e tirar fotos — foram responsáveis por grande parte do valor do telefone, e isso era igualmente confuso. Embora o smartphone acabado contasse como uma exportação de mercadorias, muito do que o tornava valioso não eram mercadorias. Na verdade, a série de transações que eram feitas ficavam menos próximas de uma cadeia de suprimentos do que de uma cadeia de valor.

―――

A diferença entre uma cadeia de suprimentos e uma cadeia de valor era mais do que simplesmente a nomenclatura. As cadeias de suprimentos envolviam principalmente dois tipos de relações comerciais: investimento, no qual uma empresa construía ou comprava ativos, fábricas, plantações, empresas inteiras, para ter controle sobre os insumos essenciais; e comércio, no qual comprava mercadoria ou serviços de outras empresas em transações comerciais, internacionais ou domésticas. O comércio internacional de uma empresa estava diretamente relacionado ao seu investimento em outros países; uma empresa norte-americana de vestuário poderia exportar tecido de algodão para uma fábrica de costura afiliada na América Central e, em seguida, enviar as blusas de algodão acabadas de volta para venda nos Estados Unidos. A empresa multinacional estereotipada durante os anos da Segunda Globalização, do final dos anos 1940 ao final dos anos 1980, operava suas próprias fábricas, minas ou usinas nos países onde queria fazer negócios. Talvez tenha comprado alguns suprimentos de fornecedores locais, mas a tecnologia de produção e os principais insumos vinham de suas próprias instalações no país de origem.

As cadeias de valor, em contraste, tendem a envolver vínculos mais complexos entre as empresas: acordos de licenciamento, joint ventures, colaborações em pesquisa, parcerias estratégicas de longo prazo, investimentos nos quais uma empresa detém uma pequena participação acionária em outra. Não há necessidade de um fabricante possuir sua própria fábrica ou uma companhia aérea possuir seus próprios jatos; muitas empresas, em ambos os setores, se concentram apenas em certos aspectos de seus negócios — projetar e comercializar um produto novo, criando uma experiência única para viajantes aéreos —, e deixam todo o resto para ser tratado por outras empresas sob contrato. Se uma empresa detém ou evita participações em outras empresas em sua cadeia de valor é uma questão de estratégia de negócios: um estudo feito em 2019 descobriu que algumas das principais empresas internacionais de vestuário e calçados tinham até 25 relacionamentos com outras entidades por bilhão de dólares de vendas, enquanto outras, quase nenhum. Muito pouco desses relacionamentos se centravam na produção de mercadorias; como explicaram os autores, quando a produção envolve tarefas de valor relativamente baixo, como montagem, a empresa que organizou a cadeia de valor provavelmente comprará o produto de uma entidade externa, em vez de investir no produtor ou formar uma joint venture.[1]

O grande benefício econômico das cadeias de valor é a especialização. Um fabricante de tratores pode dedicar seus esforços para projetar, montar e comercializar tratores e aconselhar os agricultores sobre seu uso. Produzir motores de trator requer habilidades técnicas e conhecimento de produção diferentes do que montar tratores, então o fabricante de trator pode se sair melhor comprando motores de especialistas em vez de tentar projetá-los e construí-los sozinho. O fabricante do motor, por sua vez, pode achar sensato confiar em empresas metalúrgicas com experiência em eixos de comando, e não há razão para que a fábrica de eixos de comando queira fazer seu próprio aço. Cada empresa na cadeia pode reduzir os custos, fabricando um determinado tipo de produto em grandes quantidades para o mercado global, em vez de produzir uma variedade de peças de tratores em menor escala.

Muito do valor nas cadeias de valor dos fabricantes, porém, não veio da estampagem de metal ou da montagem de componentes no chão de fábrica. Cada empresa na cadeia de fornecimento de tratores empregou engenheiros e contratou consultores de engenharia externos para criar seus produtos, identificar o melhor tipo de aço para os eixos de comando e decidir qual projeto do eixo de comando era melhor para o motor. Nos primeiros anos do século XXI, à medida que as fábricas se tornavam cada vez mais automatizadas, metade do valor agregado na produção de bens manufaturados vinha dos serviços. A maioria desses serviços era terceirizada — contratação de consultores de tecnologia da informação, empreiteiros de logística, empresas de publicidade e semelhantes —, mas em 2015, quatro em cada dez trabalhadores empregados por empresas de manufatura nas economias ricas estavam envolvidos em serviços, não no trabalho físico da produção.

Em um mundo em que o comércio era organizado em torno de cadeias de valor, o pensamento tradicional sobre o comércio não fazia mais sentido. Um país que impôs tarifas para proteger suas siderúrgicas domésticas também estava aumentando os custos do aço para os fabricantes domésticos de eixos de comando. Os fabricantes de motores recusariam e comprariam esses insumos críticos em países onde o aço e, portanto, a produção de eixos de comando, custasse menos. Os fabricantes de motores não tinham escolha, pois seus próprios clientes, fabricantes de tratores, não podiam igualar os preços dos concorrentes se tivessem que pagar mais por motores feitos com eixos de comando de válvulas caros, forjados em aço de alto custo. Barreiras comerciais que afetem qualquer elo dessa cadeia de valor podem fazer com que parte ou toda a cadeia se desloque, à medida que cada parte busca se manter competitiva em um mercado global.

Essas mudanças destruíram a compreensão pública da economia internacional no século XXI. Elas redefiniram o que significava ser uma empresa internacional; como Samuel Palmisano, então presidente-executivo da gigante da computação IBM, reconheceu em 2006: "As fronteiras dos estados definem cada vez menos as fronteiras do pensamento ou da prática corporativa." Elas erradicaram a antiga suposição de que o comércio tinha a ver com o local onde as coisas eram feitas ou cultivadas; os serviços, descobriram, podiam ser despachados através das fronteiras tão prontamente quanto mercadorias, e os trabalhadores que auditavam pedidos de compra ou processavam sinistros de seguro eram tão vulneráveis ao envio de seu trabalho para o exterior como costureiros em uma fábrica de meias ou montadores em uma fábrica de motocicletas. E a disseminação das cadeias de valor significou que as estatísticas convencionais sobre exportações, importações, superavits e deficits comerciais revelaram muito pouco sobre como as economias estavam se saindo, ou sobre como as economias de diferentes países se relacionavam entre si, ou sobre os padrões de vida dos trabalhadores e a prosperidade de suas comunidades.[2]

Quando David Ricardo expôs sua teoria da vantagem comparativa, em 1817, ele usou as exportações inglesas de tecido para Portugal e as exportações de vinho português para a Inglaterra como exemplo para ilustrar por que o comércio melhorou a situação de ambos os países. Presumia-se que o tecido inglês era produto do capital inglês e da mão de obra inglesa, assim como o capital português e o trabalho português criaram o vinho. Para Ricardo, bem como para os mercantilistas cujas ideias ele rejeitava, o comércio era algo em que um *país* se engajava. O fato de a maioria das importações e exportações decorrerem de transações entre empresas particulares nos dois países não foi relevante para sua análise. Os economistas continuaram a ver o comércio por essas lentes durante a maior parte dos dois séculos seguintes. Mesmo quando as empresas de petróleo do século XX assumiram o controle de todos os estágios de seus negócios, de poços a navios-tanque e postos de gasolina a oceanos de onde o petróleo era bombeado, não havia dúvidas sobre onde seu ouro negro foi retirado do solo e onde ele foi refinado.

Com a chegada das cadeias de valor internacionais, porém, o comércio tornou-se um assunto que preocupava mais as empresas do que os países. Durante a década de 2010, as duas famintas linhas de montagem da fábrica da Honda Motor Company em Swindon, na Inglaterra, consumiam o conteúdo de 10 mil contêineres durante cada turno, com 3/4 dos componentes vindos de fábricas de peças espalhadas pela Europa e que, em muitos casos, dependiam de outras peças importadas de algum outro lugar. Um modelo Swindon exportado para os Estados Unidos, uma versão do Honda Civic, continha 20% de conteúdo britânico, 20% de japonês e 20% de norte-americano, com um sistema de transmissão feito na Índia. Chamá-lo de carro japonês teria sido uma grave distorção.[3]

Foram as empresas, principalmente as muito grandes, que organizaram cadeias de valor, nas quais as menores eram meros elos. Foram essas empresas, a maioria delas sediadas no Norte da Europa, da América do Norte, do Japão, da Coreia ou da China, que tomaram as decisões sobre onde produzir cada componente e cada produto final, onde comprar cada serviço, o que importar para este país e exportar daquele, e quando fazer negócios com uma empresa externa em vez de investir diretamente para construir uma fábrica, comprar um distribuidor ou fundir-se com um cliente. Muitas vezes, as escolhas das empresas sobre onde agregar valor aos seus produtos tinham pouca relação com as vantagens e desvantagens inerentes de determinados países ou cidades. Graças ao transporte de contêineres e ao frete aéreo, a proximidade aos portos, uma grande atração para os fabricantes na década de 1950, pouco importava. Poucas indústrias do século XXI achavam essencial ter campos de trigo, minas ou gasodutos por perto, e os níveis de educação aumentaram tão rapidamente em tantos países que trabalhadores qualificados podiam ser encontrados mesmo em economias pobres. Quando as empresas nos países-sede decidiam como delinear suas cadeias de valor, o apoio do governo costumava ser decisivo para determinar quem fazia o que e onde.

Apenas uma pequena porcentagem das empresas era verdadeiramente global. O 1% das empresas no topo controlava 82% do comércio exterior dos Estados Unidos em 2007, 15 vezes a participação do 1% das empresas imediatamente abaixo delas. Esses comerciantes de grande escala normalmente lidavam com dezenas de produtos diferentes, importando diretamente de 18 países, muitas vezes de empresas que importavam insumos para seus produtos, e exportando para 31. Sua escala global os ajudou a serem mais produtivos do que outras empresas, o que tornou mais fácil para eles se expandir ainda mais. O papel das maiores empresas no comércio de outros países era semelhante. Um estudo com fabricantes canadenses acrescentou um detalhe torturante: empresas que paravam de importar, de exportar ou ambos, viam sua produtividade cair imediatamente. Para uma empresa de sucesso que desejava crescer e aumentar seus lucros, não havia alternativa à globalização.[4]

Ricardo e as gerações de economistas que o seguiram acreditavam que os países tinham vantagens comparativas que deveriam levá-los a exportar alguns produtos e importar outros. Mas, à medida que as cadeias de valor se espalharam, as corporações globais tornaram-se poderosas o suficiente para criar vantagens comparativas onde não havia nenhuma vantagem óbvia. Quando, por exemplo, a Intel Corporation anunciou, em 1996, que montaria e testaria microprocessadores na Costa Rica, sua decisão foi baseada em leis tributárias e tarifárias favoráveis, um "ambiente pró-negócios" que não era acolhedor aos sindicatos e um desejo de colocar suas fábricas em diversos locais. Nada no país centro-americano era especialmente adequado para a fabricação de semicondutores. A Intel logo passou a ser responsável por 1/5 das exportações da Costa Rica e sua presença criou uma força de trabalho tecnicamente sofisticada. Em 2014, quando a Intel transferiu a montagem do microprocessador para a Ásia, havia engenheiros costa-riquenhos suficientes para compor o centro de engenharia e projeto da Intel que ocupou seu lugar. O grande investimento da Intel na montagem do microprocessador deu ao país uma vantagem comparativa na fabricação de eletrônicos que não possuía anteriormente.[5]

A quantidade exportada de qualquer um dos países da cadeia de valor de uma empresa revela pouco sobre as economias desses países, porque essas exportações possuem conteúdo, sejam peças ou ideias, que se originam em outro lugar. Os números que importam economicamente não dizem respeito às exportações, mas ao valor agregado. O valor agregado é um conceito bastante simples: se uma empresa compra US$8 em insumos e os transforma em um produto que vende por US$11, ela agregou US$3 em valor, que aparece em alguma combinação de lucros, remuneração de funcionários e pagamentos de impostos. Mas quando aplicado à economia globalizada, o valor agregado fica mais difícil de rastrear. O fato de a empresa ter criado valor não revela onde esse valor foi criado, nem como essa criação de valor afetou os trabalhadores ou comunidades específicas.

———

O smartphone discutido no início deste capítulo foi o iPhone 3G, vendido pela Apple Inc. Em 2009, esse item custava cerca de US$178,96 para ser fabricado. Desse montante, apenas US$6,50, 3,6% do custo de fabricação, iam para a fábrica chinesa que montou o produto. Os US$172,46 restantes foram em grande parte para várias empresas japonesas, alemãs, coreanas e norte-americanas, que forneceram os componentes do telefone. Infelizmente, a busca pelas fontes de valor termina aí, pois as informações publicadas não revelam se a empresa alemã que produziu o módulo de câmera do telefone ou a japonesa que fez a tela sensível ao toque também usou fornecedores estrangeiros.[6]

Considere como os complicados arranjos de abastecimento do iPhone 3G foram registrados nas estatísticas de comércio de mercadorias. A China exportou aproximadamente US$2 bilhões em telefones para os Estados Unidos em 2009. A Apple, por outro lado, não exportou mercadorias diretamente dos Estados Unidos para a China, e outros componentes feitos nos Estados Unidos enviados para a fábrica do iPhone valiam apenas por volta de US$100 milhões. Assim, se qualquer um dos países tivesse publicado estatísticas oficiais abrangendo o comércio de iPhone 3Gs, eles teriam mostrado que a China teve um superavit comercial de US$1,9 bilhão com os Estados Unidos. No entanto, na realidade, o relacionamento EUA-China em relação a iPhones se inclinou na outra direção. O valor total que foi agregado na China a todos os iPhone 3Gs enviados aos Estados Unidos em 2009, a US$6,50 por telefone, chegou a cerca de US$73 milhões, ou menos que o valor dos componentes feitos nos EUA enviados à China. O valor agregado ao aparelho no Japão foi quase dez vezes mais do que na China, mas quando esses iPhones foram enviados da China para os Estados Unidos, eles não afetaram em nada o deficit comercial oficial dos EUA com o Japão.[7]

Tem mais. Em 2009, o iPhone 3Gs foi vendido nos Estados Unidos por US$500. O custo total de todo o conteúdo físico, dos semicondutores à câmera, às antenas e ao trabalho de montagem, mais o software necessário para operar o telefone, chegava perto de apenas um terço do valor de venda. Os outros dois terços, US$321 por telefone, foram coletados pela Apple, o fabricante sem fábrica. Parte dele pagou os salários dos engenheiros e projetistas que desenvolveram o produto. Outro grande montante foi para a publicidade. Os varejistas, incluindo as lojas próprias da Apple, bem como os varejistas independentes, ficaram com uma parte, e uma pequena parcela cobriu o custo de transporte dos telefones prontos da China para os Estados Unidos. O resto, provavelmente cerca de US$95 por telefone, foi o lucro da Apple. Esse lucro incluiu a compensação pelo valor dos projetos e da marca da empresa, bem como um retorno sobre o investimento dos acionistas nos negócios da Apple. Em suma, o preço de venda de US$500 do iPhone teve muito pouco a ver com o custo de fabricação física do produto e muito a ver com o valor da propriedade intelectual usada para projetá-lo, embalá-lo e comercializá-lo.[8]

Este breve exercício de aritmética revela várias maneiras importantes pelas quais as cadeias de valor globais mudaram o cálculo do comércio. A balança comercial bilateral de mercadorias em iPhones não fazia sentido; embora o telefone fosse registrado como uma exportação da China, qualquer norte-americano que comprou um iPhone 3G em 2009 comprou muito mais do Japão e da Alemanha do que da China. Tentar calcular a balança comercial de serviços relacionados ao iPhone foi igualmente inútil. A equipe de projeto da Apple pode muito bem ter incluído engenheiros de outros países, cujos serviços foram importados para o centro de pesquisa da Apple na Califórnia através da internet, mas se eles tiverem sido todos funcionários da Apple, pode ser que não constem transações internacionais registradas nas estatísticas comerciais oficiais. A empresa não tinha motivos para se preocupar com qual porcentagem do custo total de desenvolvimento do iPhone foi adicionada por seus engenheiros na Índia ou na Irlanda, e os coletores de dados do governo provavelmente nunca saberão.

Há um outro fato digno de destaque. À medida que o iPhone 3G se tornava mais popular nos Estados Unidos, o deficit comercial de mercadorias dos EUA em iPhones crescia cada vez mais, embora a maior parte do dinheiro de cada venda fluísse para os cofres da Apple. As atividades da Apple não geraram exportações nos EUA e não forneceram empregos para trabalhadores de produção nas fábricas norte-americanas de eletrônicos, mas criaram empregos para trabalhadores de engenharia, marketing, finanças e vendas cujos empregos, aparentemente, não tinham nada a ver com comércio internacional. Um número desconhecido desses indivíduos trabalhava em outras empresas além da Apple. O valor agregado em 2009, medido pela Apple, não teve relação com o valor agregado pela economia de qualquer país.

―――

"O mundo é plano", argumentou o best-seller de Thomas Friedman sobre globalização, em 2004. De certa forma, o mundo se tornou plano nos primeiros anos do século XX: graças à internet, tornou-se econômico para os funcionários de call centers em Manila e Mumbai atender chamadas de clientes de bancos em Manchester e Memphis, e qualquer pessoa com uma ideia brilhante, uma oferta tentadora ou um gatinho fofo era capaz de informar o mundo inteiro imediatamente, a um custo insignificante. Mas quando se tratava dos produtos da globalização, os bens e serviços que as pessoas produzem e consomem, o mundo não se achatou tanto quanto se acredita. Examinado de perto, o fluxo de comércio que se movia pelas cadeias de valor do século XX revelou-se bastante irregular.

Não há dúvida de que as cadeias de valor de longa distância cresceram. O motivo inicial geralmente eram os custos de mão de obra. Grandes fábricas eram difíceis de gerenciar e vulneráveis a interrupções no trabalho, já que uma paralisação em um único local poderia estagnar uma empresa inteira. À medida que os custos de transporte e comunicações caíam, as empresas procuravam locais para fábricas menores e mais especializadas, que geralmente se encontravam em locais onde os sindicatos eram mais fracos e os custos de mão de obra, mais baixos. A terceirização — comprar componentes de outras empresas em vez de fabricá-los internamente — poderia trazer economia de custos, mas também permitia que um fabricante se concentrasse em seus pontos fortes e chamasse especialistas para atender às suas outras necessidades. Foi por isso que a Apple comprou os semicondutores e antenas do iPhone 3G de outras empresas, em vez de fabricá-los ela mesma. A terceirização também possibilitou que empresas menores competissem em uma economia globalizada, permitindo-lhes crescer rapidamente: em vez de tentar levantar capital para construir suas próprias fábricas, elas poderiam contratar outros fabricantes para fazer o trabalho real da produção física.

A maioria dos fabricantes, porém, nunca deu o salto de uma cadeia de valor doméstica para uma global. No início dos anos 2000, cerca de 90% dos produtos manufaturados saíam da fábrica diretamente para os clientes domésticos, e não para os compradores estrangeiros. Em outras palavras, uma fábrica típica de produtos para exportação recorria principalmente a fornecedores nacionais, contando com fontes estrangeiras principalmente para componentes avançados. A economista norte-americana Teresa C. Fort descobriu que as fábricas norte-americanas que organizavam cadeias de valor internacionais para fornecer seus insumos eram as mais eficientes e produtivas. Somente elas possuíam o projeto auxiliado por computador e sistemas de manufatura e a tecnologia de comunicação avançada para coordenar as remessas através de uma complexa rede de produção internacional. O mesmo acontecia em outros lugares. Na verdade, maximizar o valor doméstico agregado pode ser contraproducente: se um bem ou serviço doméstico custa mais que uma alternativa estrangeira ou tem qualidade inferior, uma empresa que tenta agregar mais valor em seu país de origem pode se tornar menos competitiva no exterior.

Como o economista Richard Baldwin apontou, a maioria das "economias de fábrica" que forneciam mão de obra barata estavam ligadas a uma única "economia-sede", onde ocorria o trabalho muito mais bem remunerado de desenvolvimento de produtos e organização de redes de produção.[9] Foram essas redes que instigaram o aumento maciço do comércio global de mercadorias. Frequentemente, a cadeia de valor começava com matérias-primas. Os Estados

Unidos enviaram milhões de fardos de algodão para alimentar as fábricas têxteis da Ásia, e navios graneleiros levavam minério de ferro do Brasil e da Austrália para a China e a Coreia, para ser transformado em ferro, de ferro em aço e de aço em bens industriais básicos, como caixas de ventiladores e pistões. Esses tipos de bens intermediários, não produtos acabados para os consumidores, eram o que enchia a maioria dos contêineres que entupiam os portos do mundo: as caixas chinesas poderiam acabar em ventiladores montados no Japão, e os pistões coreanos poderiam ser enviados para uma fábrica de motores de automóveis nos Estados Unidos. Ao todo, os bens intermediários representavam cerca de 55% do valor total das importações de manufaturados em todo o mundo no início dos anos 2000. Em alguns setores, como eletrônicos, equipamentos de transporte e produtos químicos, as cadeias de valor globais eram críticas, em outros nem tanto.[10]

Mas, apesar de toda a conversa sobre globalização, a manufatura no início do século XXI não era tão global quanto o termo sugere. Em 1986, quando as cadeias de suprimentos globais estavam começando a se formar, quatro países, Estados Unidos, Japão, Alemanha e União Soviética, eram responsáveis por 58% de toda a produção fabril. Um quarto de século depois, a China emergiu como a maior nação manufatureira e a União Soviética se desintegrou, mas as cadeias de suprimento ainda se concentravam em quatro países, e agora China, Estados Unidos, Japão e Alemanha, abrigavam 55% da produção fabril do mundo. Mais de metade do comércio mundial de bens intermediários circulava dentro da União Europeia ou entre esta e seus vizinhos imediatos. Um punhado de outros países, com destaque para a Coreia e a Índia, tornou-se potências manufatureiras, e alguns outros países se industrializaram rapidamente: as exportações do Vietnã aumentaram 20 vezes entre 1990 e 2010, ajustadas pela inflação, e as da Indonésia aumentaram 4 vezes, devido a ambos terem se tornado importantes fornecedores de roupas e calçados. Em muitos outros países, entretanto, a manufatura não prosperou. A maioria dos países em desenvolvimento teve pouca participação nas cadeias de valor globais. Com os comuns cortes de energia e o lento transporte por caminhão, eles não podiam produzir nem mesmo utensílios domésticos simples, como baldes de plástico e lanternas, por menos do que o custo para importá-los da China. Eles não podiam se desenvolver da maneira como a Coreia, Taiwan e a China fizeram, usando seu trabalho abundante para fazer roupas e sapatos como o primeiro degrau na escada da industrialização.[11]

Alguns deles se voltaram para a exportação de produtos agrícolas, abacates mexicanos, flores quenianas, mangas indonésias. O comércio mundial de produtos agrícolas cresceu cinco vezes e meia entre 1985 e 2017 e, em muitos países em desenvolvimento, a agricultura industrial, construída para fornecer grandes quantidades de produtos cultivados de acordo com os padrões dos países ricos para exportação para supermercados destes, surgiu ao lado da agricultura tradicional. Mas a agricultura industrial não podia fornecer o grande número de empregos antes oferecidos pelas fábricas, muito menos empregar todos os camponeses deslocados quando a agricultura tradicional foi eliminada. Frequentemente, os países anfitriões agregavam pouco valor ao processo de cultivo, além do sol e da mão de obra barata. E mesmo quando se tratava de uma atividade de mão de obra intensiva, como a colheita de legumes, uma parte considerável do crescimento das exportações foi capturada pelos países ricos (com a ajuda de trabalhadores imigrantes). Em 2010, os oito maiores exportadores de vegetais incluíam Estados Unidos, Holanda, Espanha, Canadá e França.

Em muitos setores, os padrões de comércio se desenvolveram mais em linhas regionais do que globais durante a Terceira Globalização. Na Europa, por exemplo, a Alemanha continuava sendo a localização número um para a montagem de carros, mas uma grande e crescente parcela das peças usadas nos carros de fabricação alemã era proveniente de países com salários mais baixos do leste. Os fabricantes de automóveis japoneses e coreanos dependiam muito da China para as peças mais simples, e o Nafta ajudava a fundir as fábricas de automóveis dos Estados Unidos, do Canadá e do México em uma rede regional na qual peças, motores montados e veículos acabados costumavam cruzar as fronteiras. Devido às suas localizações geográficas, seus altos custos de transporte ou suas políticas econômicas indesejáveis, alguns países com setores industriais significativos, com destaque para o Brasil e a África do Sul, eram menos atraentes para os fabricantes, estabelecendo redes de produção internacionais e vendo sua produção atrofiar.

PARTE IV
Medos Globais

13

Gigantes a Flutuar

A INCORPORAÇÃO DOS países asiáticos nas cadeias de valor globais gerou um boom no comércio marítimo. Entre 1994 e 2003, o número de contêineres em movimento entre a Ásia e a América do Norte aumentou, em média, quase 9% ao ano. A demanda para movimentar mercadorias entre a Ásia e a Europa, a rota de transporte com maior tráfego, cresceu ainda mais rápido quando os países do Sudeste Asiático se recuperaram de uma crise econômica, em 1997, e a Índia, o 2º país mais populoso do mundo, abandonou sua política de isolamento econômico de longa data. Em apenas 3 anos, entre 2001 e 2004, as exportações da Índia mais do que dobraram.

Mas, para a indústria marítima, foi a emergência da China como a oficina do mundo que mais importou. As fábricas chinesas estavam intimamente ligadas às redes de produção globais, que geravam grandes demandas para o transporte de carga. Mais produção fabril significava mais importações de commodities, seja minério chegando em navios graneleiros, produtos químicos em navios-tanque ou plásticos a bordo de navios porta-contêineres. Embora seu mercado interno fosse enorme, cerca de 1/4 da produção industrial da China era exportado por mar para longas distâncias, para clientes na Europa e nas Américas. E muito do que a China exportava acabava retornando na forma de materiais reciclados, como resíduos de papel e eletrônicos usados, que eram enviados para a China para reprocessamento, porque os navios de contêineres com destino à China costumavam estar meio vazios, encorajando as transportadoras a oferecerem taxas mínimas para atrair carga de valor baixo. Como um consultor marítimo observou: "A importância do transporte marítimo para a China dificilmente pode ser exagerada." O comércio internacional passou a envolver substancialmente mais transporte do que qualquer momento do passado.[1]

O boom das exportações asiáticas da década de 1990 apresentou oportunidades de ouro à Maersk Line, a maior empresa de transporte de contêineres. A Maersk havia navegado na maré da globalização como poucas outras empresas, capturando a maior parte do comércio entre a Europa e a Ásia e através do Pacífico. Em 1999, ampliou sua liderança ao adquirir a linha sul-africana Safmarine e a antiga empresa de Malcom McLean, Sea-Land, acrescentando 120 navios à sua frota, tornando-se uma grande operadora dos terminais portuários, onde guindastes gigantes transportavam contêineres dentro e fora dos navios. Em 2003, a Maersk possuía 280 navios porta-contêiner, operava terminais em 30 portos e até possuía 2 fábricas de contêineres. Sua frota estava operando perto da capacidade máxima, e os lucros eram bons.[2]

Os gerentes da linha de navios projetaram uma navegação tranquila à frente para a indústria naval como um todo. Mas, nos primeiros meses de 2003, sua preocupação era a de que a Maersk não conseguisse participar. Sem novos navios, ela ficaria observando a expansão de seus concorrentes. A administração temia que, se isso acontecesse, a Maersk perderia participação de mercado, acabando com custos por contêiner mais altos do que seus concorrentes e, portanto, com ganhos por caixa menores. Por outro lado, seus planejadores estimavam que, se ela pudesse colocar as mãos em novos navios, seria capaz de aumentar seu tráfego em mais de 1/4 até 2008, movendo 8 mil contêineres adicionais de 12m através do Pacífico e 7 mil a mais pelo Canal de Suez a cada semana. Na sede branca e azul da Maersk à beira-mar, em Copenhague, lidar com a falta de capacidade era visto como um problema crítico.[3]

Em 18 de junho de 2003, o chefe da linha de navios criou um comitê secreto para redigir uma proposta para a construção de novos navios. "Você deve considerar, particularmente em seu trabalho, que é do interesse de nossa empresa estar à frente da concorrência com nossa tonelagem e incluir recursos que trazem vantagens decisivas para nosso negócio de transporte marítimo em comparação com a concorrência, de preferência recursos inovadores que possam ser patenteados", os quinze membros foram instruídos em um memorando confidencial. O comitê deveria se apressar: sua proposta final deveria estar pronta para os parceiros, os principais executivos da A. P. Møller-Maersk, a empresa-mãe da linha de embarcações, em menos de três meses.

O comitê apresentou duas soluções, uma para cada um dos principais mercados da linha de embarcações. Para a rota China-Estados Unidos, propuseram um pequeno e rápido navio projetado para navegar do porto de Yantian, através do Canal do Panamá, até Newark em menos de três semanas. A uma velocidade de quase 30 nós,[*] esses navios transportariam as exportações da China para o Nordeste dos EUA bem mais rápido do que as alternativas habituais, que envolviam uma viagem lenta em todas as águas através do Canal do Panamá, ou um embarque marítimo mais rápido para a Califórnia ou para a Colúmbia Britânica, seguido de uma viagem de trem de uma semana pela América do Norte. Os proprietários de cargas costumavam ser muito sensíveis ao preço quando se tratava do envio, mas o comitê achava que um pequeno subconjunto de clientes, empresas de moda e brinquedos, poderia pagar um valor premium para que seus produtos de fabricação chinesa chegassem ao mercado alguns dias antes. A Maersk comissionou 7 dos navios rápidos para entrega a partir de 2006. Eles foram um desastre comercial. Seus motores de alta velocidade consumiam muito combustível e, quando os preços do petróleo aumentaram, a operação dos navios tornou-se muito cara. Em 2010, todos os 7 navios, alguns direto do estaleiro, foram amarrados juntos em um lago escocês, formando uma balsa usada como cenário para um programa de televisão infantil de aventura.[4]

A outra ideia do comitê, um conceito conhecido como Euromax, provaria ser mais durável. O Euromax foi concebido como um navio revolucionário. O tamanho dos novos navios porta-contêineres aumentara gradualmente ao longo dos anos, mas o Euromax representava um salto quântico em capacidade. O comitê decidiu que ele deveria ter 400m de comprimento, mais do que 4 campos de futebol americano. Deveria ser capaz de armazenar de 18 a 22 contêineres lado a lado no convés, o dobro dos maiores navios em serviço na época. As caixas deveriam ser empilhadas em torres de nove ou dez em seus porões. Quando totalmente

---

[*] Aproximadamente 55 quilômetros, ou 34 milhas, por hora.

carregado, sua quilha deveria ficar 14m, 46 pés, abaixo da linha da água. E o comitê propôs os recursos de design exclusivos que a administração da Maersk havia solicitado. O navio seria movido por uma única hélice enorme, em vez das duas menores que normalmente moviam navios porta-contêineres. A hélice seria girada por um motor monstruoso, pesando 2.300 toneladas, com o produto da exaustão reciclado de volta ao motor para reutilização. Essas inovações permitiriam que o navio totalmente carregado navegasse a uma velocidade de 25,2 a 27,1 nós, enquanto queimava menos combustível por contêiner e emitia menos poluentes do que outros navios.

O comitê entendia que tal embarcação teria limitações. Seu tamanho o tornaria mais complicado de carregar e descarregar do que navios menores; 1/4 de cada circuito de 47 dias seria gasto nos portos, descarregando e carregando caixas, em vez de deslocando. Seria preciso muita água para chegar a portos importantes como Nova York, Hamburgo e Nagoya. Era inflexível, útil apenas no ciclo Ásia-Europa; não caberia no Canal do Panamá e era grande demais para as rotas da Maersk no Pacífico. Se fosse necessário fazer reparos, apenas um punhado de estaleiros em todo o mundo tinha docas secas com capacidade suficiente para fazer o trabalho. Mas o Euromax daria à Maersk a capacidade de que tanto precisava, permitindo-lhe ganhar participação de mercado e recapturar seu status de linha de navios mais lucrativa.

O estaleiro da Maersk em Odense, duas horas de trem a oeste de Copenhague, analisou dez opções de projeto diferentes para o novo navio. Um deles foi escolhido para testes adicionais no Instituto Marítimo da Holanda. Um renomado centro de pesquisa na tranquila cidade universitária de Wageningen, a 96km do mar, o MARIN se especializou na confecção de modelos em escala de navios, detalhados o suficiente para capturar a forma precisa da proa e a curvatura das pás da hélice, e navegá-los para a frente e para trás em longos tanques cheios de água salgada. Um conjunto de instrumentos e sensores, montado em um pórtico que percorreu o comprimento de um tanque acima do modelo, permitiu aos engenheiros do MARIN medir o desempenho em diferentes condições de vento e onda, e prever se cargas pesadas ou leves causariam problemas de estabilidade ou criariam problemas indesejados. O MARIN nunca havia se deparado com um projeto de navio como o Euromax, e avisou a Maersk que "devido os dados estatísticos limitados [...] para este tipo de navio, a precisão pode ser menor em comparação a outros casos". Mas seus testes confirmaram o que a Maersk mais queria saber: o Euromax seria muito econômico se ela estivesse disposta a navegá-lo um pouco mais devagar do que o proposto pelo comitê.

Todos os sinais estavam verdes. Os planejadores da Maersk calcularam que 8 desses navios, navegando a uma velocidade máxima de 24 nós, suportariam o serviço semanal do sul da China para Hong Kong e para a Malásia, através do Canal de Suez para a Espanha, para o norte da Europa e depois de volta para a China. Ao todo, eles estimaram que uma média de 44.001 contêineres de 12m entrariam e sairiam cada vez que um navio fizesse o ciclo. Sua tripulação, de apenas treze marinheiros, não seria maior do que a necessária a bordo de um navio menor. Contando as despesas de construção e operacionais, um único slot de contêiner a bordo dos novos navios custaria 18% menos do que nos maiores navios da frota da Maersk.

A Maersk projetou que os navios navegariam com 90% da capacidade no trecho oeste, 56% da Europa para a Ásia, mas mesmo se a economia mundial azedasse ou o comércio internacional desacelerasse, eles ainda seriam altamente lucrativos, pagando-se em apenas 8,5 anos. "Grandes vantagens de custo de slot, difíceis de competir", foi dito para os principais executivos da Maersk, conhecidos como sócios-gerentes, em novembro de 2003. Não foi difícil convencê-los. Os parceiros concordaram em gastar o valor sem precedentes de US$1,24 bilhão em 8 navios, a serem entregues de 2006 a 2008. Um dos motivos da pressa era que a União Europeia estava reprimindo os subsídios à construção naval: isso permitiria ao governo dinamarquês receber 6% do custo apenas para os navios entregues até março de 2007.

A Maersk deu dicas na imprensa de que grandes navios estavam chegando, mas manteve os detalhes em segredo ao construir o Euromax no estaleiro de propriedade da empresa, em Odense. Enquanto os primeiros navios estavam em construção, em 2005, a empresa anunciou outra fusão de sucesso, comprando por US$2,8 bilhões a 3ª maior linha de embarcações, a P&O Nedlloyd, ela própria o resultado de uma união entre as linhas britânicas e holandesas. A combinação das empresas deu à Maersk cerca de 1/6 do mercado mundial de transporte de contêineres, tornando-a, de longe, a maior jogadora. A Maersk deu a entender que esperava que sua fatia de mercado e seus novos navios altamente eficientes levariam linhas de embarcações menores a unir forças ou fechar negócios, tornando mais fácil evitar o excesso de construção e controlar as guerras de taxas que periodicamente turvavam o setor. Caso os concorrentes não tivessem entendido a mensagem, um executivo da Maersk emitiu um aviso velado: "Apenas vimos a necessidade de consolidação do setor."[5]

———

A capacidade de um porta-contêineres é medida em unidades equivalentes a 6m (TEU), com um contêiner padrão do tamanho de um caminhão, de 12m de comprimento, registrado como 2 TEU. Quando *Emma Maersk*, a primeira das embarcações Euromax, entrou em serviço, em agosto de 2006, sua capacidade foi anunciada em 11 mil TEU, valor equivalente ao que poderia ser transportado por 5.500 caminhões. Era um número impressionante, 1/5 a mais do que qualquer outro porta-contêineres poderia carregar. Mas a Maersk Line estava calculando a capacidade à sua maneira única. Ela logo disse a uma importante publicação marítima que o *Emma* poderia transportar 12.504 TEU. A publicação calculou que o tamanho real era de 13.400. Eventualmente, a Maersk revelou que a verdadeira capacidade do navio, medida pelos padrões empregados pelo resto da indústria naval, era de cerca de 15.500 TEU. Em outras palavras, o *Emma* era um meio maior do que qualquer navio em serviço ou em produção no momento em que foi lançado. Toda a indústria marítima ficou pasma com seu tamanho. Como uma manchete admirada disse: "Emma Maersk pode ser tão grande quanto um navio de contêineres pode chegar a ser."[6]

Esse acabou não sendo o caso.

O tamanho do *Emma* e sua eficiência de combustível ameaçavam dar à Maersk Line uma vantagem de custo intolerável nas rotas mais longas e lucrativas. Outras linhas de embarcações, cujos líderes não tinham intenção de ficar atrás dos dinamarqueses, sentiram-se obrigadas a encomendar grandes navios para si próprias, e depois outros ainda maiores, e compraram empresas concorrentes que estavam com problemas para obter ainda mais capacidade. "Quase todas as semanas há relatos de novas docas, novas instalações e até mesmo estaleiros inteiros surgindo na Ásia", relatou a revista *Fairplay*, em setembro de 2005.

Em um único mês, cinco estaleiros asiáticos anunciaram planos de expansão. No final de 2007, 16 meses após o lançamento do *Emma*, os armadores encomendaram 118 navios porta-contêineres com capacidade para transportar 10 mil TEU ou mais. Dois anos antes, exceto pelos navios Euromax, não havia nenhum. As aparentes vantagens de escala paralisaram a todos, e as baixas taxas de juros e os subsídios generosos de governos, ansiosos para manter os estaleiros em funcionamento, tornaram possível a construção de navios a preços extremamente atraentes. Além disso, enquanto os navios maiores colocavam maiores demandas na infraestrutura terrestre e nos portos oceânicos, exigindo guindastes maiores, portões de terminais adicionais, mais conexões rodoviárias e dragagem cara para criar canais mais largos e profundos do oceano aberto até o cais, as linhas de embarcações não consideraram nenhum desses custos ao encomendar novos navios. Na verdade, não havia razão para não comprar novos navios. A frota mercante do mundo foi remodelada quase da noite para o dia. Em 2010, seria capaz de mover 0,5 caixa a mais do que em 2006, a um custo por caixa muito mais baixo.[7]

Em Copenhague, os executivos da Maersk começaram a ter dúvidas sobre a corrida pela construção de navios que haviam desencadeado. Um conhecido gerente de navios de Hamburgo, que normalmente construía navios apenas quando as linhas de embarcações assumiam compromissos sólidos de fretá-los, revelou que estava encomendando de estaleiros coreanos navios de 13 mil TEU sem contratos de fretamento em vigor, e que estava planejando navios ainda maiores do que o *Emma Maersk*. "Na minha opinião, essa é uma notícia muito ruim", escreveu Stubkjaer a um colega, em abril de 2007. "Acho que devemos usar todas as oportunidades para expressar nossa opinião de que é realmente ruim para a indústria ter tal excesso de capacidade especulativa chegando ao mercado."

Mas os benefícios prometidos pelos planejadores da Euromax se mostraram ilusórios. A compra da P&O Nedlloyd pela Maersk, em 2005, acabou mal, sua participação de mercado encolhia enquanto os clientes se irritavam com atrasos nas remessas e sistemas de informática incompatíveis. Os preços mais altos do petróleo transformaram os contratos de um ano da Maersk com fabricantes e varejistas para transportar contêineres entre a Ásia e a América do Norte em perdas de dinheiro. Enquanto a maioria de seus principais concorrentes era lucrativa em 2006, a Maersk Line perdeu US$45 em cada contêiner que carregou.

Para cortar custos, diminuiu a velocidade de seus navios, para queimar menos combustível. Como resultado, os novos navios Euromax, recém-saídos do estaleiro, não estavam navegando nas velocidades para as quais foram projetados, e essa velocidade significava que os navios levavam uma semana extra para navegar em um circuito Ásia-Europa-Ásia; assim, a Maersk não tinha como oferecer mais as viagens semanais prometidas aos clientes em todos os portos. "Os clientes realmente desejam (ou seja, estão dispostos a pagar) por serviços pontuais?", perguntou um memorando interno, queixosamente. Outras linhas de embarcações também desaceleraram seus navios, mas a reputação da Maersk, de oferecer um serviço mais confiável do que seus concorrentes, ficou manchada.[8]

Ninguém se importou mais com essa reputação do que Arnold Maersk Mc-Kinney Møller. Aos 93 anos, Møller não supervisionava mais os negócios do dia a dia da holding A. P. Møller-Maersk ou da linha de embarcações de sua propriedade. Mas como filho e neto dos capitães dos navios que fundaram a empresa em 1904, ele controlava a maior parte das ações da holding e não tinha problema para expressar suas opiniões. Foi dito que ele teria se oposto à compra da P&O Nedlloyd em 2005. Na primavera de 2007, ele reclamava que a linha de embarcações estava perdendo o rumo. Queixou-se de que a Maersk Line havia se tornado burocrática. A empresa tinha muitas iniciativas em andamento, e ninguém sabia quais eram suas prioridades. Møller admirava a Mediterranean Shipping Company, uma empresa familiar em Genebra que se tornara a segunda maior transportadora de contêineres. Muitos na Maersk a olhavam com desprezo, como uma competidora discreta, mas Møller admirava sua administração enxuta e decisiva. A Maersk Line, disse ele, "precisa definir algumas prioridades e lidar com o claro fato de que nossos custos de 'administração/despesas gerais/funcionamento do negócio' são, sem dúvida, muito mais elevados do que qualquer um de nossos concorrentes".

Os gerentes da Maersk Line projetaram um crescimento de 9% no tráfego de contêineres em 2008 e 11% no ano seguinte, por isso queriam encomendar mais navios porta-contêineres grandes para que a empresa pudesse manter sua participação no mercado. Møller se opôs; ele queria lucros em vez disso. Em meados de 2007, três altos executivos responsáveis pelo fiasco da P&O Nedlloyd haviam saído. A Maersk Line, por enquanto, se concentraria em aumentar os retornos para os acionistas, não em aumentar sua capacidade.

Mudanças na gestão não poderiam alterar o fato de que a Euromax havia mudado fundamentalmente a indústria naval de uma forma perigosa. Desde o início do transporte marítimo internacional de contêineres, em 1966, os negócios flutuaram com o crescimento da economia mundial e, ao longo do tempo, muitas linhas de embarcações abandonaram o negócio porque seus investidores não conseguiam suportar os altos e baixos. Mas, com o lançamento do *Emma Maersk* e as embarcações gigantes que o seguiram, a volatilidade ganhou um significado totalmente novo. Cada nova embarcação que descia por uma rampa levava mais capacidade para o mercado do que duas ou três das embarcações mais antigas a que substituíra. Ela vinha com um financiamento muito grande, que precisava ser quitado, independentemente do sucesso do navio em gerar receita. Se o comércio internacional continuasse a crescer fortemente, como vinha acontecendo por duas décadas, a Maersk e seus principais concorrentes seriam capazes de lidar com isso. Mas se o crescimento do comércio diminuísse, as consequências para o setor naval provavelmente seriam mortais.

14

Riscos Não Medidos

Em 29 de setembro de 2002, todos os portos da costa do Pacífico dos Estados Unidos ficaram silenciosos. De San Diego a Seattle e ao norte do Alasca, a Pacific Maritime Association, representando linhas de embarcações e terminais oceânicos, impediu que 10.500 membros da International Longshore e da Warehouse Union iniciassem seus trabalhos nas docas. A associação afirmou que o sindicato causou a disputa ao carregar e descarregar navios em um ritmo glacial. O sindicato culpou os empregadores por tentarem introduzir tecnologias que eliminariam empregos na orla. Em um dia, mais de cem navios porta-contêineres ficaram encalhados no cais ou ancorados no mar, carregados de mercadorias para as festas de Natal, que se aproximava.

O pânico se seguiu. "Tenho cebolas em todos os lugares", lamentou um produtor agrícola do Oregon, cujas exportações pararam nas docas. A Honda Motor Company suspendeu a produção em três montadoras norte-americanas por falta de componentes importados, e a Injex Industries, fabricante de peças de plástico para interiores de carros da Toyota, demitiu trabalhadores em sua fábrica perto de Los Angeles. John Paul Richard, um fabricante de roupas, relatou que possuía 120 mil peças de roupas femininas abandonadas fora do porto de Los Angeles, e 3.400 toneladas de madeira serrada da Nova Zelândia não puderam ser descarregadas de um navio atracado em Sacramento. Em 10 de outubro, quando o então presidente George W. Bush ordenou a reabertura das docas, cerca de 220 navios oceânicos cheios de carga de importação flutuavam ociosos nas ondas, e trens ferroviários sem carga para mover permaneciam parados nos trilhos dos estados do oeste. Desembaraçar a bagunça e levar a carga para onde deveria foi uma questão de semanas, não dias.[1]

Calculado em nível nacional, o dano econômico do bloqueio foi mínimo, tanto para os países asiáticos quanto para os Estados Unidos. Para muitas empresas, por outro lado, os custos foram dolorosos. A Gap, uma varejista de roupas, alertou os investidores de que os lucros seriam mais baixos depois que 25% das roupas destinadas às promoções de férias estavam paradas no trânsito. A Linksys, uma empresa de eletrônicos, teve que adiar a introdução de um novo switch para conectar redes de computadores por causa de peças não entregues. Mesmo as lojas da rede Walmart, a maior importadora individual dos Estados Unidos, sofreram perdas. Dezenas de varejistas norte-americanos recorreram ao frete aéreo para colocar os brinquedos chineses nas prateleiras a tempo para a temporada de vendas de Natal. Eles pagaram um preço alto, bem mais alto que o custo do transporte marítimo, por avaliarem mal os riscos das cadeias de suprimentos de longa distância.[2]

―――

Qualquer empresa enfrenta riscos, e as cadeias de suprimentos apresentam muitos: um incêndio pode atingir a fábrica de um fornecedor importante; um bloqueio problemático em um rio pode impossibilitar os embarques de uma matéria-prima essencial; a falta de gasolina pode dificultar o acesso dos trabalhadores da produção aos seus empregos. Antes, os fabricantes administravam esse risco controlando diretamente suas cadeias de suprimentos. A exemplar Ford Motor Company possuía florestas, minas e uma plantação de borracha; transportava matérias-primas para suas fábricas em uma ferrovia de propriedade da empresa; e construiu altos-fornos, uma fundição, uma laminadora de aço, uma fábrica de vidro, uma fábrica de pneus e até uma fábrica têxtil em seu vasto complexo de River Rouge, perto de Detroit, onde areia, minério de ferro e borracha bruta eram transformados em peças de automóveis e montados em carros Modelo A. O controle de quase todas as partes de seu processo de produção — integração vertical, como chamam os economistas — permitiu à Ford garantir que suas fábricas de montagem tivessem as peças de que precisavam para continuar produzindo carros. Em 1929, mais de 100 mil trabalhadores estavam empregados no Rouge.[3]

A integração vertical, é claro, criava riscos por si só. Enormes complexos de manufatura, como o Rouge, que cobriam 5km² de terra, eram difíceis de administrar. Com tanta produção em um só lugar, uma greve, uma enchente ou uma nevasca poderia paralisar toda a empresa. Mesmo se um fabricante substituísse um enorme complexo de fábrica por vários outros menores, a integração vertical tinha grandes desvantagens. Fazer todas as peças internamente pode ser mais caro do que comprar de fornecedores externos. Uma empresa verticalmente integrada, que fabrica milhares de produtos diversos, pode demorar mais para desenvolver novas ideias do que um fornecedor que se concentra em um nicho específico, como motores de ventiladores ou amarrações de esqui. Talvez o mais importante para as empresas cujas ações eram negociadas nas bolsas de valores tenha sido o fato de que a integração vertical caiu em desgraça na década de 1980 entre os investidores que insistiam em que as empresas deveriam evitar empatar capital em edifícios, laboratórios de pesquisa, terrenos e máquinas. O caminho para um lucro maior, insistiram, era se tornar uma "estrutura simples".

Para muitas empresas, transformar-se em uma estrutura simples envolveu "terceirização". A ideia de uma empresa terceirizar trabalhos importantes para outras não era nova; em capitais da moda, como Nova York e Paris, fabricantes de roupas famosos há muito confiavam nos terceirizados para ajudar a atender aos pedidos nas épocas de pico, e empresas de eletrônicos no Japão e nos Estados Unidos terceirizavam a produção de placas de circuito para Hong Kong e Coreia do Sul desde os anos 1960. A produção de semicondutores exigia fábricas e equipamentos altamente especializados, e os fabricantes de computadores e outros equipamentos eletrônicos geralmente compravam chips em vez de operar suas próprias fábricas de semicondutores. Em 1988, a escassez de chips de memória do Japão atrasou o lançamento do primeiro computador Apple com tela colorida. Naquela época, muitos televisores vendidos levando o nome de grandes marcas eram montados na Coreia do Sul por empresas pouco conhecidas, como Samsung e Lucky Goldstar. O principal risco da terceirização, na visão dos gigantes da eletrônica, era que os terceirizados aprendessem os segredos de seus negócios e roubassem seus clientes.[4]

À medida que o transporte de carga se tornou mais confiável e menos oneroso, enquanto as tarifas sobre as importações diminuíam, as diferenças nos custos de produção passaram a dominar as decisões das empresas sobre onde fabricar seus produtos. Dois fatores em particular surgiram nos anos finais do século XX. Um eram os salários: a diferença de remuneração dos trabalhadores de fábrica na China, no México ou na Turquia e os da Europa, do Japão ou da América do Norte era tão grande que, mesmo se os trabalhadores de baixa renda realizassem muito menos em uma hora de trabalho, ainda assim produzir no exterior, e não em casa, seria justificável do ponto de vista financeiro. A outra atração eram as economias de escala. Enquanto a divisão de peças de uma montadora provavelmente faria faróis apenas para os carros da matriz, um especialista em faróis poderia vender para muitas montadoras, produzindo em enorme volume e, ao distribuir seus custos administrativos e de engenharia mais amplamente, reduzir o custo de fabricação de cada unidade.

Essas considerações financeiras básicas — como encontrar a maneira menos onerosa de fabricar e entregar os produtos — orientaram as decisões sobre a organização de cadeias de valor. Antigamente, o investimento estrangeiro estava intimamente relacionado à exportação e à importação, mas não era mais o caso; com a terceirização, não havia necessidade de a empresa do topo da cadeia, aquela que colocava sua marca no produto acabado e o vendia para varejistas, atacadistas ou usuários finais, realizar grandes investimentos nos países onde queria que seus componentes ou produtos acabados fossem produzidos. Frequentemente, havia apenas uma equipe de compras no local para visitar fornecedores em potencial e fechar negócios. Ela poderia depender inteiramente de fábricas de diferentes donos para fazer as mercadorias de que precisava, e de despachantes de carga para negociar o transporte com companhias marítimas, empresas de transporte rodoviário e ferrovias. Tudo, desde padrões de qualidade a acordos de confidencialidade e as relações entre as várias empresas da cadeia de valor, poderia ser definido por contrato.

Executivos da Europa, da América do Norte, do Japão, da Coreia e de Taiwan ficaram pasmos com a economia que seria obtida com o deslocamento da produção para o exterior. Um estudo de dez grandes fabricantes internacionais, atacadistas e varejistas encontrou "um único foco da alta administração no custo por peça como o principal impulsionador das decisões de fornecimento", caso após caso. "Havia uma pressão tácita para fazer com que as decisões de terceirização global parecessem atraentes", concluiu o estudo. "Uma maneira de fazer isso era se concentrar apenas nos custos de aquisição e transporte". Metade das empresas estudadas não prestou atenção à possibilidade de que a baixa qualidade, os longos prazos e os atrasos nas entregas, prateleiras vazias e dependência de uma única fonte de produtos essenciais afetasse seus resultados financeiros. Quase nenhuma atenção foi dada aos riscos decorrentes do grande número de empresas que poderiam estar envolvidas em uma determinada cadeia de valor, que dependia de cada empresa concluir suas tarefas dentro do cronograma para que toda a cadeia funcionasse sem problemas. O baixo preço era o que importava.[5]

Se seus insumos eram provenientes de países com salários altos ou baixos, a empresa no topo muitas vezes tinha pouca percepção dos fornecedores de seus fornecedores, vários elos abaixo da cadeia. Essa cegueira custou caro para a montadora alemã BMW, que foi forçada a fazer um recall de milhares de carros em 2005. A causa foi um revestimento contaminado vendido pela empresa química norte-americana DuPont à fabricante de peças automotivas norte-americana Federal-Mogul, que o aplicou em minúsculos soquetes metálicos vendidos por alguns centavos cada para a Robert Bosch, então a maior fornecedora de autopeças do mundo. A Bosch instalou os soquetes nas bombas que montou na Alemanha e vendeu para a BMW, que os usava para regular o fluxo de combustível nos motores a diesel. A BMW não tinha qualquer relação direta com a DuPont, mas os compradores de carros não sabiam e nem se importavam com quem era o culpado. Além de forçar o fechamento, durante três dias, de uma das montadoras alemãs da BMW, o problema em uma fábrica de revestimentos três elos abaixo de sua cadeia de valor levou a BMW a fazer o recall dos carros afetados, prejudicando a reputação da montadora.[6]

Dois anos depois, em 2007, um terremoto atingiu um complexo fabril em Kashiwazaki, no centro do Japão, especializado em anéis de pistão e em outras peças de aço. Nos primeiros anos, a maioria dos fabricantes de automóveis comprou esses componentes de empresas de autopeças que eles próprios controlavam. Desde então, muitos deles terceirizaram o trabalho para a Riken, uma empresa independente. Para minimizar custos e obter economias de escala, a Riken deliberadamente colocou várias fábricas próximas umas das outras. Mas, quando o terremoto cortou o acesso do complexo da Riken à água e à energia e danificou duas de suas usinas, essa estratégia se mostrou onerosa. As linhas de montagem de automóveis e caminhões em todo o Japão pararam em poucas horas. Como observou o *Wall Street Journal*: "Por falta de um anel de pistão que custa

US$1,50, quase 70% da produção de automóveis do Japão foi temporariamente paralisada." Para colocar suas fábricas em funcionamento, as montadoras foram forçadas a fazer pedidos urgentes de peças críticas aos Estados Unidos, consumindo as economias que haviam obtido com a adoção da manufatura enxuta.[7]

As empresas internacionais demoraram a entender as maneiras pelas quais seu novo modelo de negócios criava riscos. A possibilidade de interrupção raramente era um fator nas decisões de abastecimento nas décadas de 1980 e 1990, quando eventos como a escassez de chips, que atrasou a tela colorida do computador da Apple, eram atribuídos ao azar. Depois que ataques terroristas contra os Estados Unidos, em setembro de 2001, fizeram com que voos parassem e caminhões transportando peças de automóveis do Canadá fossem inspecionados mais intensamente, as paralisações de fábricas de montagem de automóveis nos Estados Unidos foram breves. Mas interrupções com efeitos mais duradouros, como a disputa trabalhista de 2002 nos portos da costa do Pacífico e o terremoto de 2011 no Japão, revelaram a extensão da miopia sobre o risco da cadeia de abastecimento.[8]

A interrupção dos negócios estava longe de ser o único tipo de risco decorrente da globalização. Descobriu-se que marcas globais poderosas podem ser uma fonte de vulnerabilidade tanto quanto de lucro. Enquanto as corporações que possuíam essas marcas muitas vezes imaginavam que estavam se envolvendo em transações à distância com fornecedores estrangeiros, os consumidores as responsabilizavam pelas condições trabalhistas e ambientais em toda a sua cadeia de suprimentos, muitos vínculos e muitos quilômetros de distância da sede. Terceirizar a produção de calçados esportivos para uma fábrica na Indonésia ou comprar cacau cultivado em Gana por meio de uma empresa comercial na Suíça não isentava as empresas de calçados e confeitarias da responsabilidade pelas condições de trabalho e pelos impactos ambientais em seus fornecedores. Mesmo as empresas que não lidavam diretamente com os consumidores, como fabricantes de navios e plásticos, descobriram que seus clientes comerciais nutriam expectativas semelhantes. Na era da internet, a marca de uma empresa poderia ser facilmente manchada por alegações de conduta antiética em empresas das quais os principais executivos podiam nunca ter ouvido falar, e tais danos à reputação eram difíceis de serem desfeitos.[9]

E então havia o risco quase esquecido de barreiras ao comércio. As cadeias de valor globais foram criadas em um momento em que as forças de mercado estavam a favor. País após país reduziu as tarifas de importação, aliviou as restrições aos investidores estrangeiros e entrou em pactos como o NAFTA, que removeu as barreiras ao comércio na América do Norte, e o Tratado de Maastricht, no qual a Comunidade Europeia concordou em criar um mercado único que permitiria às pessoas, mercadorias e dinheiro circularem livremente pelo continente. Muitos países em desenvolvimento, que haviam mantido as importações e os investidores estrangeiros afastados, decidiram recebê-los.

Mas a suposição de que o comércio internacional se tornaria cada vez menos restrito mostrou-se incorreta. Em 1995, os países-membros da OMC haviam feito apenas duas tentativas para restringir as importações que supostamente prejudicavam as indústrias nacionais. À medida que as pressões protecionistas aumentavam nas economias ricas, haveria quase quatrocentos desses esforços ao longo do quarto de século seguinte, cada um ameaçando perturbar as cadeias de valor das empresas ao tornar inviável a importação de um produto ou outro. Alguns países em desenvolvimento também tinham dúvidas sobre comércio e investimento mais livres. Os varejistas estrangeiros foram praticamente impedidos de entrar na Índia, uma das economias de crescimento mais rápido do mundo, para proteger os lojistas domésticos. Os investidores estrangeiros na China muitas vezes foram forçados a trabalhar com empresas estatais, a usar insumos domésticos em vez de importações e a compartilhar sua tecnologia. Relações comerciais perfeitas não existiam.[10]

À medida que as evidências do risco da cadeia de suprimentos aumentavam, os investidores começaram a exigir que os conselhos corporativos prestassem mais atenção aos acordos de terceirização. O argumento deles era que o valor de suas ações poderia ser prejudicado se um fornecedor desconhecido em algum país distante fosse descoberto emitindo produtos químicos tóxicos ou empregando crianças menores de idade, mesmo que a empresa da qual eles possuíam ações não tivesse responsabilidade direta pelo problema. Grandes empresas estabeleceram códigos de conduta para seus fornecedores e contrataram fiscalizadores para monitorar o cumprimento desses padrões, mesmo que a pressão constante das empresas para manter os preços baixos significasse que essas promessas muitas vezes não eram cumpridas. Os relatórios financeiros anuais, antes dominados por tabelas que explicavam vendas e lucros, foram expandidos para divulgar não apenas a dependência de um único fornecedor ou um único país, mas também os esforços das empresas para reduzir as emissões de gases de efeito estufa em suas cadeias de abastecimento e garantir que não havia mão de obra infantil nas fábricas de seus fornecedores.

———

Lidar com o risco da cadeia de abastecimento implicava custos. O Grande Terremoto de Tohoku levou a questão para casa. Em 11 de março de 2011, o terremoto mais poderoso já registrado no Japão sacudiu a região de Tohoku, a 4h de carro ao norte de Tóquio. Gerou um tsunami que enviou ondas de 40m de altura, que atingiram cidades costeiras, inundando casas a 10km em direção ao interior. Mais de 20 mil pessoas perderam a vida na catástrofe. Cidades inteiras ficaram inabitáveis, e colapsos em três usinas nucleares que foram atingidas pelo tsunami levaram a apagões de eletricidade em grande parte do Japão, forçando o fechamento de centenas de fábricas de automóveis e levando à escassez mundial de tudo, desde componentes de borracha até pigmentos para tintas automotivas. A Chrysler e a Ford pediram a seus revendedores nos Estados Unidos que não encomendassem veículos em certas cores, as quais seus fornecedores de tintas não podiam mais produzir. Estima-se que o terremoto reduziu o tamanho da economia do Japão em 1,2 pontos percentuais, e a produção industrial na zona do desastre não se recuperou no nível anterior ao terremoto por mais de um ano. No Pacífico, a produção manufatureira norte-americana caiu sensivelmente por seis meses, à medida que as empresas japonesas, sem peças do Japão, cortaram a produção em suas fábricas nos EUA, privando outras empresas de pedidos.[11]

A região de Tohoku era a base de fabricação da Renesas Electronics, uma empresa formada quando três das principais empresas de eletrônicos do Japão combinaram seus negócios de semicondutores, alguns anos antes. A Renesas era a maior fonte de semicondutores e microcontroladores para a indústria automotiva. Quando suas fábricas fecharam, as linhas de montagem de automóveis em três continentes, antes fornecidas por vários fabricantes de chips diferentes, pararam. Os prejuízos apenas na indústria automobilística chegaram a bilhões de dólares. Depois que finalmente retomou a produção, a Renesas investiu em flexibilidade, reorganizando suas fábricas para garantir que uma poderia rapidamente começar a fazer um microcontrolador específico se outra fosse forçada a parar, enquanto a Toyota Motor Corporation, um de seus principais clientes, compilava um banco de dados de peças armazenadas em 650 mil locais, para que pudesse colocar as mãos nos componentes necessários para manter as fábricas de montagem funcionando, mesmo se uma fábrica de peças importantes fosse fechada.[12]

Os varejistas também começaram a dedicar mais atenção em tornar suas cadeias de suprimentos flexíveis. Em 2014, a Amazon reorganizou suas redes de transporte e armazenamento para que, quando outra disputa trabalhista ameaçasse surgir nas docas, ela pudesse redirecionar rapidamente suas importações da China por meio de portos no leste dos Estados Unidos. Como suas vendas nos Estados Unidos cresceram rapidamente em 2015, a Amazon deliberadamente começou a importar 2/3 de seus produtos por meio de portos nas costas do Atlântico e do Pacífico, reduzindo sua vulnerabilidade a interrupções em qualquer parte de seu sistema de transporte. O Walmart, o principal concorrente da Amazon e o maior importador de contêineres nos Estados Unidos por uma margem considerável, construiu um centro de distribuição de importação perto de Houston, que foi projetado para cobrir tanto o oeste quanto o sul: poderia receber mercadorias da China, fonte de 87% das importações do Walmart, via trem dos portos da Califórnia, mas também por meio de contêineres importados a bordo de navios que passam pelo Canal do Panamá e descarregam no porto próximo de Houston.[13]

Talvez o método mais difundido para se tornar as cadeias de valor globais mais confiáveis também tenha sido o mais caro: aumentar os estoques. Estoques são mercadorias que foram produzidas, mas não foram vendidas, quer estejam armazenadas no porão de um navio, quer em uma prateleira de armazém, no chão de fábrica ou no pátio de um revendedor de automóveis. Os economistas os tratam como desperdício, porque empatam dinheiro e podem perder valor à medida que envelhecem. A redução de estoques foi uma das principais motivações para a fabricação *just-in-time*, um conceito desenvolvido pela Toyota Motor Corporation após a Segunda Guerra Mundial. Na década de 1980, a ideia de que os insumos industriais deveriam ser feitos apenas conforme o necessário e, em seguida, colocados em uso imediato, em vez de acabar em depósitos, espalhou-se mundialmente como "manufatura enxuta". Os dados econômicos dos EUA acompanharam os esforços extenuantes de todos os tipos de empresas para manter menos mercadorias em estoque, à medida que a proporção dos estoques das empresas em relação às vendas mensais caiu continuamente da década de 1980 até o início de 2000.

Mas os estoques não são apenas um desperdício. São facilitadores. No século XXI, à medida que o comércio internacional se tornou menos confiável, fabricantes, atacadistas e varejistas começaram a se preocupar com a possibilidade de suas cadeias de valor não renderem conforme o esperado. Eles se resguardaram contra esse risco, mantendo mais produtos à mão. Os níveis de estoque começaram a subir.

Aumentar os estoques, produzir as mesmas mercadorias em vários locais, estabelecer rotas de transporte redundantes e monitorar os fornecedores com mais cuidado, tudo isso adicionado ao custo de fazer negócios em todo o mundo. O risco de que os governos cedessem à pressão política, impondo novas restrições às importações e ao investimento estrangeiro, parecia muito real. Uma vez que o custo potencial de mitigar esses riscos foi inserido nos cálculos das empresas sobre onde produzir suas mercadorias, as cadeias de valor globais não pareciam mais uma barganha.

15
A Crise nas Finanças Globais

Entre 1948 e 2008, por meio de 2 ondas distintas de globalização, o comércio mundial cresceu 3 vezes mais rápido que a economia mundial. Produtos estrangeiros, raros nas lojas na década de 1940, tornaram-se comuns no início dos anos 2000, quando as exportações de mercadorias ultrapassaram 1/4 da produção econômica mundial. A enxurrada de caixas de 12m cheias de móveis, resina plástica e faróis de automóveis atingiu proporções que antes eram inconcebíveis: 6 décadas antes, quem teria imaginado que quase 10 mil caminhões, a maioria carregando contêineres cheios de peças automotivas, cruzaria entre Windsor, Ontário e Detroit, Michigan, em um dia normal? O público há muito compreendeu que grande parte de diversos produtos "domésticos" estimados eram feitos no exterior, e saber que o simpático agente de atendimento ao cliente da empresa de TV a cabo estava falando da Polônia ou das Filipinas não era mais uma surpresa. O fluxo internacional de dinheiro para a propriedade de empresas, o que os economistas chamam de investimento estrangeiro direto, chegou a US$3 trilhões em 2007, quando grandes fabricantes abocanharam concorrentes estrangeiros, bancos abriram filiais nas esquinas de países sobre os quais os executivos tinham pouco conhecimento e varejistas como Walmart, Carrefour e Tesco convenceram-se de que seu tamanho lhes permitiria abrir lojas lucrativas em quase qualquer lugar do mundo. Os empréstimos bancários a estrangeiros, cerca de US$1 trilhão na época da crise da dívida dos países subdesenvolvidos 3 décadas antes, chegaram a estonteantes US$30 trilhões.

A Segunda Globalização, entre o final dos anos 1940 e o final dos anos 1980, envolveu principalmente laços mais estreitos entre as economias ricas. Muitos dos mais pobres, cuja função era fornecer matérias-primas aos países ricos e comprar suas exportações, viram poucos benefícios. Em grande parte da África, Ásia e América Latina, a renda per capita em 1985 era um pouco maior do que em 1955 e, exceto para uma pequena elite econômica, as melhorias nos padrões de vida foram tênues. O comércio exterior e o investimento estrangeiro estavam associados à exploração, não à prosperidade.

A Terceira Globalização, por outro lado, trouxe ganhos econômicos reais para alguns dos lugares mais pobres do planeta. Países que apenas alguns anos antes pareciam irremediavelmente pobres e atrasados (Bangladesh, China, Indonésia, Vietnã) surgiram como importantes nações comerciais a partir do final dos anos 1980. No final do século, os produtos manufaturados respondiam por mais de 80% das exportações dos países em desenvolvimento, já que muitos países romperam sua dependência das exportações voláteis de minerais e produtos agrícolas.

Embora as reclamações sobre condições instáveis de trabalho nas fábricas e sobre os grotescos danos ambientais fossem totalmente justificadas, não havia como negar que os salários em dinheiro trouxeram melhorias rápidas na saúde, na educação e no bem-estar material. Os consumidores, mesmo em aldeias remotas nas montanhas, podiam escolher entre uma gama quase infinita de produtos importados, entregues a preços que os fornecedores domésticos não podiam igualar. A competição internacional mais incisiva forçou as indústrias protegidas a se modernizarem e trouxe novas tecnologias ao mercado com mais rapidez: muitos agricultores quenianos tinham acesso ao banco eletrônico por meio de seus telefones celulares fabricados na China antes de terem acesso a eletricidade confiável. Pela medida do Banco Mundial, mais de 1/3 da população mundial vivia em extrema pobreza quando a Terceira Globalização começou. Duas décadas depois, esse número caiu mais da metade. Como os economistas Giovanni Federico e Antonio Tena Junguito resumiram a situação: "Em 2007, o mundo estava mais aberto do que um século antes, e seus habitantes ganharam substancialmente mais com o comércio do que seus ancestrais."[1]

E então, a partir do segundo semestre de 2008, o comércio internacional entrou em colapso. Esse colapso foi uma causa, mas também uma consequência, do que pode ser corretamente chamado de a primeira recessão verdadeiramente global.

―――

A recessão, que começou nos Estados Unidos no final de 2007, estava enraizada na queda dos preços das casas norte-americanas, resultado de anos de excessos e empréstimos fraudulentos contra financiamentos "subprime" para compradores de casas que não tinham meios de pagá-las. Muitos mutuários se qualificaram para empréstimos devido apenas a taxas de juros iniciais artificialmente baixas; quando as taxas aumentavam acentuadamente após três ou quatro anos, eles não podiam mais arcar com os pagamentos mensais. Alguns credores até ofereceram crédito a tomadores que não podiam documentar sua suposta renda e riqueza, e, sem surpresa, raramente tinham a renda que alegavam ter. Os bancos que concederam esses empréstimos inseriram os financiamentos em títulos que ofereciam retornos atraentes aos investidores. Mas quando muitos tomadores de empréstimos não conseguiram fazer os pagamentos do empréstimo, os títulos que detinham esses financiamentos subprime perderam valor. Em junho de 2007, a inadimplência nos financiamentos subprime abalou dois fundos administrados pelo Bear Stearns, um banco de investimentos de Wall Street. A notícia de seus problemas deu início a uma corrida para as saídas, pois os investidores, sem saber ao certo onde estavam os riscos e quão grandes eles eram, tentaram direcionar seu dinheiro para os investimentos mais seguros que puderam encontrar. Os governos pareciam ser os únicos riscos de crédito bons.[2]

A globalização propagou a crise dos empréstimos subprime dos EUA ao mundo todo. Bancos e empresas industriais que rotineiramente tomavam dinheiro emprestado por alguns dias ou alguns meses lutaram para levantar dinheiro quando os credores de repente se recusaram a renovar seus empréstimos. Muitos bancos estrangeiros, principalmente na Europa Ocidental, especularam com financiamentos residenciais nos Estados Unidos. Com a paralisação dos mercados financeiros, as principais instituições financeiras dos Estados Unidos e da Europa foram forçadas a se ajoelhar. O crédito, que mesmo os devedores mais duvidosos poderiam obter facilmente em 2007, foi praticamente cortado em 2009: os credores estavam muito enfraquecidos para emprestar, enquanto varejistas, fabricantes e incorporadores imobiliários, muitos dos quais se alimentavam de dívidas a juros baixos alguns anos antes, estavam estressados demais para pegar empréstimos. Nos Estados Unidos, onde quase 2 milhões de empregos na construção desapareceram em um período de 2 anos, 1 em cada 10 trabalhadores estava desempregado em outubro de 2009. Na Espanha, onde a bolha imobiliária estava ainda mais inflada do que no Atlântico, o desemprego logo atingiria um adulto em cada cinco. A queda dos preços das casas deixou dezenas de milhões de mutuários devendo mais do que o valor delas, e eles responderam cortando seus gastos.

Os Estados Unidos compravam muito mais produtos importados do que qualquer outro país e, em 2009, à medida que as importações dos EUA diminuíram drasticamente, os fabricantes em todos os lugares reduziram a produção e demitiram trabalhadores, que por sua vez cortaram seus próprios gastos. Alemanha e França, Chile e Venezuela, Malásia e África do Sul, todos arrastaram-se para a recessão; Coreia e Filipinas chegaram perto. O comércio internacional costuma recuar quando o crescimento econômico mundial diminui, mas a crise do subprime e a crise da dívida europeia que se seguiu gerou uma devastação sem precedentes. Cada uma das 104 nações que relataram dados à Organização Mundial do Comércio viram as importações e as exportações caírem durante o segundo semestre de 2008 e o primeiro de 2009. Além disso, em cada um desses países, o comércio caiu mais rápido e mais fundo do que a produção industrial. Nenhum analista havia previsto tal cenário. Países com bancos fortes, mercados de habitação saudáveis e nenhuma conexão com negócios duvidosos em empréstimos hipotecários nos Estados Unidos viram suas exportações despencarem ainda mais do que aqueles no centro da crise. Em todo o mundo, o comércio internacional caiu impressionantes 17% entre o segundo trimestre de 2008 e o segundo de 2009. Como os economistas Richard Baldwin e Daria Taglioni comentaram, levemente irônicos: "Acontece que a maior parte do comércio mundial é composto de postergáveis." Com a queda da renda e o aumento da insegurança, todas as compras que poderiam ser postergadas foram suspensas. A produção econômica total do mundo caiu em 2009 pela primeira vez desde que o Banco Mundial começou a calcular essa estatística, em 1961.[3]

O que está por trás do Grande Colapso do Comércio? Graças à disseminação das cadeias de valor internacionais, o crescimento do comércio ultrapassou o crescimento da economia mundial por anos a fio. Agora, o processo foi abruptamente invertido. Quando uma fábrica norte-americana adiou os planos de comprar uma máquina alemã, sua ação reduziu não apenas as exportações alemãs, mas também as importações alemãs de componentes de outros países, que por sua vez dependiam de peças ou matérias-primas de outros lugares. Para cada pedido cancelado, cinco, seis ou uma dúzia de transações internacionais planejadas eram canceladas. A antiga distinção entre exportações e importações não fazia mais sentido: as exportações haviam se tornado tão intimamente ligadas às importações que, quando uma caía drasticamente, a outra também caía. Considere o Japão: entre abril e setembro de 2009, seu volume de exportação foi 36% menor do que no ano anterior, e seu volume de importação contraiu surpreendentes 40%. O Japão não teve uma crise de hipotecas nem tinha um sistema bancário fraco, mas sofreu uma recessão muito mais profunda do que qualquer outra grande economia, devido à ruptura das cadeias de valor de suas empresas.[4]

A eficiência da economia globalizada era agora sua inimiga. Com sistemas de logística *just-in-time*, o lapso de tempo entre a mudança da decisão de um comprador e os cortes em toda a cadeia de valor tornou-se muito curto. Se os consumidores europeus cortassem suas compras de lâmpadas de mesa, os sistemas de dados dos varejistas poderiam detectar a tendência em poucos dias. Os varejistas tentariam reduzir seus estoques, enviando e-mails instruindo as fábricas de lâmpadas na China a retardar os embarques. Essas fábricas dariam o mesmo aviso aos fornecedores de cabos elétricos e esmalte, que por sua vez reduziriam suas compras de fio de cobre e dióxido de titânio. Na economia *just-in-time*, ninguém queria encher as prateleiras dos depósitos com produtos que não venderiam rapidamente. Mas o que começou como um ajuste relativamente pequeno por um varejista diversificado exigiu grandes ajustes por parte de empresas especializadas em fazer nada além de interruptores de lâmpadas e globos. As fábricas do outro lado do mundo reduziram a produção com urgência e jogaram os trabalhadores desnecessários na rua.

O sistema de transporte mundial sentiu os efeitos imediatamente. Os embarques de carga aérea despencaram. O tráfego de contêineres nas ferrovias dos EUA, principalmente de importações, teve a queda mais acentuada de todos os tempos. E 2009 se tornou o pior ano da história da indústria de transporte marítimo de contêineres. O número de caixas enviadas pelos oceanos caiu em 1/4. As taxas de frete despencaram tanto que muitos navios não conseguiram obter receita suficiente para cobrir seus custos de combustível. Mais de quinhentos navios porta-contêineres foram retirados de serviço e ancorados. A Maersk Line perdeu mais de US$2 bilhões em um único ano, e todos os seus concorrentes afundaram profundamente no vermelho.

———

Nas décadas anteriores, as quedas nas exportações e importações foram breves, e a linha de crescimento que indicava a taxa de crescimento do comércio internacional sempre retornou à tendência de longo prazo. Os economistas julgaram que a queda do comércio de 2009 terminaria de forma semelhante. A fraca demanda de consumidores e empresas angustiados foi considerada a principal causa, então parecia provável que, conforme os governos da Europa, América do Norte e Ásia agissem em uníssono para reviver suas economias, empregadores e consumidores recuperariam a confiança, contratando de volta trabalhadores e reavivando a demanda por importações. A primeira parte da previsão se concretizou: embora a ameaça de que os governos da Grécia, de Portugal, da Espanha e da Itália deixariam de pagar seus empréstimos de bancos europeus tenha prolongado a fraqueza econômica na Europa, cortes de impostos, programas de gastos de emergência e taxas de juros próximas de zero acabaram restaurando o crescimento econômico. A segunda parte da previsão, porém, caiu muito longe do alvo. As importações não voltaram à tendência de crescimento anterior. Depois de despencar, em 2009, o comércio de mercadorias, medido em comparação com o tamanho da economia mundial, aumentou em 2010 e em 2011, mas depois recuou. Em 2017, o comércio era menos importante para a economia mundial do que 12 anos antes.

Puramente por uma questão de aritmética, o crescimento extremamente íngreme do comércio de mercadorias teria sido difícil de manter. Da década de 1990 até 2008, centenas de fabricantes fecharam fábricas em países com salários elevados e mudaram a produção para países com salários baixos, exportando mercadorias de suas próprias fábricas ou comprando de fábricas de outras empresas. Uma série de importantes acordos comerciais criou uma área de livre comércio na América do Norte e uma ainda maior na Europa, e colocou China, Taiwan, Vietnã e Arábia Saudita na OMC, incentivando fortemente os fabricantes a organizarem sua produção além das fronteiras internacionais. Além disso, muitos pares de países, Turquia e Marrocos em 2006, Japão e Indonésia em 2008, Estados Unidos e Peru em 2009, concordaram em reduzir as barreiras mútuas às exportações de mercadorias e, muitas vezes, de serviços. Cada acordo levou a globalização ainda mais longe.

Mas, no final da Grande Recessão, o êxodo da manufatura da Europa, do Japão e dos Estados Unidos e do Canadá estava diminuindo. O impulso dos acordos de livre comércio se enfraqueceu com o passar do tempo. As importações norte-americanas do México aumentaram 4,5 vezes entre janeiro de 1994 e outubro de 2008, quando o NAFTA deu aos produtos mexicanos livre acesso ao mercado dos EUA; na década seguinte, elas nem dobraram. Da mesma forma, o comércio dentro da União Europeia cresceu cerca de 6% ao ano entre 2002 e 2008, quando 12 países adotaram o euro como sua moeda, mas apenas 2% ao ano depois de 2008. A essa altura, a maior parte do trabalho fabril que poderia ser feito de maneira mais econômica na China, na Índia, no México ou em algum outro país em desenvolvimento já havia se mudado. A manufatura que permaneceu nos países de altos salários era principalmente de ponta, muito automatizada, muito secreta ou muito sensível às regras de compras governamentais para ser transferida para países que tinham sistemas jurídicos fracos e poucas proteções para patentes e outras propriedades intelectuais. A realocação geográfica de tanta manufatura para países de baixos salários dera um forte impulso ao comércio, mas aquela fase da globalização havia acabado.[5]

O crescimento lento do comércio refletiu-se nas cadeias de valor por meio das quais a economia mundial se globalizou nas duas décadas anteriores. Uma forma de medir a importância das cadeias de valor é considerar que parte do valor das exportações de um país foi produzida em um país diferente. Para o mundo como um todo, essa medida quase triplicou entre o início da década de 1990 e 2008, quando foi calculada pela primeira vez. Naquele ano, o comércio dentro das cadeias de valor representou quase 1/5 da produção econômica total do mundo, superando de longe o comércio de produtos criados inteiramente em um único país. Mas a participação do valor agregado estrangeiro nas exportações caiu repentinamente em 2009, aumentou um pouco no ano seguinte e, em seguida, começou um lento declínio. Pela primeira vez em muitos anos, os fabricantes estavam confiando menos em insumos estrangeiros e mais em fontes domésticas de valor.[6]

———

As políticas governamentais de todo o mundo impulsionaram a busca por mais valor agregado doméstico. Nenhum foi mais agressivo do que o chinês. Muito antes de centenas de milhares de trabalhadores chineses montarem o iPhone 3G a partir de componentes importados, os economistas chineses temiam que as exportações em rápido crescimento de seu país contivessem pouco valor criado dentro do país. Na virada do século XXI, enquanto a China negociava para entrar na OMC, as peças e matérias-primas importadas respondiam por quase metade do valor de suas exportações de manufaturados; a China pouco acrescentou ao seu valor, exceto mão de obra. No Japão, em nítido contraste, 91% do valor das exportações foi agregado internamente. Em alta tecnologia, a China tinha ainda menos a oferecer: dos US$59 bilhões em produtos eletrônicos e ópticos que exportou em 2000, os trabalhadores e fornecedores chineses foram responsáveis por apenas US$16 bilhões. O restante teve origem em outros lugares, principalmente Japão, Estados Unidos, Coreia do Sul e Taiwan. A maior parte do comércio exterior da China envolvia o que era conhecido como comércio de processamento, no qual os fabricantes levavam mercadorias de fabricação estrangeira, montavam ou embalavam usando mão de obra de baixa remuneração e, em seguida, exportavam os produtos resultantes. Embora os produtos feitos na China inundassem os mercados estrangeiros, eles o fizeram sob o nome de marcas estrangeiras. Os empregos mais bem remunerados e a maior parte dos lucros permaneceram no exterior.

Para capturar mais dessa riqueza para a China, o governo usou um sistema de recompensas e castigos: para vender no mercado doméstico, de rápido crescimento — uma recompensa muito tentadora —, as empresas estrangeiras tiveram que colocar operações de manufatura mais sofisticadas na China ou compartilhar segredos tecnológicos com parceiros chineses. Doze anos depois, quase dois terços do valor das exportações de manufaturados chineses era criado dentro da China. À medida que a China começou a exportar geladeiras Haier e computadores Lenovo em vez de componentes sem marcas, o comércio de processamento caiu drasticamente, a partir de 2008, à custa de enfurecer outros países que temiam que a produção de aviões e veículos elétricos seguisse a onda de trabalhos de montagem de baixos salários que já haviam se mudado para a Ásia. Quando a Apple lançou seu iPhone X, em 2018, o conteúdo chinês representava 10,4% do preço de venda, em comparação com apenas 1,3% do iPhone 3G, 9 anos antes. As exportações da China caíram de mais de 1/3 da produção total da economia em 2007 para apenas 1/6 em 2019, um sinal de que mais etapas nas cadeias de valor estavam ocorrendo dentro da China e menos componentes estavam indo e vindo através das fronteiras.[7]

A economia da China era tão grande que sua iniciativa para forçar as empresas estrangeiras a agregarem valor ao país espalhou-se por todo o mundo. Depois de decidir que os "veículos de nova energia" mereciam o apoio do governo como uma das várias "indústrias emergentes estratégicas", os governos nacionais e provinciais da China gastaram cerca de US$59 bilhões subsidiando veículos movidos a bateria entre 2009 e 2017, uma quantia igual a 42% das vendas de veículos elétricos do país durante esse período. Alguns dos subsídios foram para as montadoras chinesas e outros, como a isenção do imposto sobre as vendas de veículos elétricos, diretamente para os consumidores. Com os subsídios e incentivos fiscais, o governo nacional usou uma tarifa de 25% sobre a importação de automóveis, para induzir empresas estrangeiras a fabricarem veículos elétricos na China, mas permitiu que o fizessem apenas se compartilhassem sua tecnologia com parceiros de joint ventures chineses. Embora os países europeus, os Estados Unidos, o Japão e a Coreia tenham subsidiado o desenvolvimento de veículos elétricos, seus esforços foram superados pelos da China.[8]

Uma combinação semelhante de incentivos e controles foi aplicada a muitas outras indústrias. Eles não apenas ajudaram a tornar a China o maior exportador mundial, mas também permitiram que ela exportasse os mesmos tipos de produtos que os Estados Unidos, a União Europeia e o Japão. As políticas econômicas da China foram extremamente eficazes na construção de uma economia moderna. Entre 1991 e 2013, quando o país mergulhou de cabeça na globalização, sua economia cresceu pelo menos 7,5% a cada ano. No último ano desse período, a produção econômica da China era seis vezes maior do que no início.

Para a China, os subsídios viraram uma armadilha. Como o crescimento subsidiado da indústria chinesa criou um excesso de capacidade global em muitos produtos, os lucros diminuíram, e o governo teve de continuar pagando subsídios para manter as fábricas vivas e os trabalhadores empregados. Os valores são difíceis de verificar, mas parecem ter sido consideráveis. Uma estimativa coloca os subsídios estatais às empresas chinesas em 2017 em 430 bilhões de renminbi (cerca de US$64 bilhões). Outra, para 2018, estimou um total de 154 bilhões de renminbi (US$22 bilhões) em subsídios mostrados nos relatórios financeiros das empresas negociadas na bolsa de valores; nenhum número correspondente estava disponível para o número muito maior de empresas cujas ações não eram negociadas publicamente. Muitos dos beneficiários desses subsídios, como as montadoras, competiam com empresas estrangeiras na China ou em mercados estrangeiros, e os subsídios eram abertamente projetados para lhes dar uma vantagem.[9]

Outros países reclamaram amargamente sobre como os subsídios da China afetaram o fluxo de comércio nas primeiras décadas do século XXI. Nenhum deles era inocente. Um truísmo venerável entre os economistas sustenta que os padrões de comércio internacional revelam vantagens comparativas: presume-se que cada país exporte os bens e serviços que pode produzir com mais eficiência e importe o resto. Essa suposição é válida, entretanto, somente se os padrões de comércio forem ditados pelas forças do mercado. Porém, em um mundo no qual bens e serviços fluem a baixo custo e com poucas restrições, os subsídios podem ser mais importantes do que a vantagem comparativa para determinar o que é feito onde e quem lucra com isso. Na Terceira Globalização, e depois na Quarta, com o transporte de carga muito barato e as comunicações quase sem custo, os subsídios passaram a moldar a economia internacional como nunca. Estudos do FMI e do Banco Mundial descobriram que a maioria dos países em desenvolvimento oferece isenções fiscais corporativas parciais, alíquotas temporariamente reduzidas e outros incentivos para os fabricantes que têm a promessa de novos empregos. Em muitos casos, esses incentivos afetaram as empresas estrangeiras: novos incentivos fiscais à exportação persuadiram as montadoras de carros estrangeiras a usar a África do Sul como base de exportação, aumentando as exportações de automóveis do país de US$500 milhões em 1996, quando os incentivos fiscais foram introduzidos, para quase US$2,5 bilhões uma década depois.[10]

Os países ricos não estavam menos envolvidos. Em 2017, a Dinamarca gastou surpreendentes 1,5% de toda a sua renda nacional em subsídios para a indústria, para fins como ajudar as empresas a reduzirem o uso de combustíveis fósseis. Em toda a União Europeia, a fatura coletiva daquele ano por subsídios à indústria, sem contar ferrovias ou agricultura, chegou a €116 bilhões (cerca de US$130 bilhões). Nas maiores províncias do Canadá, as empresas receberam subsídios de C$700 a C$1.200 (aproximadamente de US$630 a US$1.050) por cidadão a cada ano entre 2005 e 2015, principalmente por meio de incentivos fiscais que reduziram os custos dos agricultores ou fabricantes enfrentando a concorrência internacional. Nos Estados Unidos, os governos estaduais e locais canalizaram cerca de US$70 bilhões por ano para atrair empresas que prometiam empregos. Em 2012, o Alabama presenteou a Airbus com US$158 milhões para abrir uma fábrica em Mobile, três anos depois que a Carolina do Sul ofereceu ao seu concorrente norte-americano, a Boeing, US$900 milhões para montar jatos perto de Charleston, e pouco antes de o estado de Washington conceder à Boeing um pacote de US$8,7 bilhões em troca de fazer sua aeronave 777 perto de Seattle. As montadoras alemãs Volkswagen, Daimler e BMW receberam grandes incentivos para construir fábricas de montagem no sudeste dos Estados Unidos, de onde exportaram veículos que de outra forma poderiam ter sido produzidos na Europa ou no México. Em meio ao frenesi de subsídios, a fabricante taiwanesa Foxconn recebeu mais de US$4 bilhões em 2017 para construir uma enorme fábrica em Wisconsin, para fazer painéis para telas de televisão. O projeto foi anunciado como um meio de transferir a produção de eletrônicos da China para os Estados Unidos, embora tenha naufragado, em parte, devido a dúvidas sobre se os norte-americanos estariam ansiosos para trabalhar nas linhas de montagem notoriamente rígidas da Foxconn.[11]

Os subsídios em dinheiro aos proprietários de fábricas não eram a única isca. A Índia estabeleceu requisitos para que as células solares e os módulos fossem produzidos internamente. A Indonésia insistiu em conteúdo local em smartphones. A Rússia orientou as empresas estatais a comprarem mercadorias e serviços domésticos, a menos que custassem significativamente mais do que as importações. Nos Estados Unidos, embora fosse uma convicção que o governo não deveria "escolher vencedores e perdedores", os automóveis de transporte financiados pelo governo federal tinham que ser montados internamente (embora muitos componentes pudessem ser importados) e, em 2019, um fabricante de talheres convenceu o Congresso de que os refeitórios militares deveriam comprar apenas garfos e colheres feitos nos Estados Unidos. A OMC detectou um salto no número de "barreiras técnicas" ao comércio, como padrões de produtos elaborados para dificultar a vida dos importadores; em 2007 havia 27 em vigor, apenas 9 anos depois, passaram a ser 449.

Esses tipos de incentivos e regulamentações moldaram cada vez mais as decisões das empresas sobre onde investir e como organizar cadeias de valor. Em 2016, quando o Banco Central Europeu pesquisou 44 empresas multinacionais baseadas na Europa, encontrou uma tendência crescente nas empresas industriais de produzirem nos mercados onde seus produtos eram vendidos, uma tendência que inevitavelmente tornaria as importações e exportações menos relevantes. "A terceirização e a produção nos mercados locais estão substituindo os fluxos comerciais anteriores", relatou o banco. No mundo todo, as exportações pararam de crescer mais rápido do que a economia mundial, encerrando uma tendência que existia desde a década de 1960.[12]

O crescimento moroso do comércio não foi o único sinal de que a globalização havia dado errado. Os investidores que haviam investido agressivamente nos mercados estrangeiros agora recuaram. Em todo o mundo, o investimento estrangeiro direto atingiu o pico em 2008, e foi menor em 2018 do que 18 anos antes. O número de fusões e aquisições internacionais despencou, especialmente no setor financeiro: os bancos perderam o entusiasmo por plantar suas bandeiras em todo o mundo, e regulamentações mais rígidas tornaram menos lucrativo para eles fazê-lo. Os empréstimos internacionais contraíram-se após o início de 2008, depois se estabilizaram em um nível muito mais baixo. O mercado internacional de títulos parou de crescer. Os varejistas internacionais começaram a se afastar da mentalidade de zonas isoladas, depois de aprender, a um custo elevado, que as técnicas de merchandising aperfeiçoadas para um país podem ter pouco apelo em outro. De várias maneiras, a globalização parecia ter passado do seu auge.

16

Repercussão

LONGE DAS AGITADAS cidades industriais da costa da China, os efeitos sociais e econômicos da Terceira Globalização foram severos. Cidades industriais inteiras foram esvaziadas à medida que a produção mudou para o México, a Ásia e a Europa Oriental, deixando para trás desemprego e desolação: nos 25 anos após 1990, a Grã-Bretanha perdeu quase metade de seus empregos industriais; o Japão, 1/3; e os Estados Unidos, 1/4. Embora parte da perda de empregos se deva à automação, a criação de cadeias de suprimentos globais transformou um declínio constante, mas gradual, do emprego nas fábricas nas economias ricas em um colapso agonizante. Um estudo da Noruega encontrou uma forte correlação entre as importações da China e a perda de empregos industriais. Na Espanha, cujas importações da China dispararam de US$4 bilhões, em 1999, para US$25 bilhões em 2007, a concorrência da China foi responsabilizada pela perda de 340 mil empregos industriais. Nos Estados Unidos, a manufatura fornecia cerca de 17% de todos os empregos em 1990, mas apenas 9% nos anos 2010; por uma estimativa, 1/5 desse declínio foi devido ao aumento da competição de importação da China. As fábricas dos EUA produziram 222 milhões de pneus de automóveis em 2004, mas apenas 126 milhões em 2014, já que as empresas que faziam pneus em Ohio, Kentucky e Texas passaram a importá-los da China. Enquanto a fabricação de pneus florescia em Dalian e Qingdao, a indústria de pneus dos Estados Unidos implodia.[1]

Em média, a Terceira Globalização ajudou a melhorar as condições de vida em todo o mundo. O número de pessoas na pobreza extrema despencou, a expectativa de vida e a alfabetização melhoraram em quase todos os lugares, 2 bilhões de pessoas ganharam acesso à energia elétrica, e os telefones celulares tornaram-se onipresentes em praticamente todos os países, exceto nos extremamente pobres. O crescimento da Ásia, em particular, aproximou as rendas dos valores da Europa e América do Norte: entre 1980 e 2016, a renda média per capita aumentou 66% na União Europeia e 84% nos EUA e Canadá, mas 230% na Ásia, e espantosos 1.237% na China. As médias, porém, podem enganar. Muitas partes da África e da América Latina estavam do lado errado da enorme diferença de renda. Ajustando as diferenças no custo de vida, a renda do adulto médio na América Latina era 9 vezes maior que a do adulto médio na China em 1980. A China esteve intensamente envolvida na globalização durante as décadas seguintes, enquanto a maior parte da América Latina não esteve e, em 2016, a renda média por adulto na China e na América Latina era quase a mesma.[2]

Essas médias, porém, obscurecem a maior desigualdade de renda em muitos países. Em quase todos os países, uma parcela desproporcional do crescimento da renda durante a Terceira Globalização foi para uma pequena porcentagem da população. Em parte, isso se deveu ao boom nos mercados financeiros depois que a inflação mundial começou a recuar, em 1982: os preços das ações e títulos subiram muito mais rápido do que os salários, e aqueles que tinham riqueza para participar do boom do mercado financeiro colheram os benefícios. A mudança tecnológica criou oportunidades para muitos trabalhadores, mas prejudicou muitos outros, pois as tarefas de rotina em escritórios e fábricas foram substituídas pela automação. O lento crescimento econômico em todas as economias ricas incentivou os fabricantes a investirem em países nos quais a demanda por seus produtos cresceria mais rapidamente, deixando para trás bolsões de alto desemprego; os trabalhadores deslocados das indústrias muitas vezes não tinham alternativa a não ser aceitar empregos em outras áreas que exigiam menos qualificação e ofereciam salários menores.[3]

———

A globalização teve um papel significativo no aumento da divisão de renda, gerando contracheques mais gordos para pessoas que administravam empresas internacionais ou cujas habilidades lhes davam alguma vantagem particular na economia internacional, mas minando o poder de barganha de muitas outras. O aumento do comércio derrubou os preços das importações em muitos países, exercendo uma intensa pressão sobre os fabricantes nacionais; isso comprimiu os salários não apenas na manufatura, mas em outras indústrias nas quais os trabalhadores de fábrica deslocados poderiam procurar empregos. A capacidade dos sindicatos de exigir que os trabalhadores participassem dos lucros mais elevados diminuiu em quase todos os lugares, pois as empresas poderiam ameaçar com credibilidade transferir o trabalho para um país diferente se os custos da mão de obra fossem muito altos. "Os ganhos econômicos da globalização acumularam-se principalmente para os dois principais decis da população canadense", concluiu um estudo para uma *think tank* canadense.[4]

Os países menos ricos não ficaram imunes às dores da globalização. Em 2010, quase 70% das importações chinesas de países em desenvolvimento eram commodities, enquanto suas exportações para tais países eram produtos manufaturados; o velho padrão mercantilista de comércio se repetia mais uma vez. As importações de produtos chineses devastaram a indústria tão gravemente nos subúrbios de São Paulo quanto em Ohio e no norte da França. Os países da África e do Leste Asiático, que esperavam usar a manufatura para criar economias prósperas, como Japão, Hong Kong e Coreia do Sul haviam feito, agora descobriram que seus trabalhadores de baixa renda não podiam competir fabricando nem mesmo os produtos mais simples. Em vez disso, seus comerciantes abriram lojas em Shenzhen e Guangdong, negociando guarda-chuvas, adaptadores elétricos e bolsas de plástico, e despachando-os para casa em contêineres. Quanto mais a China exportava, menos suas próprias indústrias de mão de obra intensiva poderiam criar empregos que envolviam fabricar coisas em vez de comercializá-las.[5]

As fábricas de muitos países não estavam mais contratando, mas outras indústrias não estavam crescendo rápido o suficiente para compensar a diferença. As disputas dos economistas sobre o quanto culpar a tecnologia em vez da globalização não interessavam às pessoas cuja renda diminuía de qualquer maneira. Os trabalhadores mais velhos, protegidos por contratos sindicais, poderiam conseguir manter salários estáveis e o direito de se aposentar aos

60 anos, mas os jovens que procuravam emprego muitas vezes encontravam apenas opções como "miniempregos", uma forma de emprego de meio período com baixa remuneração, permitida na Alemanha a partir de 2003, e "contratos zero hora", uma inovação britânica envolvendo contratos de trabalho sem horas de trabalho garantidas. O emprego temporário representava um em cada nove empregos nas economias ricas, um em cada quatro na Espanha. Salários estagnados e insegurança, ao que parecia, eram o preço da globalização. Mesmo o aumento maciço do investimento estrangeiro, anunciado como uma forma de criar empregos, também provou frear o crescimento dos salários: de acordo com um estudo do Bank of Japan, o desejo de atrair investimento estrangeiro para as indústrias japonesas que dependiam fortemente das exportações levou as empresas a reprimirem firmemente os salários.[6]

A globalização das finanças contribuiu para uma maior desigualdade, tornando muito mais fácil para os grupos de renda mais alta transferirem suas rendas e ativos para paraísos fiscais. Em 2007, segundo uma estimativa, 8% da riqueza mundial, quase toda pertencente a um punhado de indivíduos, era mantida em países nos quais era dificilmente tributada. Os paraísos fiscais, com a capacidade dos ricos de aproveitar oportunidades de investimento que poderiam ser imprudentes para uma família com poucas economias, tornaram mais fácil para os ricos ficarem ainda mais ricos. De acordo com uma estimativa baseada em dados europeus, norte-americanos e chineses, o 1% do topo da população detinha 26% da riqueza em 1985, mas 33% em 2015. Esse aumento ocorreu à custa das famílias de classe média, cuja parcela da riqueza diminuía em grau semelhante. A metade inferior da população não foi afetada, porque já possuía pouca riqueza.[7]

As corporações, cujas ações são em grande parte detidas por indivíduos ricos, direta ou indiretamente, também jogavam o jogo da evasão fiscal. Na verdade, os subsídios mais importantes relacionados à globalização assumiram a forma de transferência de lucros. Quase todas as empresas lidam com o imposto de renda, mas as que operam em escala global têm uma capacidade única de decidir onde o devem pagar. Elas podem vender seus produtos de uma subsidiária para outra para contabilizar lucros em países com baixas taxas de impostos, ou organizar seus empréstimos por meio de subsidiárias em países com impostos elevados, nos quais a capacidade de deduzir os pagamentos de juros da receita é mais valiosa. Além disso, um número crescente de países "paraísos fiscais" oferece às empresas estrangeiras preferências fiscais exclusivas, geralmente em troca da abertura de um escritório ou fábrica local. Em 2018, a Organização para a Cooperação e Desenvolvimento Econômico (OCDE) identificou nada menos que 21 mil negócios secretos de impostos corporativos em todo o mundo.

Só em 2013, segundo uma estimativa, os governos, principalmente nos países ricos, perderam US$123 bilhões em receitas fiscais para tais evasões fiscais corporativas. "A transferência de lucros provou ser uma forma eficaz para as empresas norte-americanas reduzirem seus impostos e aumentarem os retornos após os impostos sobre suas operações no exterior", relataram os economistas Thomas Wright e Gabriel Zucman. O mesmo era verdade para empresas sediadas em outros países. Os acionistas se beneficiam dos preços mais altos das ações e dos dividendos, deixando os contribuintes em geral arcar com os custos por meio de alguma combinação de impostos mais altos, redução dos serviços do governo e juros sobre os empréstimos do governo necessários para compensar as deficiências de receita. Ao tornar mais lucrativo para as empresas investirem no exterior do que no próprio país, a evasão fiscal das empresas tanto ampliou a lacuna de renda quanto incentivou as empresas a importarem em vez de fabricarem no país, criando cadeias de valor internacionais que de outra forma não teriam feito sentido.[8]

―――

Dadas as controvérsias intensas e de longa data sobre a globalização, a improvável contagem de 19% dos votos para o candidato à presidência dos Estados Unidos Ross Perot, concorrendo contra o NAFTA, em 1992; os protestos anárquicos de dezenas de milhares em uma reunião da OMC, em Seattle, em 1999; a violenta resposta policial às multidões de manifestantes durante uma cúpula de líderes mundiais em Gênova em 2001, era de se esperar que o declínio do comércio e dos investimentos internacionais após a crise financeira fosse um evento bem-vindo, pelo menos, nas economias ricas. Em vez disso, passou despercebido. A crise financeira concentrou a atenção na distribuição cada vez mais desigual de renda e riqueza, não na globalização. Quando o movimento Occupy Wall Street inesperadamente montou acampamento a alguns quarteirões da Bolsa de Valores de Nova York, em setembro de 2011, sua mensagem atacava a ganância corporativa e as "grandes finanças", não as importações e a perda de empregos nas fábricas dos EUA.[9]

As forças da globalização eram inevitáveis, mas seus efeitos sobre os trabalhadores e as famílias tinham mais a ver com as políticas sociais e os sistemas fiscais de cada país do que com o comércio e as finanças internacionais. Os países cujos governos forneceram benefícios sociais extras para famílias cujas rendas caíram e gastaram mais na educação e treinamento dos trabalhadores tiveram uma distribuição mais uniforme dos ganhos de renda do que os países nos quais os trabalhadores foram deixados para se defenderem sozinhos. Países como os Estados Unidos, que proporcionaram drásticas reduções de imposto de renda para grupos de alta renda e praticamente eliminaram os impostos sobre herança, previsivelmente viram a distribuição de renda e riqueza se tornar muito mais desigual, assim como países como a Rússia, que permitiu que alguns indivíduos bem relacionados assumissem ativos estatais durante a onda de privatizações da década de 1990. A globalização era mais uma fachada para a incapacidade ou falta de vontade dos governos nacionais em lidar com a realidade de uma economia globalizada do que a verdadeira culpada pela grande desigualdade.

Essa realidade significava que a política comercial, a principal ferramenta usada pelos governos para controlar o fluxo do comércio, não funcionava mais como antes. A disseminação das cadeias de valor internacionais foi um resultado direto, embora imprevisto, de muitos anos de políticas comerciais que reduziram tarifas, eliminaram cotas de importação e colocaram limites em outras medidas, como regulamentações de compras governamentais, que poderiam interferir nos esforços das empresas para organizar o fluxo de mercadorias como consideravam melhor. Mas, à medida que as cadeias de valor se desenvolveram, tornaram muitas das ferramentas de política comercial tradicionais inúteis, ou mesmo contraproducentes, confundindo burocratas, diplomatas e políticos cujas carreiras giravam em torno de criar e aplicar regras para o comércio, e dificultaram aos governos oferecer resposta aos efeitos colaterais negativos da globalização.

Historicamente, a política comercial de cada país envolveu encontrar um equilíbrio entre o imperativo de curto prazo de preservar empregos em face da concorrência estrangeira e os objetivos de longo prazo de encorajar o crescimento econômico e proteger a segurança nacional. Em algum momento, a maioria dos governos administrou o comércio para promover indústrias específicas ou capturar atividades econômicas que poderiam ter acabado em outro país, uma ideia que os mercantilistas teriam abraçado com todo o coração. Do lado oposto, um coro quase unânime de economistas declarava que as barreiras às importações prejudicavam os consumidores domésticos. O custo anual para a economia de "salvar" um emprego por meio da proteção às importações no final do século XX era frequentemente mais alto do que os salários que os trabalhadores protegidos ganhavam, com os consumidores pagando a conta na forma de preços mais altos. Os efeitos mais prejudiciais da proteção eram mais difíceis de definir, mas eram reais. A proteção provavelmente reduziu as perspectivas de crescimento de longo prazo ao manter vivas as empresas zumbis, incentivando o investimento em setores que não eram competitivos e aliviando a pressão sobre as fazendas e fábricas para inovar e se tornarem mais eficientes. E, se a proteção levasse outros países a retaliarem lançando seus próprios obstáculos às importações, os locais que produziam as exportações afetadas poderiam ser gravemente prejudicados, com os consumidores cortando seus gastos à medida que os exportadores locais viam suas vendas despencarem.[10]

O argumento de que os custos da proteção superam os benefícios, porém, tem sido tradicionalmente difícil de suportar em face do lobby protecionista de sindicatos, industrialistas e líderes locais em lugares nos quais as fábricas estão mancando ou os agricultores estão sob estresse. Uma vez que uma tarifa alta, uma cota sobre um produto importado ou alguma outra política que favoreça uma determinada empresa ou setor está em vigor, obter apoio suficiente para removê-la é um desafio. Foi esse dilema que levou ao primeiro acordo comercial moderno, assinado em 1860, no qual a Grã-Bretanha e a França concordaram em reduzir as tarifas de exportação uma da outra. Os Estados Unidos tentaram algo semelhante em 1934, quando o Congresso autorizou acordos comerciais recíprocos como uma tática para reduzir tarifas norte-americanas muito altas. Esses pactos foram cuidadosamente elaborados para atender às necessidades de indústrias politicamente poderosas; o primeiro, o acordo EUA-Cuba, de 1934, satisfez os exportadores norte-americanos ao exigir que Cuba reduzisse as tarifas sobre louças e lâmpadas; em troca, os Estados Unidos reduziram as tarifas sobre ladrilhos, açúcar e pepinos cubanos. Enquanto as tarifas oficiais dos EUA permaneceram altas, 21 países, responsáveis por mais de 60% do comércio dos EUA, fecharam esses acordos especiais em 1940.[11]

Esses acordos entre dois países eram difíceis de negociar e sacrificavam alguns dos ganhos econômicos que o comércio internacional deveria criar: se os Estados Unidos importavam ladrilhos de Cuba em vez de Portugal, simplesmente porque os cubanos negociaram uma tarifa mais baixa, então o pacto não recompensava a eficiência. Esse foi um dos motivos pelos quais as negociações entre dois países perderam o apoio após a Segunda Guerra Mundial, sendo substituídas por barganhas entre vários países no GATT e na Comunidade Econômica Europeia. Mas isso também tinha seus limites. Quando a China ingressou na Organização Mundial do Comércio, em 2001, mais de 140 países estavam envolvidos. Colocar todos em torno de uma mesa de conferência era difícil, e fazer com que todos aprovassem um novo acordo de comércio internacional se mostrou impossível, especialmente quando, como sempre fizeram, os negociadores buscaram acordos que aumentavam as exportações de seu país enquanto controlavam as importações de produtos politicamente sensíveis. Surgiu uma moda para acordos regionais, como o pacto de 2014 para expandir os laços econômicos entre Chile, Colômbia, México e Peru e um tratado de 2016 para o comércio livre de mercadorias entre a União Europeia e seis países do sul da África, porque acordos comerciais maiores estavam além do alcance.

A Terceira Globalização derrubou o cálculo político subjacente às negociações comerciais. Os exportadores que participam de cadeias de valor globais também são frequentemente importadores, levando matérias-primas ou produtos parcialmente acabados para seu país antes de processá-los e enviá-los de volta. Para dar um exemplo simples, 1kg de minério de ferro pode cruzar fronteiras meia dúzia de vezes ao ser derretido em tarugos de aço que serão enrolados em arame, forjados em parafusos, rosqueados e endurecidos antes de serem usados em uma montagem que eventualmente se tornará parte de uma máquina de tricô. Uma cota de importação que aumenta o preço do arame de aço para ajudar a fábrica de arame aumenta o preço em todos os elos mais distantes da cadeia; ainda mais se, digamos, o país no qual os parafusos são feitos impõe tarifas de importação com base no preço elevado do fio. O resultado líquido pode ser tornar a máquina de tricô não competitiva no mercado internacional, prejudicando não apenas a fábrica de arame a que a política deveria atender, mas também quaisquer outras nacionais envolvidas na fabricação da máquina.

Para complicar ainda mais as coisas, a mudança tecnológica fez com que os serviços respondessem por uma parcela cada vez maior do valor dos produtos manufaturados durante a Terceira Globalização. Graças à internet, tornou-se simples comercializar muitos desses serviços internacionalmente, de modo que as políticas comerciais nacionais destinadas a proteger uma indústria manufatureira nacional poderiam acabar prejudicando os setores de serviços domésticos. Se parte do valor de uma caminhonete japonesa vendida nos Estados Unidos fosse atribuível a engenheiros, projetistas e especialistas em informática na Califórnia, as tarifas dos EUA sobre essas caminhonetes, embora talvez protegessem os empregos de alguns trabalhadores de fábrica dos EUA, ameaçariam os empregos dos outros trabalhadores norte-americanos que ajudassem a criar o veículo. Na verdade, se a tarifa fosse baseada no preço de importação, os Estados Unidos estariam tributando a contribuição desses trabalhadores norte-americanos ao produto acabado. Os efeitos das restrições comerciais no setor de serviços geralmente atraem pouca atenção, mas costumam ser grandes: segundo uma estimativa, 30% das tarifas pagas em 2009 foram pagas sobre o valor dos serviços que foram incorporados aos produtos manufaturados. Um estudo da fabricação de calçados na Europa mostrou que mais da metade do valor dos calçados chineses vendidos aos consumidores europeus assumia a forma de serviços prestados na Europa, ressaltando que potenciais restrições ao comércio de calçados chineses prejudicariam os projetistas e engenheiros de produção europeus, empregados de companhias marítimas e executivos de escritórios domésticos, com esse dano talvez superando qualquer benefício para os trabalhadores em fábricas de calçados europeias.[12]

Independentemente de as políticas comerciais serem ou não as culpadas, a crença de que a globalização estava minando empregos estáveis e bem remunerados e destruindo as redes de segurança social piorou, pois por um tempo foi deixada de lado. Originada da esquerda política, que objetou que a globalização favorecia as corporações multinacionais de países ricos em detrimento de pessoas empobrecidas em países pobres, foi adotada após a crise financeira de forma mais eficaz pela direita política como parte de uma demanda por maior controle nacional sobre a imigração, as finanças e o comércio. A pressão da extrema direita levou ao referendo de 2016, no qual os britânicos, apoiando-se no slogan "Vamos retomar o controle", preferiram deixar a União Europeia; uma pesquisa realizada pouco depois disso descobriu que os adultos britânicos, especialmente aqueles com mais de 45 anos, associavam fortemente a globalização a uma maior desigualdade e a salários mais baixos. Enquanto refugiados da guerra civil na Síria e da pobreza na África inundavam a Europa, Marine Le Pen, concorrendo à presidência da França em 2017, previu "uma linha divisória totalmente nova: não a direita contra a esquerda, mas os patriotas contra os globalistas". Enquanto a candidatura de Le Pen fracassava, a então primeira-ministra britânica, uma política conservadora, Theresa May, ouviu sua mensagem. Como May reconheceu em janeiro de 2017 no Fórum Econômico Mundial, a famosa assembleia da elite global na vila suíça de Davos: "Falar de uma globalização maior pode deixar as pessoas com medo."[13]

PARTE V
A Quarta Globalização

17
Maré Vermelha

A PONTE BAYONNE é uma maravilha arquitetônica. Inaugurada em novembro de 1931, estende-se por Kill Van Kull, um curso d'água poluído ladeado por tanques de óleo e estaleiros de reparo de navios que separa Bayonne, em Nova Jersey, do bairro de Staten Island, em Nova York. Embora não tenha a majestade da Ponte George Washington, algumas milhas ao norte, a Bayonne tem uma grandeza própria. Seu arco de aço de 505m foi, durante décadas, o mais longo do mundo, sustentando uma estrada a 46m acima da maré alta. Os navios que começaram a revolução de contêineres, em 1956, navegavam por baixo dela em seu caminho de Newark para Houston, e gerações de navios-tanques e navios porta-contêineres passaram por baixo do arco em seu caminho para Kill Van Kull de e para o maior porto na costa atlântica da América do Norte.

Quando o *Emma Maersk* foi lançado, em 2006, levando a um frenesi de pedidos de navios que ofuscariam os que já estavam no mar, a graciosa ponte se tornou um obstáculo. Embarcações que transportavam até 8 mil caminhões de grande porte estavam encomendadas, prontas para entrar em operação, em 2010. Depois que o alargamento do Canal do Panamá foi concluído, em 2015, permitindo a passagem de navios maiores, os novos navios reduziram drasticamente o custo de movimentação de carga por mar entre o Leste Asiático e Nova York. A ponte Bayonne, construída para uma época diferente, ameaçava impedir esses grandes navios de atracarem na maioria dos terminais do maior porto da costa atlântica da América do Norte. Em 2009, a agência encarregada de manter os portos dos EUA, o Corpo de Engenheiros do Exército dos EUA, avaliou a situação: "A Ponte de Bayonne afeta a capacidade das transportadoras de realizarem economias de escala associadas ao uso de embarcações carregadas de maneira econômica." Os navios podem navegar apenas para Baltimore ou Norfolk e pular Nova York, ou podem entregar caixas nos portos da costa do Pacífico para transporte para o leste por ferrovia, advertiu o Corpo. De qualquer forma, determinou, a maior área urbana dos EUA perderia negócios relacionados a portos, empregos e receitas fiscais, e o país pagaria mais, em média, por seu comércio exterior.[1]

Construir uma nova ponte ou túnel sob o Kill Van Kull teria sido incrivelmente caro, mas havia outra solução. Apoiado por um coro de políticos locais e líderes sindicais, foi feito um pedido para erguer a Ponte Bayonne. Em 2013, a Autoridade Portuária de Nova York e Nova Jersey começou a remover a rodovia que cruzava o arco. Em seu lugar, construiu uma nova estrada, 19m mais alta. A ponte reconstruída, um milagre da engenharia, abriu-se ao tráfego em 2017, permitindo que meganavios chegassem às docas de Nova Jersey. O projeto foi uma bênção para os embarcadores que utilizavam o porto, para as transportadoras marítimas que lhe serviam e para os proprietários dos terminais nos quais os grandes navios passariam a poder fazer escala. Foi menos benéfico para os passageiros da região: a maior parte do custo de US$1,7 bilhão para acomodar navios maiores não recaiu sobre os lucros dos transportes marítimos ou dos proprietários de carga, mas sobre os motoristas de automóveis, que enfrentavam pedágios mais altos nos túneis e nas pontes da Autoridade Portuária.

Esses vastos desembolsos, tanto públicos quanto privados, baseavam-se na firme convicção de que a globalização prosperaria como o fizera há décadas. Essa convicção revelou-se desastrosamente errada. Em vez de se expandir, o comércio internacional parou. A crise econômica abalou a Europa e os Estados Unidos, diminuindo a necessidade de transportar mercadorias das fábricas da Ásia para clientes através dos mares. A demanda por frete aéreo evaporou, e os navios porta-contêineres navegavam pelo globo meio vazios. Depois que a crise passou, ficou claro que as cadeias de suprimentos se tornaram mais lentas e menos confiáveis. Greves, tempestades e terremotos afetaram a produção em fábricas distantes. Em 2012, levava vários dias a mais para enviar um contêiner de sapatos de Xangai para Seattle do que na década de 1990, e era menos provável que as mercadorias chegassem a tempo. Varejistas, atacadistas e fabricantes reagiram construindo armazéns em mais lugares e abastecendo-os com mais mercadorias, correções que limitavam o risco, mas aumentavam os custos, destruindo muito do fundamento lógico para a criação de cadeias de valor globais.

———

Desde o início da era dos contêineres até 2009, nunca houve um declínio anual no seu tráfego. Cada queda na taxa de crescimento, precipitada por uma desaceleração da economia mundial, foi seguida por um boom. Em 2010, enquanto o mundo emergia da crise econômica, o dinheiro inteligente apostava em uma repetição. A Maersk Line previu que a demanda por transportes de contêineres cresceria 7% ao ano. Preocupada mais uma vez com a possibilidade de não ter os navios necessários para lidar com a esperada enchente de carga, decidiu se adiantar em relação à concorrência. Em 2011, com seus navios transportando muito mais contêineres do que nunca, mas perdendo cerca de US$75 em cada um, a Maersk começou a construir uma geração de navios com 1/5 a mais do tamanho do *Emma Maersk*. Essas embarcações, a serem entregues a partir de 2013, foram chamadas de Triple-Es, para destacar suas principais características: economia de escala, eficiência no uso da energia e ênfase ambiental. Cada um deles teria capacidade para transportar 18 mil TEU, o equivalente à carga de 9 mil caminhões, e reduziria pela metade as emissões de gases de efeito estufa por quilômetro de contêiner. A Maersk previu que construir trinta Triple-Es em estaleiros coreanos reduziria os custos de seus concorrentes por contêiner em 1/4.[2]

Mais uma vez, a agressividade da Maersk surpreendeu outras linhas de navios. Novamente, eles foram confrontados por uma escolha indesejável. Podiam fazer nada e enfrentar um futuro no qual teriam custos muito mais altos do que seu maior concorrente, ou esticar suas finanças para encomendar novos navios, que talvez não fossem capazes de preencher. Mas isso não era uma escolha de verdade. A transportadora francesa CMA CGM encomendou três navios maiores do que o *Emma Maersk*, uma medida que colocou tanto estresse na reservada linha de embarcações de propriedade familiar que ela precisou buscar investimento externo. Em 2012, o fundador da Mediterranean Shipping Company, a 3ª maior linha, disse que sua empresa não compraria navios de 18 mil TEU, e prontamente encomendou navios ainda maiores. Outras linhas seguiram o exemplo, construindo dezenas de navios muito maiores do que o *Emma*. Se realmente havia necessidade de um navio que pudesse entregar cargas para 11 mil caminhões de grande porte, era quase um pensamento secundário. "O desenvolvimento da frota mundial de navio porta-contêineres na última década está completamente desconectado do desenvolvimento do comércio global e da demanda real", observou o Fórum Internacional de Transporte da OCDE, em 2015.[3]

A maioria das principais linhas de navios era administrada pelo Estado ou controlada por famílias, e seus poderosos líderes não tinham a menor intenção de ficar atrás dos dinamarqueses. A expansão imprudente levou a taxas de frete tão baixas que a receita das linhas de embarcações não cobria seus custos operacionais, muito menos as hipotecas de seus navios, inundando os oceanos com tinta vermelha. "Ao contrário de toda a lógica, em vez de reduzir a capacidade existente no mercado, os grandes armadores correram para adicionar uma nova capacidade", observou o economista Michele Acciaro, em 2015. Acciaro diagnosticou uma doença contagiosa: "gigantismo naval".[4]

O gigantismo se espalhou muito além das linhas de navio. Navios gigantes geravam terminais gigantes: com seus clientes se fundindo em todas as oportunidades, as empresas que carregavam e descarregavam navios porta-contêineres procuravam seus próprios parceiros de fusão para dividir as despesas de expansão de cais, instalação de guindastes do tamanho de prédios de quinze andares e construção de pátios de armazenamento controlados por computadores. Os cais precisavam ser reforçados, porque os navios maiores forçam mais água contra eles durante a atracação e porque a manutenção de navios maiores requer guindastes mais pesados do que muitos cais foram construídos para suportar. As áreas de armazenamento de contêineres eram muito pequenas para acomodar os navios que descarregavam e depois recebiam milhares de contêineres de uma vez, e novos portões de terminal eram necessários para controlar os milhares de caminhões adicionais que entravam e saíam.[5]

Os governos de todos os lugares investiam em uma infraestrutura gigantesca, portos mais profundos, canais maiores, pontes mais altas, para que os novos navios pudessem entrar. Rodovias foram alargadas; pátios ferroviários, expandidos; novos trilhos de trem, colocados; tudo para acomodar ainda mais carga. Em Durban, em 2018, a empresa estatal que controla o maior porto da África do Sul concordou em desembolsar US$500 milhões para aprofundar os ancoradouros para navios maiores. O governo do Egito gastou US$8 bilhões para alargar e aprofundar o Canal de Suez, para impedir que o tráfego de navios entre o Sul da Ásia e o Atlântico Norte se desviasse para o recém-alargado Canal do Panamá. Em Hamburgo, após anos de inércia, a autoridade portuária municipal venceu uma batalha de uma década com ambientalistas para aprofundar o rio Elba e permitir que os navios de contêineres transportassem outros 1.800 TEU por escala, a um custo de US$700 milhões, uma decisão acordada somente depois que o *CSCL Indian Ocean*, de 400m de comprimento, passou 6 dias encalhado no Elba, em fevereiro de 2016. Um estudo para o maior porto da Suécia declarou, em 2015, que "Gotemburgo terá que melhorar o acesso marítimo se quiser permanecer competitiva em relação a outros portos do Norte da Europa", o que significa que teria de gastar mais de US$400 milhões dos fundos do estado para aprofundar o canal e os leitos para 16,5m. A autoridade portuária de Gênova concordou em gastar €1 bilhão para construir um quebra-mar com capacidade suficiente para meganavios entrarem no porto, além de centenas de milhões de euros adicionais para remover o quebra-mar existente. Em 2015, o Porto de Miami concluiu o projeto "Deep Dredge", de US$205 milhões, para escavar um canal de 15m; 3 anos depois, anunciou que precisava ir mais fundo, pois os pilotos do porto reclamavam que grandes navios estavam lutando para entrar.[6]

E então havia a questão de onde aqueles grandes navios deveriam fazer escala. Depois de 1983, quando a então primeira-ministra Margaret Thatcher impulsionou a venda da British Transport Docks Board, de propriedade estatal, a um operador privado, as empresas com fins lucrativos cada vez mais se responsabilizavam pelos terminais nos quais os navios carregavam e descarregavam cargas. No entanto, a responsabilidade pela manutenção dos portos e a proteção da navegação permaneceu firme com as autoridades públicas. Sempre foi assim: os governos poderiam cobrar impostos sobre o comércio se os comerciantes transportassem mercadorias por seus portos, portanto, manter a navegação segura era um investimento valioso. Porém, se poucos navios fizessem escala, o investimento seria em vão.

Esses custos eram trocados em comparação com os projetos de transporte de carga verdadeiramente massivos desenvolvidos por governos em toda a Ásia. O emirado de Dubai, que já foi uma pacata vila comercial ao longo de um riacho de maré, enriqueceu da noite para o dia quando os preços do petróleo dispararam, em 1973, e novamente em 1979. Determinada a diversificar a economia, a empresa portuária estatal dragou o Golfo Pérsico para criar o Porto de Jebel Ali, construindo uma ilha artificial após a outra para transformar um banco de areia pouco promissor em um dos maiores portos do mundo.

Além de Hong Kong, um território autônomo, nenhum porto chinês se classificou entre os 10 maiores do mundo em 1997. Duas décadas depois, após investimentos maciços de empresas estatais, sete dos dez principais estavam na China. Para superar as águas rasas perto da costa, o governo transformou um punhado de ilhotas ao largo de Xangai no maior terminal de contêineres do mundo e ergueu uma ponte de 32km, com um duto de combustível anexado, para conectar o porto ao continente. Vários operadores de terminal compartilharam parte do custo de US$18 bilhões, mas a maior parte do dinheiro originara-se de várias entidades governamentais, parte de uma estratégia nacional para facilitar as exportações conforme a China se transformava no maior fabricante do mundo. A "Iniciativa Belt and Road", da China, adotada em 2013, canalizou centenas de bilhões de dólares para projetos de transporte terrestre e marítimo destinados a oferecer novos caminhos para a importação de matérias-primas vitais para a indústria chinesa e exportação de seus produtos acabados, fortalecendo a posição estratégica do país no processo. O projeto Belt and Road, altamente divulgado, envolveu a movimentação de carga por 12.070km de trem entre a China e a Grã-Bretanha; além dos custos significativos de infraestrutura, a ferrovia China-Europa exigia enormes subsídios operacionais das províncias chinesas, porque os US$3 mil pagos pelos remetentes para movimentar cada contêiner de 12m cobriam apenas 1/3 do custo de operação dos trens.[7]

As companhias de navios, os importadores e exportadores que lucrariam com tais investimentos em infraestrutura, raramente eram obrigadas a pagar a conta. Normalmente, os navios pagavam taxas quando visitavam os portos, e alguns governos tributavam a carga recebida. Mas, durante a Terceira Globalização, essas taxas e impostos raramente eram calibrados para cobrir o custo de dragagem de portos, elevação de pontes, construção de ilhas artificiais e instalação de guindastes de alta velocidade. E as linhas de navios não possuíam compromissos de longo prazo: enquanto as agências governamentais esperavam trinta anos de pagamentos de títulos vendidos para financiar melhorias portuárias, as linhas de embarcações que as exigiam estavam livres para transferir navios e cargas para outros portos, apagando assim os benefícios prometidos dos custosos investimentos do setor público. Sob a pressão incessante para aprofundar os portos e alongar os cais, os portos de todos os continentes criaram muito mais capacidade do que o necessário para lidar com o fluxo de carga, colocando em perigo as finanças dos governos regionais e locais e dando às linhas de embarcações ainda maior poder de barganha para exigir melhores instalações portuárias, custos mais baixos, ou ambos.

―――

Como ocorreu nos primeiros dias da indústria de transporte marítimo de contêineres, as transportadoras com mentalidade de expansão foram estimuladas por governos determinados a preservar os estaleiros a todo custo. O governo da Coreia do Sul considerou a construção naval uma indústria vital, até porque os estaleiros eram responsáveis por mais de 1/5 da demanda total do país por aço. Seus grandes estaleiros eram mais avançados do que os estaleiros chineses e usufruíram da onda de pedidos de grandes navios porta-contêineres após o lançamento do *Emma Maersk*. Quando o comércio internacional entrou em colapso e novos pedidos pararam, no final de 2008, o estado respondeu generosamente. Entre 2008 e 2013, os credores estatais coreanos forneceram aos construtores navais US$45 bilhões em empréstimos e garantias de empréstimos. Quando alguns dos mutuários não puderam pagar, o governo converteu essas dívidas em propriedade majoritária de dois grandes estaleiros. Os resgates permitiram que a Coreia mantivesse 1/3 do mercado mundial de construção naval e mais da metade do mercado de navios porta-contêineres, mas a lucratividade havia mudado novamente. Depois de outro colapso, em 2015, o Banco de Desenvolvimento da Coreia, de propriedade do Estado, converteu ainda mais empréstimos da Daewoo Shipbuilding em ações, dando ao governo uma participação de 79% em uma empresa muito problemática.

Mais ajuda estatal fluiu para os construtores navais e seus clientes depois que o excesso de transporte de contêineres levou à falência a Hanjin Shipping Co., da Coreia do Sul, em agosto de 2016. Dois meses depois, o governo coreano manteve vivo a única operadora de navios porta-contêineres sobrevivente do país, a Hyundai Merchant Marine, comprando alguns dos navios porta-contêineres da Hyundai a valor de mercado e alugando-os de volta para a empresa a preço de pechincha. Em 2018, quando o socorro se mostrou insuficiente, o governo emprestou à transportadora US$2,8 bilhões para adquirir 20 navios porta-contêineres, dos quais ela não precisava. Esses navios, é claro, seriam construídos em estaleiros coreanos, acrescentando ainda mais capacidade de transporte subsidiado a uma frota global que já tinha capacidade em excesso.[8]

A Coreia não estava sozinha. Em novembro de 2016, o governo de Taiwan aplicou US$1,9 bilhão em empréstimos de baixo custo para duas linhas de embarcações de contêineres, a Evergreen Marine e a Yang Ming Marine Transport, que estavam sofrendo sob o custo de aquisição de meganavios. O transporte marítimo, disse um ministro do governo ao *Wall Street Journal*, "é a chave para o nosso desenvolvimento econômico." Com os novos meganavios custando cerca de US$200 milhões cada, as linhas de embarcações menores que não tinham esses subsídios não podiam se manter no jogo. Em dezembro de 2014, a transportadora chilena CSAV juntou-se à Hapag-Lloyd, da Alemanha. Em 2015, o governo da China ordenou a fusão das duas grandes linhas de contêineres estatais. Em 2016, as três linhas japonesas, pressionadas para financiar novos navios, colocaram seus negócios de contêineres em uma joint venture; como o presidente da maior das empresas, NYK Line, reconheceu: "O propósito de nos tornarmos um neste momento é que nenhum de nós se torne zero." Em 2018, quando a joint venture não conseguiu estancar o sangramento, as três linhas se fundiram. A Hapag-Lloyd e a United Arab Shipping uniram forças, e a Maersk engoliu a Hamburg-Süd, da Alemanha. Em agosto de 2016, a Hanjin, da Coreia do Sul, a 7ª maior linha de contêineres, entrou em falência. E, em 2018, Overseas Orient, de propriedade do governo de Singapura, foi vendida aos chineses.[9]

A Maersk, agora facilmente líder com 18% da capacidade global, quase alcançou sua meta de expulsar os fracos. Quatro alianças de linhas de embarcações porta-contêineres dominaram o mercado global, atendendo a todos os continentes e cuidando dos negócios das maiores corporações internacionais. Transportadoras menores sobreviveram apenas se aproximando das gigantes. Em poucos anos, uma indústria altamente competitiva tornou-se um oligopólio.[10]

A Maersk concebeu o meganavio como o veículo que levaria a globalização ao seu estágio mais alto. Seria tão eficiente, transportando tantos contêineres com tão pouca despesa, que os custos de transporte de frete, já baixos, se tornariam cada vez menores. Organizar cadeias de valor de longa distância seria ainda mais barato e fácil para os clientes, criando ainda mais demanda por espaço a bordo dos navios da Maersk. As emissões de gases de efeito estufa do transporte marítimo diminuiriam. O comércio global prosperaria. E, embora a receita por contêiner certamente cairia, os custos cairiam ainda mais, deixando um lucro confortável à medida que a indústria se consolidava para um punhado de empresas que seguiram a Maersk, a líder da indústria.

A Maersk Line havia estudado cuidadosamente o tráfego em suas rotas e as demandas de seus clientes, e suas previsões otimistas indicavam que novos navios de 18 mil TEU atenderiam melhor às suas necessidades. Os maiores navios já em sua frota, embarcações de 15 mil TEU, do tamanho do *Emma Maersk*, seriam deslocados, "em cascata", no falar da indústria, para rotas menos movimentadas, dando à Maersk uma capacidade adicional lá também. A Maersk estaria bem posicionada para lidar com uma recuperação nos negócios, mas a eficiência do sistema logístico global dentro do qual a Maersk funcionava não era a preocupação da linha de embarcações. Operadores de terminal, incluindo a empresa similar à Maersk Line, APM Terminals, não foram consultados; se alguns portos ou terminais não desejassem fazer os investimentos necessários para movimentar os navios maiores, outros portos e terminais implorariam pelo negócio. A Maersk também não se preocupou se seus navios gigantescos afetariam o movimento de caixas de e para os portos. Simplesmente presumia que ferrovias, caminhoneiros e linhas de barcaças cuidariam do tráfego. Os concorrentes que encomendaram seus próprios meganavios indo na onda da Maersk tomaram a mesma atitude, e seus navios, de até 23 mil TEU, eram ainda maiores do que os da Maersk. No mar, parecia não haver dúvidas de que, quanto maior, melhor. E, se fosse mais barato, os clientes concordariam.

———

Os cálculos das linhas de embarcações foram baseados na suposição de que seus novos navios navegariam quase lotados. Mas, em vez de crescer 6% ou 7% ao ano, o tráfego de contêineres cresceu apenas 3% ou 4%; e, em alguns anos, ainda menos. Navegando pela metade devido à escassez de carga, as novas embarcações gigantes não trouxeram nenhum dos ganhos de eficiência ou benefícios ambientais que seus criadores haviam prometido.

O custo de envio de um contêiner caiu, mas os remetentes pagaram por esse benefício na forma de transporte mais lento e menos confiável. Como as linhas de embarcações cortaram o excesso de capacidade ancorando navios e cancelando serviços, uma caixa poderia ter que ficar mais tempo no pátio de contêineres antes de ser carregada a bordo. O processo de descarregar e recarregar a embarcação também demorava muito mais, e não apenas porque havia mais caixas para ir e vir. Os Triple-Es e os navios ainda maiores que os seguiram eram pouco mais longos do que os navios da geração do *Emma Maersk*, mas eram 3m mais largos. Isso significava que não havia espaço para alinhar guindastes adicionais ao longo da lateral do navio, mas que cada guindaste precisaria chegar mais longe, adicionando segundos ao tempo médio necessário para mover cada caixa. Mais caixas multiplicadas por mais tempo de manuseio viram horas, ou mesmo dias, em cada escala no porto. Os atrasos eram enormes. A certa altura, 30% dos navios que saíam da China estavam atrasados.

Antes, os navios porta-contêineres seriam capazes de compensar esses atrasos na rota. Mas isso não era mais possível. Os meganavios foram uniformemente projetados para navegar mais lentamente do que os que eles substituíram, a fim de economizar combustível. Em vez de 24 ou 25 nós, eles viajavam a 19 ou 20, acrescentando vários dias à longa viagem entre a Ásia e a Europa. E, onde os navios anteriores conseguiam acelerar, caso necessário para voltar ao cronograma, os meganavios não eram capazes. Se um navio saísse de Xangai com atraso, era provável que chegasse tarde na Malásia, no Sri Lanka e na Espanha. A movimentação de mercadorias pelas cadeias de valor em cronogramas apertados tornou-se significativamente mais complicada.

O lado terrestre do negócio de navegação também estava bagunçado. Meganavios traziam banquetes ou fome: menos navios escalavam, mas cada um movia mais caixas a cada embarque e desembarque, alternativamente deixando equipamento e infraestrutura sem uso e sobrecarregados. Montanhas de caixas cheias de produtos importados e exportados enchiam pátios de armazenamento. Quanto mais altas as pilhas cresciam, mais tempo levava para os transelevadores localizarem um contêiner específico, o removerem da pilha e o colocarem a bordo do transportador, que o levaria para o cais para carregamento a bordo do navio ou para o pátio ferroviário ou terminal de caminhões para entregar a um cliente. As ferrovias de carga, que enfrentavam limites físicos no comprimento de seus trens e no número deles que permitiam circular, não podiam adicionar capacidade prontamente, simplesmente porque os navios haviam se tornado maiores; onde antes era possível transportar um carregamento de mercadorias importadas para destinos no interior em um dia, agora poderiam levar dois ou três. E, com bastante frequência, os parceiros em uma das quatro alianças que dominavam o transporte marítimo não usavam o mesmo terminal em um porto específico, exigindo viagens de caminhão sem propósito apenas para mover uma caixa de um navio de entrada em um terminal para um de saída, em outro.

Um balanço patrimonial honesto mostraria que o meganavio tornou o transporte menos confiável, minando as cadeias de valor globais que deveria fortalecer. Para a empresa que começou a corrida, a A. P. Møller-Maersk, o meganavio provou ser um fardo. O encargo financeiro era maior do que o conglomerado poderia suportar. Sob pressão, em 2014, ela vendeu sua participação de 49% na maior rede de varejo da Dinamarca. Um ano depois, saiu de sua participação de 1/5 no maior banco da Dinamarca. Em 2016, a família controladora da empresa demitiu o CEO e anunciou que a A. P. Møller-Maersk se desfaria de negócios relacionados à energia, que forneciam 1/4 de sua receita. Apesar dessa manobra desesperada e de sua frota de meganavios prometendo economias de escala, o preço das ações da empresa estava mais baixo em junho de 2018 do que quando o *Emma Maersk* foi encomendado, em dezembro de 2003. A participação de mercado da Maersk Line havia crescido, mas seu negócio de transporte de contêineres não teve um desempenho melhor do que o dos concorrentes que ela tentou afastar. Como seu presidente-executivo desabafou: "Não há sentido em ser a maior operadora se não traduzirmos isso em margens acima da média." Em linguagem simples, o meganavio foi um desastre para todos os envolvidos.[11]

Isso também vale para os construtores navais. Em fevereiro de 2019, o Banco de Desenvolvimento Coreano, que controlava a Daewoo Shipbuilding, concordou que a Daewoo e a Hyundai Heavy Industry, as duas maiores construtoras navais coreanas, deveriam se fundir, um plano que alarmou as autoridades de concorrência em vários países. Poucos meses depois, o governo chinês respondeu, ordenando que dois construtores navais estatais, a China State Shipbuilding e a China Shipbuilding Industry Corporation, se unissem. As fusões foram projetadas para deixar as duas entidades sobreviventes, uma coreana e a outra chinesa, com o controle de 56% do mercado mundial de construção naval. Se isso finalmente se traduziria em lucros para os construtores navais, que raramente conseguiam ganhá-los, ninguém sabia.

18
Milhas de Comida

Em 31 de maio de 2019, o *Bavaria*, um navio porta-contêineres de 16 anos anteriormente conhecido como *APL Panama*, registrado na Libéria e administrado por uma empresa de Singapura em nome da linha de embarcações dinamarquesa Maersk, deixou Subic Bay, nas Filipinas, com destino a Taiwan, carregando 69 contêineres de lixo doméstico e eletrônicos obsoletos originários do Canadá. Uma empresa privada exportou os resíduos para as Filipinas, aparentemente para reciclagem, mas, na verdade, para descarte barato. Depois de apreender os contêineres por mais de cinco anos, o governo filipino achou melhor mandá-los de volta para seu local de origem. Após uma troca de navios em Taiwan, os resíduos repatriados chegaram a Vancouver em 29 de junho, onde foram queimados para gerar eletricidade.

O comércio volumoso de lixo, de garrafas plásticas de refrigerantes a resíduos médicos perigosos, não existia na era do pré-contêiner: o transporte de jornais reciclados por 8.000km não valia o custo. Seu destaque, na década de 2010, foi apenas uma manifestação de um mundo em que distância e fronteiras importavam menos do que antes. A demanda por exportação de carne bovina, soja e óleo de palma gerou a perda de florestas e pântanos, contribuindo para a extinção de espécies vegetais e animais inteiras. O comércio mais livre levou os fabricantes a fugirem dos países com controles ambientais rígidos para lugares onde as regras contra o despejo de produtos químicos tóxicos e poluentes na água eram menos prováveis de serem aplicadas. Partículas de carvão da Indonésia queimadas em usinas de energia do Paquistão voaram pelas fronteiras da Ásia. O crescimento explosivo do comércio de longa distância tornou quase todas as economias mais intensivas em transporte, aumentando o uso de combustíveis derivados do petróleo e, assim, contribuindo para o aumento incessante da concentração de gases de efeito estufa que estavam mudando o clima da Terra.

Culpar a globalização pela degradação ambiental é moralmente difícil. O aumento do comércio exterior, do investimento estrangeiro e dos empréstimos estrangeiros aumentaram a renda de bilhões de pessoas: enquanto a globalização deixou muitos para trás e levou outros a migrarem em busca de trabalho e segurança, ela tirou muitos mais da pobreza. Torres de apartamentos e shopping centers de vários andares, cada um exigindo a produção e o transporte de concreto, vidro, vigas de aço e tubos de cobre, brotaram em antigos pântanos e arrozais em todo o mundo. Aproximadamente 3,5 bilhões de pessoas tinham eletricidade em suas casas no final dos anos 1980; em 2017, esse número chegou a 6,5 bilhões, uma tarefa realizada pela construção apressada de centenas de usinas de energia, muitas delas importando o mais sujo de todos os combustíveis, o carvão. Televisores e viagens de avião chegaram ao alcance de uma classe média em rápida expansão, e o consumo global de carne bovina, antes um luxo em muitas partes do mundo, teve um acréscimo de 50% entre 1990 e 2017. Essas conquistas não podem ser descartadas de imediato.[1]

No entanto, o fato de que mais pessoas desfrutavam de maior riqueza material do que antes estava inegavelmente associado a um fardo maior para o meio ambiente. Era verdade, como um relatório da OCDE reconheceu de maneira memorável, que "a globalização é frequentemente uma aliada da motosserra". Países cujas economias primitivas foram transformadas da noite para o dia careciam de conhecimento científico e infraestrutura burocrática para supervisionar fábricas, locais de disposição de resíduos e plantações em escala industrial que surgiam dentro de suas fronteiras. Na pressa da China para expandir a manufatura, as fábricas foram autorizadas a despejar água contaminada em esgotos ou rios próximos com pouca supervisão, a ponto de muitos rios ficarem impróprios para consumo. A qualidade do ar, medida em termos de exposição a pequenas partículas, ficou perigosamente ruim, e então um programa intensivo para reduzir as emissões de partículas mudou a química atmosférica de uma forma que aumentou os níveis de ozônio nas cidades chinesas. De acordo com um estudo, a produção de mercadoria para exportação da China contribuiu com mais de 1/3 das emissões de dióxido de enxofre, 1/4 dos óxidos de nitrogênio e 1/5 do monóxido de carbono emitido por fontes chinesas em 2006. As emissões de gases de efeito estufa da China triplicaram entre 1978 e o início dos anos 2000, devido a centenas de novas usinas termoelétricas a carvão e fábricas que expelem fumaça. Partículas emitidas pela indústria chinesa contaminaram o ar na Coreia e no Japão. Tanta poluição foi espalhada pelo Pacífico que até 1/4 das concentrações de sulfato no oeste dos Estados Unidos foi atribuído à fabricação de produtos de exportação chineses.[2]

As fracas leis ambientais e seu cumprimento esporádico significavam que as empresas muitas vezes não enfrentavam os verdadeiros custos econômicos de suas atividades, empresas estatais com laços estreitos com altos funcionários do governo muitas vezes tinham os piores registros ambientais, e esses custos não se refletiam nas decisões sobre a produção e o transporte de seus produtos. A crescente pressão pública para forçar as empresas a reconhecerem os custos ambientais de suas atividades acabou ajudando a reformular a globalização.

―――

O risco de que um mundo mais integrado prejudicasse o meio ambiente era evidente muito antes de a "globalização" ser aplicada à economia. Em 1947, a Organização das Nações Unidas para a Educação, a Ciência e a Cultura, UNESCO, um novo ramo das Nações Unidas, que já tinha 2 anos, decidiu convocar reuniões internacionais sobre preservação e recursos naturais. A primeira ocorreu um ano depois, quando delegados de 33 países, tanto representantes de organizações privadas quanto de governos, reuniram-se em Fontainebleau, ao sul de Paris, para estabelecer a União Internacional para a Proteção da Natureza. Na época, nenhum país tinha um ministério do meio ambiente. A Califórnia acabava de criar o primeiro programa moderno de controle da poluição do ar, em Los Angeles. O "nevoeiro assassino" de Londres, que seria culpado por 4 mil mortes e eventualmente levaria o Parlamento a aprovar a Lei do Ar Limpo, ainda estava quatro anos no futuro, e o Congresso dos Estados Unidos não aprovaria sua primeira lei ambiental, a Lei de Controle da Poluição do Ar, até 1955. A conferência em Fontainebleau, no entanto, não discutiu o controle da poluição. Em vez disso, a preocupação era a de que o comércio e o desenvolvimento econômico ameaçariam a flora e a fauna, especialmente nas colônias europeias na África. A criação de reservas naturais e a proteção de animais selvagens foram os principais tópicos de interesse.[3]

Durante as décadas de 1950 e 1960, uma série de livros influentes, *Primavera Silenciosa*, de Rachel Carson, documentando os efeitos do inseticida DDT em peixes, pássaros e humanos; *The Population Bomb* [*A Bomba da Poluição*, em tradução livre], um best-seller de 1968, no qual o biólogo da Universidade de Stanford, Paul Ehrlich, advertiu que a superpopulação estava causando fome inevitável; *Limites Do Crescimento*, uma sensação de 1972 que usou novos modelos de computador para prever "um declínio bastante repentino e incontrolável na população e na capacidade industrial" devido ao consumo excessivo, trouxe as questões ambientais para o centro. Enquanto os cientistas documentavam os riscos à saúde da poluição do ar e da água e produtos químicos tóxicos, as demandas por um ambiente mais limpo aumentaram nas economias ricas, onde as preocupações ambientais se tornaram mais proeminentes conforme a renda aumentou e as condições de vida melhoraram. Entre 1970 e 1972, Canadá, Estados Unidos, Japão e muitos países da Europa Ocidental criaram agências ambientais nacionais para resolver os problemas de poluição de frente. Sua urgência não era compartilhada nos países em desenvolvimento, onde a recém-descoberta preocupação do mundo rico com o consumo excessivo parecia implicar que os países mais pobres não deveriam aspirar aos padrões de vida dos mais ricos.[4]

As novas regulamentações ambientais focaram primeiro os poluidores mais óbvios, fábricas e usinas que despejavam efluentes não tratados nos rios e liberavam gases nocivos no ar. O princípio de que os poluidores, ou, pelo menos, os corporativos, deveriam pagar o custo total de qualquer dano que impusessem ao público parecia simples. Mas, em um mundo de comércio cada vez mais livre, as diferenças nas regulamentações ambientais dos países têm importantes implicações econômicas. Por que pagar para instalar um novo sistema de controle de emissões caro em uma fundição que expele fumaça quando seria mais barato importar peças fundidas de um país sem tais regras? Por que abandonar um processo familiar de fabricação de um produto químico, potencialmente acarretando a perda de empregos e lucros, quando o trabalho poderia ser transferido para um país no qual a pobreza generalizada e os altos níveis de desemprego significavam que o controle da poluição não era uma questão urgente?

Em 1974, dois cientistas norte-americanos descobriram que os clorofluorocarbonos, produtos químicos amplamente usados em latas de spray e ares-condicionados, estavam destruindo o gás ozônio na estratosfera, camada que protege a Terra da radiação ultravioleta. O pânico se instaurou, enquanto as manchetes gritavam avisos de que os raios ultravioleta causariam mais câncer de pele nas pessoas e mutações em plantas e animais. "É como a AIDS do céu", disse um ansioso engenheiro chileno, um dos países mais expostos aos níveis mais elevados de radiação, à *Newsweek*. Vários países logo baniram os produtos químicos, mas esse era um problema que não podia ser resolvido em nível nacional. As negociações internacionais avançaram com uma velocidade incomum. No Protocolo de Montreal, assinado em 1987, os países concordaram não apenas em eliminar gradualmente a produção e o uso de mais de cem produtos químicos, mas também em proibir as importações contendo os produtos químicos de países que se recusassem a assinar o pacto. Esse foi o primeiro caso em que o movimento em direção ao comércio mais livre, consagrado no GATT, foi superado por preocupações com o meio ambiente, e o primeiro em que os países em desenvolvimento foram induzidos e obrigados a obedecer. Os fabricantes de geladeiras e aparelhos de ar-condicionado foram forçados a desenvolver novas maneiras de manter os alimentos resfriados; eles não podiam escapar das novas regras exportando de países com regulamentações fracas para países com regulamentações fortes.[5]

A chuva ácida representou um tipo diferente de desafio internacional. No final da década de 1970, os pesquisadores relataram que o dióxido de enxofre criado pela queima de carvão em usinas de energia e fundições, transportado para o nordeste pelos ventos predominantes e depois caindo na terra na chuva, estava matando as florestas de bordo e bétula e eliminando peixes em milhares de lagos no Canadá e no nordeste dos Estados Unidos. Embora as emissões de ambos os países fossem as culpadas, o dano no Canadá foi muito maior e a questão, muito mais emocional. Em março de 1981, em sua primeira viagem ao exterior como presidente dos Estados Unidos, quando Ronald Reagan visitou Ottawa, foi saudado por manifestantes segurando cartazes exigindo "Pare a chuva ácida". Uma solução era politicamente complicada: os usuários de eletricidade em Ohio e Indiana enfrentariam contas mais altas se suas usinas tivessem que instalar purificadores para tornar o ar do Canadá mais limpo, e a poderosa indústria de carvão dos EUA rejeitou qualquer responsabilidade. Demorou uma década para o Canadá elaborar um esquema de controle de emissões domésticas, para os Estados Unidos criarem um novo programa para conter as emissões de enxofre das usinas de energia e para os dois países assinarem um acordo bilateral de qualidade do ar, e demorou mais ainda para as concentrações de ácido diminuírem o suficiente para que os peixes repovoassem os lagos estéreis.

À medida que o comércio internacional se expandia, as preocupações ambientais iam cada vez mais contra a política comercial. Em 1990, a Dinamarca exigiu não apenas que as garrafas de cerveja fossem recicláveis, mas que uma grande parte delas realmente fosse reabastecida, uma inconveniência para cervejarias estrangeiras que teriam de despachar garrafas vazias de volta a cervejarias distantes. Uma lei alemã de 1991 determinava que os varejistas aceitassem embalagens usadas dos clientes e as devolvessem aos fabricantes para reciclagem; o objetivo ecológico era bastante sensato, mas o ônus do cumprimento era muito maior para os importadores que vendiam apenas pequenas quantidades na Alemanha do que para as empresas que enfatizavam o mercado alemão. Mais complicada foi a proibição dos Estados Unidos das importações de atum de países que não tomavam medidas para reduzir os danos acidentais aos golfinhos do Pacífico, incluindo México, Venezuela, Vanuatu, Panamá e Equador. Assim que as negociações para criar uma área de livre comércio na América do Norte começaram, no início de 1991, o México pediu ao GATT que determinasse se a Lei dos Mamíferos Marinhos dos EUA, que autorizava a proibição, interferia indevidamente no comércio. A petição mexicana introduziu inesperadamente um debate ambiental delicado em uma negociação comercial.[6]

O México, sobrecarregado por suas dívidas externas, havia aderido ao GATT apenas quatro anos antes. Ele estava abrindo cautelosamente partes de sua economia ao investimento estrangeiro, na tentativa de escapar da persistente crise da dívida; ele queria um acordo de livre comércio com a América do Norte para mover sua economia além das tarefas de mão de obra intensiva, como costurar jeans e montar chicotes de fios para carros, e para uma manufatura mais sofisticada. As empresas norte-americanas e canadenses viam o México como um mercado atraente para as exportações e uma fonte mais próxima de importações do que a distante Ásia, e o governo dos EUA esperava que o NAFTA ajudasse a estabilizar um vizinho cada vez mais instável. O pacto, assinado no final de 1992, encontrou uma forte oposição nos Estados Unidos, não apenas de sindicatos e alguns interesses agrícolas, mas também de grupos ambientalistas que reclamavam da poluição atmosférica descontrolada e do despejo de produtos químicos no lado mexicano da fronteira. Para aplacar os críticos, os três países chegaram a um acordo paralelo ao NAFTA, criando uma comissão ambiental, a primeira vez que qualquer acordo comercial internacional incluiu um compromisso com a melhoria do meio ambiente.

Ironicamente, o NAFTA acabou beneficiando o meio ambiente do México. Muitos dos problemas ambientais mexicanos mais urgentes, como a falta de tratamento de esgoto e as nuvens de poeira constantemente levantadas pelo tráfego nas ruas não pavimentadas da cidade, antecederam o NAFTA em anos, se não em décadas. A comissão ambiental ofereceu fundos para pavimentar ruas e construir usinas de esgoto em alguns lugares, e empresas estrangeiras que consideravam investimentos no México exigiram melhorias em outras áreas. As importações permitidas pelo NAFTA, bem como novas fábricas no México, tiraram do mercado fábricas mais antigas, geradoras de muita fumaça e de cimento. Veículos motorizados tão modernos quanto os montados no Canadá e nos Estados Unidos suplantaram as frotas antiquadas e altamente poluentes pelas quais o México era conhecido. Talvez o mais importante, grupos ambientais domésticos finalmente ganharam influência política em partes do país, exigindo ações contra o desmatamento, a criação de novas reservas naturais e leis ambientais mais rígidas.[7]

As mudanças climáticas representavam um desafio muito diferente para a globalização do que as formas mais tradicionais de poluição. Ao contrário das questões ambientais levantadas pelas políticas europeias de reciclagem e negociações do NAFTA, as concentrações crescentes de gases de efeito estufa na atmosfera, devido principalmente à queima de combustíveis fósseis, eram inerentemente um problema global. Na maioria dos países, o comércio internacional não era de forma alguma a principal fonte; por uma estimativa, as emissões da produção e o transporte de importações e exportações representavam menos de 1/4 das emissões relacionadas à produção no início dos anos 2000 e uma parcela ainda menor das emissões totais. Pelos cálculos de Joseph Shapiro, um economista norte-americano, o comércio internacional acrescentou cerca de 5% às emissões mundiais de gases de efeito estufa, aumentando as emissões globais de dióxido de carbono em 1,7 gigatoneladas por ano.[8]

Em 1997, 37 países, principalmente na Europa, assinaram o Protocolo de Quioto, um acordo para reduzir suas emissões de gases de efeito estufa. Embora muitos desses países parecessem estar cumprindo suas promessas no início do século XXI, suas linhas de tendência descendente eram uma ilusão. Houve melhorias genuínas, os sistemas de aquecimento tornaram-se mais eficientes em termos de combustível, e as energias eólica e solar tiraram participação de mercado do carvão, mas as cadeias de valor globais serviram para disfarçar o fato de que muitos países estavam restringindo suas emissões de dióxido de carbono, metano e outros gases aumentando importações de países que pouco fizeram para reduzir as emissões. Além disso, quando as tarifas são ajustadas para as emissões de gases de efeito estufa envolvidas na produção de produtos específicos, muitos países cobram menos nas importações mais sujas do que nas mais limpas, encorajando efetivamente as indústrias sujas a se mudarem para o exterior. O fechamento de fundições e usinas siderúrgicas e a compra de exportações de países pobres favoreceram as estatísticas dos países ricos, mas não reduziram a quantidade de gases de efeito estufa que entram na atmosfera. De 1990 a 2008, as emissões gerais das exportações cresceram 4,3% ao ano, 3 vezes mais rápido que a população mundial. O comércio permitiu que as economias ricas eliminassem suas emissões.[9]

Os economistas, quase unanimemente, são a favor do uso de impostos para deter as emissões de gases de efeito estufa: a teoria econômica ensina que um imposto sobre as emissões daria às fábricas e usinas razões financeiras para emitir menos. Tributar motoristas individuais e fazendeiros é politicamente traiçoeiro, mas a União Europeia, um punhado de estados dos EUA e várias províncias canadenses tentaram forçar as usinas e fábricas a pagarem a cada tonelada de dióxido de carbono que saía de suas chaminés. Em uma economia globalizada, porém, taxar as emissões não é tão simples. Um imposto alto o suficiente para induzir uma fábrica a instalar equipamentos mais eficientes em termos de combustível aumentaria os preços para os clientes, que poderiam optar por importar de países nos quais as emissões de gases de efeito estufa não são tributadas. Transportar cimento por longas distâncias é caro em relação ao valor do produto, então taxar as emissões de uma fábrica de cimento tem pouco efeito no comércio. Mas a eletricidade é um custo importante na fabricação do alumínio, e um imposto que torna a eletricidade mais cara pode muito bem inclinar a balança a favor dos lingotes e tarugos importados.[10]

O comércio de produtos manufaturados é apenas uma das fontes de emissões relacionadas à globalização. Na década de 2010, mais de 1/5 das calorias produzidas pelos agricultores eram comercializadas a cada ano, grande parte na forma de óleos extraídos de soja, milho, algodão e outras safras. Enquanto a maior parte das exportações agrícolas ocorria dentro da União Europeia, o Chile embarcava grandes volumes de cerejas (166.304 toneladas na temporada 2018–2019) e de ameixas (76.784 toneladas) para a China, e o México descobriu mercados florescentes para abacates no Canadá e no Japão. Os distribuidores de peixes do Alasca transportavam caranguejos Dungeness recém-pescados por meios aéreos para a China, onde a carne era extraída das cascas e embalada para clientes dos Estados Unidos, e os Boeing 747 carregados com peixes capturados na Namíbia viajavam sem parar para a Zaragoza, na Espanha, onde o processador de peixes Caladero os cortava para venda em supermercados espanhóis.[11]

O desmatamento em grande escala de florestas para criar plantações de óleo de palma e fazendas de gado era uma importante fonte de gases de efeito estufa, e o transporte de alimentos por muitos quilômetros acrescentou às emissões. As preocupações com a mudança climática se misturaram às críticas de décadas de que grandes empresas e remessas de cargas de longa distância estavam destruindo economias locais autossuficientes. Um relatório de 1994 da Sustainable Agriculture, Food, and Environment (SAFE) Alliance, um grupo britânico, deu aos consumidores uma maneira de medir o verdadeiro custo dos alimentos importados, introduzindo o conceito de "milhas de comida". Sua alegação era a de que remessas de alimentos para longas distâncias desperdiçavam energia e alimentos, beneficiando grandes redes de supermercados, mas aumentando a poluição. Minimizar o número de milhas de alimentos deslocadas, comprando de fazendas locais, afirmava, era melhor para o meio ambiente do que comprar produtos importados.[12]

As "milhas de comida" ressoaram com o movimento antiglobalização, em expansão. A afirmação de que as importações de alimentos eram artificialmente baratas porque os consumidores não tinham que pagar o custo total dos danos ambientais que causavam, incluindo as emissões de gases de efeito estufa, era precisa. No entanto, a alegação subjacente de que comprar alimentos produzidos localmente era melhor para o meio ambiente não era necessariamente verdadeira. Como os fazendeiros britânicos geralmente compravam concentrados de alimentos feitos em fábricas para seus rebanhos, em vez de alimentá-los inteiramente com grama, uma tonelada de carne de carneiro criada na Grã-Bretanha representava quatro vezes mais emissões de gases de efeito estufa do que a carne de carneiro importada da Nova Zelândia, enquanto o leite em pó enviado da Nova Zelândia resultava em menos da metade das emissões do produto interno britânico. Da mesma forma, um estudo do governo britânico descobriu que a importação de trigo orgânico dos Estados Unidos, por via marítima, gerava muito menos poluição do ar e menores emissões de gases do efeito estufa do que o cultivo do mesmo trigo na Grã-Bretanha. A redução das milhas de comida não necessariamente reduziria as emissões de gases de efeito estufa, apontou o estudo, porque pequenos produtores locais de alimentos podem ser menos eficientes em termos de energia do que os maiores e podem tornar o sistema de distribuição menos eficiente em termos de energia também. No que diz respeito ao meio ambiente, as compras globais às vezes acabavam sendo melhores.[13]

Como os apreciadores de vinho bem sabem, os vinhos franceses mais queridos levam o rótulo "Mis en bouteille au château". Essa etiqueta, que promete que o vinho foi engarrafado na propriedade na qual todas as uvas utilizadas foram cultivadas e fermentadas, supostamente assegura a bebida mais pura e da mais alta qualidade. Enófilos podem contestar a importância do rótulo. Mas uma coisa não está em disputa: transportar vinho engarrafado significa cerca de 40% mais emissões de gases do efeito estufa do que se o vinho fosse movido para um tanque de aço inoxidável e engarrafado perto de onde será consumido.[14]

A redução das emissões do transporte de carga tornou-se uma prioridade na segunda década do século XXI. Os transportes de todos os tipos foram responsáveis por cerca de 1/10 de todas as emissões de gases de efeito estufa em 2007 e por uma grande parcela de outros tipos de poluição do ar. Os motores de caminhão foram a principal fonte, mas o transporte marítimo internacional foi responsável por cerca de 3% das emissões globais, e o frete transportado a bordo de voos internacionais, por outros 1% ou 2%. O transporte de carga emitiu significativamente menos do que a geração e a fabricação de energia, mas com uma diferença importante. Usinas de energia e fábricas altamente poluentes são fixadas no local, difíceis de disfarçar e claramente sujeitas à jurisdição de um governo específico, já navios e aviões são muitas vezes propriedade de residentes de um país, registrados em outro e seguem rotas entre países não conectados ao proprietário ou ao local de registro. Eles não eram facilmente regulamentados: em 2012, quando a União Europeia exigiu que as companhias aéreas comprassem licenças de emissão de gases de efeito estufa para todos os voos decolando ou pousando dentro de suas fronteiras, outros países objetaram veementemente que isso violava acordos internacionais, e a exigência foi aplicada apenas para voos inteiramente dentro da União Europeia.

O frete aéreo cresceu na Terceira Globalização. A melhor medida, o número de toneladas-quilômetros, foi 5 vezes maior em 2017 do que em 1987, principalmente porque o frete aéreo ficou muito mais barato. Ajustado pela inflação geral de preços, o custo médio do frete aéreo caiu mais de 2% ao ano durante o final dos anos 1990 e início dos anos 2000. Medida em volume, apenas uma pequena fração do comércio mundial foi movimentada por via aérea em 2017; medidos pelo valor, porém, os aviões transportaram mais de 1/3 das exportações e importações, de semicondutores norte-americanos com destino a Xangai a rosas quenianas destinadas a Amsterdã. Mas enquanto os jatos mais novos queimavam menos combustível por tonelada-quilômetro do que os mais antigos, a taxa de melhoria diminuiu com o tempo, e os velhos bebedores de combustível permaneceram em uso por décadas, muitas vezes com os assentos removidos para transformá-los em cargueiros. O rápido crescimento da indústria da aviação tornou a redução das emissões de gases de efeito estufa e outros poluentes quase impossível.[15]

A indústria naval enfrentou um dilema semelhante. A maioria dos navios oceânicos queima um óleo espesso de baixo grau, que sobra depois que o petróleo bruto é refinado em gasolina, combustível de aviação e outros produtos de alto valor. Por ser armazenado nos tanques de combustível do motor, ou bunkers, o combustível do navio é muitas vezes chamado de "combustível de bunker". O combustível de bunker tende a ser um produto sujo e nocivo, mas tem a vantagem de ser barato. Com os navios oceânicos passando a maior parte do tempo em águas internacionais, onde nenhuma lei de controle de poluição de nenhum país se aplica, os armadores não têm incentivos para usar combustíveis mais limpos e caros. Reduzir o uso de combustível, no entanto, era do interesse tanto das companhias marítimas quanto de seus clientes, já que o combustível era geralmente o maior custo envolvido na operação de um navio. Por volta de 2007, quando os armadores adotaram o vapor lento para economizar combustível, os transportadores não se opuseram. Ao mesmo tempo, os transportadores começaram a adquirir novos navios que queimavam menos combustível por tonelada-milha do que os mais antigos, pelo menos, quando os navios estavam cheios. Os transportadores, especialmente aqueles que fazem negócios diretamente com os consumidores, estavam sob pressão para tornar suas cadeias de suprimentos mais verdes e podiam se gabar com razão de que suas emissões médias de gases do efeito estufa do transporte de cada contêiner ou de cada tonelada de trigo estavam diminuindo. Se as emissões totais do transporte marítimo estavam de fato diminuindo, era uma questão a ser discutida, já que o volume total do frete internacional continuava a aumentar.[16]

A indústria naval mundial é supervisionada superficialmente pela Organização Marítima Internacional, uma filial das Nações Unidas. Operando por consenso, a IMO não se move rapidamente, mas, à medida que países individuais adotaram regras ambientais que afetariam o transporte marítimo internacional, ela sentiu uma pressão crescente para agir. Em 2005, as novas regras da IMO limitaram as emissões de óxido de nitrogênio dos navios e estabeleceram um limite no teor de enxofre permitido nos combustíveis dos navios para controlar as emissões de dióxido de enxofre, o produto químico responsável pela chuva ácida. Seis anos depois, a IMO determinou projetos de eficiência energética para novos navios e, em 2018, anunciou uma estratégia para reduzir as emissões de gases de efeito estufa à metade do nível de 2008 até 2050. Nenhuma dessas iniciativas teve consequências imediatas, mas todas prometeram aumentar o custo do transporte ao longo do tempo. Atender à exigência da IMO de que cerca de 110 mil navios queimassem apenas combustível com baixo teor de enxofre a partir de 2020 exigiu que as refinarias se reequipassem, adicionando cerca de US$60 bilhões por ano ao custo do transporte de carga.[17]

Na segunda década do século XXI, o estresse ambiental lançava uma sombra sobre a globalização. Embora as políticas ambientais de cada país fossem erráticas, o movimento em direção a controles ambientais mais rígidos era inconfundível. Os países de renda mais alta agiram para eliminar as usinas elétricas movidas a carvão, subsidiar carros movidos a bateria e reduzir a quantidade de lixo enviada para incineradores ou aterros. Os países em desenvolvimento, que só recentemente fecharam os olhos para as preocupações ambientais descobriram que seus cidadãos recém-prósperos não estavam mais dispostos a aceitar o ar e a água suja como custos inevitáveis do crescimento econômico. China, Indonésia, Malásia, Tailândia e Vietnã reprimiram as importações de lixo dos países ricos, e até mesmo países mais pobres como Quênia e Tanzânia proibiram os onipresentes sacos plásticos que entupiam cursos de água e pendiam de galhos de árvores. Impostos mais altos sobre os combustíveis e as emissões de gases de efeito estufa ameaçavam tornar o custo da movimentação de cargas uma consideração importante em vez de uma reflexão tardia.[18]

Talvez o mais importante de tudo seja que tanto os investidores quanto os consumidores estavam exigindo saber o que as empresas estavam fazendo para minimizar seu impacto ambiental. À medida que as empresas atribuíam maior peso aos custos ambientais ao decidir o que produzir e como o transportar, as cadeias de valor globais começaram a parecer mais arriscadas e potencialmente mais caras do que os contadores corporativos jamais imaginaram.

19
Cadeias Quebradas

O PRÓPRIO NOME de Monessen sugere globalização: "Mon" é uma referência ao rio Monongahela, cheio de barcaças de carvão passando pela cidade até as siderúrgicas de Pittsburgh, 32km mais ao norte; enquanto "essen" alude ao homônimo centro siderúrgico no Ruhr alemão. Aparentemente, o financista de Pittsburgh que projetou a cidade, em 1897, pensou que um pouco de aptidão global atrairia residentes. No entanto, além dos imigrantes, Monessen tinha igrejas finlandesas, suecas e alemãs luteranas; havia pouca coisa global sobre o lugar. A principal indústria local durante a maior parte do século XX, uma siderúrgica que já empregou 6 mil trabalhadores, buscou restrições às importações para manter os concorrentes estrangeiros à distância quase continuamente, de 1962 até o fechamento em 1986. Naquela época, Monessen já havia sido rotulada como uma "cidade empresarial decadente", e as coisas não melhoraram com o tempo. Era um lugar no qual a economia mundial era uma ameaça, nunca uma oportunidade.[1]

Quando o candidato presidencial Donald Trump escolheu Monessen para um discurso de campanha, em junho de 2016, a população havia caído 2/3 em relação ao seu pico, em 1940. A maior fábrica remanescente, uma usina que destilava carvão em coque para purificar aço líquido em altos-fornos, emitia um cheiro de enxofre pungente o suficiente para extinguir as esperanças de que os trabalhadores das vibrantes indústrias médicas e de alta tecnologia de Pittsburgh construíssem casas ou abrissem negócios nas proximidades. Falando palavras que poderiam ter sido escritas com Monessen em mente, Trump atacou com força a globalização. "A globalização [...] deixou milhões de nossos trabalhadores com nada além de pobreza e sofrimento", declarou. Embora ele não tenha conseguido obter o voto de Monessen, sua mensagem ressoou nas cansadas cidades de carvão e aço do oeste da Pensilvânia. Na eleição de novembro de 2016, o condado de Westmoreland, com Monessen em seu canto sudoeste, elegeu Trump em uma proporção de quase 2 a 1.[2]

No entanto, a raiva e a angústia pertenciam a um estágio da globalização que já estava diminuindo. Muito antes da introspecção desencadeada pela surpreendente vitória eleitoral de Trump, o voto britânico no Brexit e a ascensão de políticos nacionalistas na Europa, América Latina e Ásia, a economia mundial tinha assumido uma aparência muito diferente.

———

A característica definidora do período, desde o final dos anos 1980, foram as intrincadas cadeias de valor que cresceram para unir a economia mundial. À medida que forjavam essas cadeias, as empresas internacionais transferiram grande parte de sua produção de mercadorias da Europa, da América do Norte e do Japão para países com salários mais baixos e leis trabalhistas favoráveis aos negócios, principalmente na Europa Oriental, no México, na China e no Sudeste Asiático. Nesse processo, as empresas de renome costumavam terceirizar o trabalho que sempre fora a essência da fabricação, contratando empresas discretas para estampar, moldar e montar seus produtos, enquanto seus próprios funcionários se concentravam em finanças, projeto e marketing. Em Serang, na Indonésia, uma empresa taiwanesa pouco conhecida empregava 15 mil trabalhadores para fabricar calçados esportivos para uma icônica empresa alemã vender no Canadá. Em Waterford, na Irlanda, uma fábrica de propriedade dos EUA moldou e montou dispositivos médicos de precisão vendidos sob marcas europeias famosas. Perto da Cidade da Guatemala, 5 mil pessoas trabalhavam em fábricas de uma empresa sul-coreana, costurando roupas com as marcas de varejistas norte-americanos. Embora o comércio exterior, o investimento estrangeiro, os empréstimos estrangeiros e a migração transfronteiriça não fossem novidade, nunca antes o processo de fabricação foi tão intimamente compartilhado entre os países.[3]

O comércio cresceu nas décadas de 1990 e 2000, à medida que essas cadeias de valor se tornaram mais longas e complicadas. Na automação, cujo processo de produção está entre os mais complexos, poderia haver oito ou mais camadas na cadeia de valor para um determinado veículo, com fornecedores de matérias-primas e componentes simples em camadas inferiores, para fabricantes de produtos mais sofisticados nas camadas mais elevadas; os insumos podiam cruzar as fronteiras várias vezes à medida que o petróleo bruto era transformado em uma resina plástica que era moldada em um botão, instalado em um painel de controle de áudio, embutido em um volante conectado a uma coluna de direção, incorporada a um sistema de direção que se tornava parte de um carro, com cada etapa do processo ocorrendo em um local separado. Quando a Administração Federal de Aviação dos EUA investigou as peças defeituosas nas asas de alguns jatos Boeing 737, em 2019, ela atribuiu o problema a uma empresa de chapeamento de metal que tinha, pelo menos, quatro conexões removidas das fábricas de montagem da Boeing.[4] Os navios porta-contêineres que se tornaram ícones da globalização transportavam principalmente não produtos prontos para serem vendidos em lojas de varejo, mas materiais e componentes a caminho de se tornarem outra coisa. Da mesma forma, os insumos industriais enchiam os caminhões transportados por trem através do Eurotúnel entre a França e a Grã-Bretanha e os aviões a jato conectando as fábricas de semicondutores no Japão a instalações de teste e embalagem no sudeste da Ásia, e de lá às fábricas de smartphones na China.[5]

A profunda crise econômica, iniciada no final de 2007 com o colapso do mercado imobiliário dos Estados Unidos e prolongada pela ameaça de que as dívidas da Grécia, de Portugal e da Espanha derrubariam os maiores bancos da Europa, freou a Terceira Globalização. Como sempre acontece em uma recessão, o volume do comércio mundial diminuiu. A sabedoria convencional, que inspirou tantos investimentos em meganavios e terminais de contêineres, dizia que, após o fim da crise, as exportações e as importações cresceriam novamente, mais rápido do que a produção mundial, como ocorreu por muitos anos. A sabedoria convencional errou o alvo. Depois de se recuperarem, em 2010 e 2011, as exportações ficaram estáveis. Em vez de crescer duas vezes mais que a economia mundial, como ocorrera no final dos anos 1990 e no início dos anos 2000, o comércio de mercadorias teve um desempenho inferior ao da economia mundial, crescendo a anêmicos 0,8% ao ano. Pelas contas do Banco Mundial, o comércio total de mercadorias, ou seja, a soma das exportações e importações de commodities e produtos manufaturados, atingiu o pico de 51% da produção mundial em 2008. Uma década depois, era responsável por cinco pontos percentuais a menos. Dito de outra forma, quase todo o crescimento da economia mundial nos anos após a crise financeira deveu-se a empresas que produzem bens e serviços para clientes domésticos. Quase nada disso foi devido ao aumento do comércio exterior.

Gigantes corporativos globais, pressionados pela crise, começaram a encolher, eliminando operações que eram marginalmente lucrativas e se retirando de partes do mundo nas quais não tinham vantagens. O fluxo anual de investimento estrangeiro direto, dinheiro destinado a construir fábricas e comprar empresas e propriedades fora do país de origem do investidor, caiu 2/3 desde o pico pré-crise. Os empréstimos bancários internacionais diminuíram, assim como a emissão de títulos em mercados estrangeiros, embora as taxas de juros estivessem muito baixas. Em 2016, até mesmo o fluxo de dinheiro enviado para casa por migrantes estava estagnado, pressionando as economias de muitos países pobres que dependiam das remessas de seus cidadãos no exterior para ajudar parentes a pagar as taxas escolares, construir casas e iniciar negócios.

O declínio da Terceira Globalização foi em parte uma questão de aritmética simples. Nas 2 décadas anteriores, centenas de milhares de fábricas em países ricos, mais de 70 mil só nos Estados Unidos, fecharam, à medida que a produção era transferida para locais onde os salários eram mais baixos ou a demanda crescia mais rapidamente. Enquanto as empresas japonesas de eletrônicos mandavam trabalhos de montagem para a Malásia e as cadeias de roupas europeias encomendavam mais roupas de Bangladesh, grandes volumes de investimento estrangeiro construíam novas fábricas no exterior e o volume total do comércio exterior aumentava. Mas havia um número finito de fábricas nos países ricos cujo trabalho poderia ser realocado com lucro. Uma vez que o grande êxodo de manufaturados de países com altos salários se extinguiu, a mudança na produção deixou de impulsionar o comércio.

Ao mesmo tempo, muitos fabricantes e varejistas concluíram que complicadas cadeias de suprimentos de longa distância eram menos lucrativas do que imaginavam. À medida que o transporte de carga se tornou mais lento e menos confiável, e mais fábricas de fonte única experimentaram interrupções não planejadas, os executivos e seus acionistas tornaram-se mais atentos às vulnerabilidades criadas pelas estratégias corporativas. Minimizar os custos de produção não era mais a única prioridade; certificar-se de que os produtos estavam disponíveis quando necessário foi classificado com a mesma importância.

Reduzir o risco de interrupções nos negócios não é barato nem simples. Aumentar os estoques empata dinheiro em mercadorias que envelhecem; para descarregar a moda do ano passado, as lojas de departamento têm que reduzir o valor das roupas, e os carros do ano passado perdem valor parados no estacionamento da concessionária. A produção de componentes críticos em vários locais, em vez de em uma grande fábrica, cria flexibilidade, mas consome dólares de investimento preciosos e pode aumentar o custo de fabricação de cada item, colocando o fabricante em desvantagem competitiva quando não há crise à vista. Dividir as exportações entre várias linhas de navios e enviá-las por diferentes portos melhora a resiliência, mas pode inflar a conta do frete. Trocar uma cadeia de valor de longa distância por uma local cria riscos por si só: se aquele local sofrer um terremoto ou um incêndio catastrófico, a empresa pode ser seriamente afetada.

Enquanto isso, o desejo por cadeias de valor mais confiáveis colidiu com as expectativas de mudança dos clientes. Sejam famílias ou empresas, os clientes exigem cada vez mais a entrega no dia seguinte ou até no mesmo dia. Para os vendedores de muitos setores, especialmente no varejo, o retorno rápido não era mais uma opção cara, mas um requisito básico para permanecer no jogo. As empresas creditaram seus sofisticados sistemas logísticos, guiados por inteligência artificial, por facilitar a entrega rápida. Mas, no final do dia, as mercadorias ainda eram mercadorias, e a única maneira de fabricantes, atacadistas e varejistas poderem entregá-las quase imediatamente era manter mais mercadorias em seus centros de distribuição, prontas para remessa com um clique do mouse. Pela primeira vez desde os primeiros dias da fabricação *just-in-time*, os estoques começaram a aumentar.

A reação contra a globalização apenas aumentou a sensação de maior risco. Por sete décadas, desde a reunião de Bretton Woods dos governos aliados, em 1944, governos de muitas partes do mundo uniram forças para tornar as fronteiras mais permeáveis. Nos anos imediatamente posteriores à guerra, muitas importações para as economias ricas enfrentaram tarifas que inflacionaram seus preços em 1/5 ou mais. Além disso, a maioria dos países usava uma variedade de outras políticas que restringiam mercadorias estrangeiras, como cotas sobre produtos específicos, controles sobre o uso de moeda estrangeira para pagar importações e exigências de que certos bens adquiridos pelo governo fossem produzidos internamente. Na década de 2010, repetidas negociações por meio do GATT reduziram a tarifa média de importação para cerca de 3% nos países ricos, e muitos países tinham acordos de livre comércio entre si, que eliminavam as tarifas por completo. As empresas poderiam estender suas cadeias de suprimento com segurança, sem se preocuparem com a possibilidade de um imposto arrecadado na fronteira causar estragos em seus planos.[6]

Embora as economias ricas estivessem relativamente abertas às importações de produtos manufaturados, muitos dos países em desenvolvimento mantinham as tarifas altas para proteger seus setores manufatureiros emergentes. As taxas tarifárias médias nos países em desenvolvimento, 9% no Vietnã, 10% na Índia, 11% na China, 17% na Etiópia, eram 3 ou 4 vezes as taxas dos países ricos e uma parcela menor das importações entrava com isenção de impostos. Além disso, muitos países em desenvolvimento levantaram outros obstáculos: quaisquer que fossem as tarifas oficiais, era extremamente difícil importar carros para a China e medicamentos para a Índia. A crença de que os países em desenvolvimento gozavam de vantagens injustas contribuiu para uma potente reação na Europa e na América do Norte, onde os empregos na indústria foram desaparecendo e os salários, estagnando. Os críticos que vinham protestando contra a globalização por 2 décadas tiveram sua primeira grande vitória em 2008, quando a Rodada Doha, uma negociação comercial envolvendo 164 países, fracassou em meio à aspereza sobre as regras para produtos agrícolas e serviços como bancos e telecomunicações. Com tantos países na mesa de barganha, cada um pressionado por interesses internos com a intenção de manter a competição estrangeira sob controle, outro acordo mundial parecia implausível. Quaisquer acordos futuros para eliminar obstáculos ao comércio precisariam ser elaborados entre grupos menores de países.

Naquela época, a maioria dos principais políticos dos países ricos apoiava fortemente um maior comércio e investimento estrangeiro. Mas as consequências da crise financeira destruíram esse consenso. Uma geração de políticos a favor de fronteiras mais fortes ganhou destaque. Nacionalistas da Grécia à Suécia fizeram campanha contra a livre circulação de mercadorias e trabalho dentro da União Europeia, que o anti-islâmico holandês Geert Wilders rotulou de "o monstro em Bruxelas". Na Itália, Matteo Salvini, que descreveu o euro, a moeda comum adotada por dezenove nações europeias, como "um crime contra a humanidade", tornou-se líder do partido Liga do Norte e, por fim, vice-primeiro-ministro. Na China, país que provavelmente mais se beneficiou com a Terceira Globalização, o premier Xi Jinping introduziu medidas que dificultavam a vida das empresas estrangeiras, exigindo que revelassem sua tecnologia proprietária e produzissem mais componentes na China, mesmo elogiando o comércio aberto. Pouco antes da eleição presidencial de 2012 nos Estados Unidos, o governo do presidente Barack Obama pediu à OMC que decretasse que a China estava bloqueando ilegalmente as importações de automóveis dos EUA, ao mesmo tempo que subsidiava as exportações de carros e peças, enquanto seu oponente, Mitt Romney, prometia colocar tarifas sobre as importações da China para neutralizar sua suposta manipulação de moeda.[7]

Esse tom hostil desagradou muitos executivos corporativos, considerando onde e como fazer seus produtos: se produtos essenciais feitos para exportação de repente enfrentassem restrições de importação em seus principais mercados, as perdas financeiras poderiam ser muito grandes. Além disso, os custos de mão de obra aumentavam rapidamente em alguns locais populares para a terceirização. Na medida em que as empresas dos países ricos transferiam trabalhos de mão de obra intensiva para a China e a Europa Oriental, para aproveitar o baixo custo, suas estratégias não faziam mais sentido. Por volta de 2011, como resultado de decisões independentes de algumas das maiores empresas do mundo, os padrões de comércio começaram a mudar conforme as empresas multinacionais reconsideravam suas cadeias de valor.

Os efeitos apareceram não apenas nos números de exportação e importação, mas também em um conjunto de cálculos obscuros que rastreiam até que ponto os fabricantes de um país usam insumos importados de outro. Em 2011, segundo dados da OCDE, 42% do valor das exportações da Coreia, coisas como carros

Hyundai e navios-tanque Daewoo, vieram de materiais e componentes importados; 6 anos depois, o número correspondente era de apenas 30%. Para a China, o conteúdo importado foi 23% do valor das exportações de manufaturados em 2011, mas apenas 17% 5 anos depois. Estados Unidos, Grã-Bretanha, Alemanha, Itália, Japão e Suécia experimentaram a mesma tendência. Assim como Taiwan, Indonésia e Malásia. Existem apenas duas explicações prováveis. Uma é que os fabricantes desses países diminuíram a exportação de mercadorias que usavam muitos insumos estrangeiros. A outra é que decidiram obter mais de seus insumos em casa, em vez de terceirizá-los no exterior. De qualquer forma, a manufatura se tornou menos global.

Em termos econômicos, isso não era necessariamente positivo. A pesquisa apoia fortemente a ideia de que a participação extensiva nas cadeias de valor globais ajuda os países a aumentarem a produtividade, disseminando os mais recentes conhecimentos estrangeiros. Por outro lado, a tentativa de capturar todos os elos de uma cadeia de valor pode fazer com que um país execute tarefas que poderiam ser realizadas em outro lugar com mais eficiência. Em 2017, na Malásia, que buscava avidamente o investimento de fabricantes estrangeiros, o banco central objetou que o país estava admitindo muitos migrantes de baixa qualificação para trabalhar nas fábricas, reduzindo, assim, os incentivos para os fabricantes investirem em tecnologia avançada. "Depender de métodos de produção de baixo custo e baixos salários é uma estratégia insustentável a longo prazo, com riscos de a Malásia ficar para trás", alertou o banco. O governo da China, o maior exportador mundial, pressionou agressivamente os fabricantes para criarem centros de pesquisa e fábricas de alta tecnologia dentro do país e divulgou um plano de dez anos, o Made in China 2025, pedindo autossuficiência em veículos elétricos, materiais sintéticos, robótica e outras indústrias de ponta, apesar da ampla evidência de que espremer as empresas estrangeiras e excluir os insumos estrangeiros provavelmente retardaria o crescimento de um país, em vez de acelerá-lo.[8]

———

Todas essas tendências estavam bem estabelecidas antes de 2016, ano em que os eleitores britânicos apoiaram o Brexit e Donald Trump foi eleito presidente dos EUA, embora com uma minoria do voto popular. Trump, como os outros líderes nacionalistas da época, suspeitava da globalização em muitas esferas: ele era tão crítico da Organização do Tratado do Atlântico Norte (OTAN), uma aliança militar de 29 nações, quanto da OMC; reprimiu a imigração; encorajou a dissolução da União Europeia; e rejeitou categoricamente a Parceria Transpacífico, um acordo comercial de 2015 entre 12 países da Orla do Pacífico que visava restringir o crescente poder econômico da China. Os outros 11 países deram continuidade à parceria, deixando os Estados Unidos com pior acesso a seus mercados do que se houvesse assinado.

Uma vez no cargo, em 2017, Trump impôs tarifas — impostos sobre as importações — em uma ampla gama de produtos estrangeiros e prometeu ainda mais; para completar, ele ameaçou dissolver o NAFTA e aumentou o escrutínio de estrangeiros que investem nos Estados Unidos. Outros países responderam na mesma moeda, aumentando as tarifas sobre as exportações norte-americanas e colocando novos controles sobre o investimento estrangeiro. A China, então o maior parceiro comercial dos Estados Unidos, restringiu as importações de carne de porco, soja e centenas de outros produtos dos norte-americanos; quando os Estados Unidos alegaram que equipamentos de comunicação feitos por duas empresas chinesas permitiriam à China espionar outros países, a China retaliou multando uma montadora de automóveis com sede nos EUA por fixação de preços. O aparente desejo do governo de manter importantes cadeias de valor inteiramente dentro da China já havia disparado alarmes de Camberra a Berlim, atraindo outros países para o crescente conflito EUA-China. A acusação dos EUA de que a China estava manipulando sua taxa de câmbio para baratear suas exportações nos Estados Unidos, neutralizando os efeitos das tarifas mais altas norte-americanas, adicionou ainda mais ao conflito. Com o aquecimento da guerra comercial entre as duas grandes potências econômicas mundiais, as empresas lutaram para retirar partes de suas cadeias de valor da China.

Para a administração Trump, esse foi um resultado bem-vindo. A medida preferida de Trump para o sucesso econômico internacional foi a balança comercial dos EUA com países individuais; o fato de o deficit comercial da América do Norte em produtos eletrônicos com a China ser devido principalmente a insumos criados em outros países e que grande parte do lucro foi para os acionistas de empresas sediadas nos EUA não o impressionou. "Não faz bem à economia norte-americana manter em longo prazo as grandes fábricas da forma que estão agora, estamos montando produtos 'norte-americanos' compostos principalmente de componentes estrangeiros", declarou um de seus conselheiros no início de 2017. "Precisamos fabricar esses componentes em uma cadeia de suprimentos doméstica robusta, que estimulará o aumento de empregos e salários."[9]

Assim como as políticas da China, as iniciativas dos EUA para capturar mais elos nas cadeias de abastecimento não estimularam a fabricação nacional. Nenhum dos dois países teve um excedente de trabalhadores desempregados ávidos por trabalhar nas fábricas: o tamanho da força de trabalho da China atingiu o pico em 2017, de acordo com o Banco Mundial, enquanto a força de trabalho dos EUA, isolada de um influxo de imigrantes sem documentos da América Latina, mal estava crescendo. Em ambos os países, o interesse pelo trabalho nas fábricas diminuía, à medida que padrões de vida e níveis de educação mais elevados aumentavam as expectativas de carreira dos trabalhadores.

Em vez de estimular as indústrias manufatureiras domésticas, as políticas nacionalistas reforçavam uma tendência diferente: na fabricação de muitos tipos de mercadorias, a globalização dava lugar à regionalização. Passo a passo, investimento a investimento, a economia mundial se reorganizou em torno de três polos. A Alemanha emergiu como o centro de uma rede comercial que abrangia dezenas de países, da Rússia à Irlanda; suas exportações de componentes especializados responderam pela maior parte das importações consumidas por fabricantes em outras partes da Europa. Os países da Ásia e do Pacífico, que outrora estiveram na órbita dos Estados Unidos, agora giravam em torno da China, que importava tanto deles que seu comércio internacional estava quase equilibrado; o Japão, a potência industrial da Ásia na década de 1990, há muito deixou de ser o motor econômico da região. A produção de mercadorias nos Estados Unidos estava intimamente ligada ao México e ao Canadá, devido à geografia e também a um acordo de livre comércio entre os três países, que tornava o comércio simples e barato; suas relações comerciais mais importantes com outras partes do mundo envolviam mais serviços do que mercadorias. As cadeias de valor permaneceram fortes, mas se tornaram muito menos propensas a rodear o globo.[10]

20

A Próxima Onda

Uma tendência acima de tudo impulsionou a Terceira Globalização: um padrão de vida material em rápida melhoria. Em 1987, as ruas da China estavam lotadas de bicicletas, e suas fábricas de automóveis produziram 17.840 carros novos; 30 anos depois, Pequim era famosa por seu trânsito congestionado, e a China produzia muito mais veículos motorizados do que qualquer outro país. O preço das roupas femininas, pelas estimativas dos analistas de números do governo dos Estados Unidos, era muito mais baixo na década de 2010 do que na década de 1980; talvez isso explique por que a pessoa média na Grã-Bretanha comprava 5 vezes mais peças de vestuário em 2017 do que 3 décadas antes. A nova casa mediana construída nos Estados Unidos em 2017 era 38% maior do que em 1987, com 225m^2 de espaço para mobiliar com espreguiçadeiras, tapetes e pesos livres; havia 1 chance em 3 de que tivesse mais de uma geladeira. Sem muito exagero, os anos da Terceira Globalização poderiam ser apropriadamente chamados de a Era das Coisas.[1]

As coisas não saíram de moda, mas, no final dos anos 2010, a globalização parecia estar em recuo, conforme as mudanças na tecnologia, na demografia e no gosto do consumidor transformaram a geografia econômica mais uma vez. Os organismos internacionais cujas regras embasavam a economia mundial, da OMC à IMO, estavam sob ataque, e os esforços do Estado para controlar o fluxo de informações digitais, como o famoso Grande Firewall da China, levantaram a perspectiva de que muitas internet nacionais, cada uma sob um rígido controle governamental, seriam substituídas por uma global praticamente não regulamentada. À medida que o medo do terror e da migração ilegal tornava a segurança mais rígida das fronteiras onipresente, as rápidas viagens para compras internacionais perderam muito de seu atrativo. A explosiva pandemia da Covid-19, que forçou o fechamento de milhares de fábricas na China em janeiro de 2020, paralisou a Coreia em fevereiro e quase interrompeu os negócios na Europa em março, serviu como mais um lembrete de que as cadeias de valor traziam riscos ao lado de oportunidades. Quando os governos praticamente fecharam os serviços de companhias aéreas internacionais em sua luta para controlar o vírus, cortaram conexões que o mundo há muito considerava certas.

Em outros aspectos, porém, a globalização foi uma força mais poderosa do que nunca: o KFC, anteriormente Kentucky Fried Chicken, era de longe a maior rede de restaurantes da China; os principais times de futebol da Premier League da Inglaterra, poucos deles estrelando ou pertencentes a ingleses, foram amplamente assistidos em toda a África; e os russos amantes do sol que visitam o Mall of Dubai poderiam procurar utensílios domésticos na Galeries Lafayette, joias na Van Cleef & Arpels e fragrâncias na Chanel, finalizando com um macaroon de Ladurée, tudo sem o incômodo de voar para Paris. Em todo o mundo, 1,5 bilhão de chegadas de turistas foram registradas em 2019, 4 vezes mais que em 1987, e, de acordo com os números da empresa, quase 1/5 da população mundial acessa o Facebook em média por dia. Empresas em setores cujos produtos são intangíveis, como software, acomodação, imóveis, serviços de informática, responderam por uma parcela maior das maiores empresas multinacionais, enquanto as grandes empresas industriais encolheram sob a implacável pressão competitiva. Na emergente Quarta Globalização, a movimentação de ideias, serviços e pessoas ao redor do mundo importava mais do que transportar barcos de mercadorias, e parecia propensa a criar conjuntos muito diferentes de vencedores e perdedores.[2]

A manufatura impulsionou a Terceira Globalização. Embora peixes, frutas, flores, carvão e petróleo também passassem por longas cadeias de valor, a produção das fábricas era muito maior e mais valiosa. No entanto, ao longo dos anos, a manufatura gradualmente perdeu importância econômica. Seu declínio foi uma história de sucesso pouco notada: o intenso comércio de produtos manufaturados derrubou seus preços em relação aos preços dos serviços, que em geral estavam sujeitos a menos concorrência estrangeira. Pelas estimativas do Banco Mundial, a manufatura foi responsável por mais de 17% da produção total mundial em 2002, mas quase 2 pontos percentuais a menos na década de 2010. China, México, Indonésia e União Europeia mostraram a mesma tendência. A manufatura simplesmente não importava como antes.[3]

Essa tendência também era visível na maneira como as famílias e empresas gastavam seu dinheiro. Dados de muitos países sugerem que as famílias passaram a adquirir cada vez mais serviços e experiências em vez de bens. Na França, para dar um exemplo, os serviços representaram 43% dos gastos do consumidor no início da Terceira Globalização, mas 55% em 2018, deixando uma parcela menor para os tipos de mercadorias, de cafeteiras a tênis de corrida, que são entregues por navios a serviço das cadeias de valor. O mesmo padrão era evidente na África do Sul, um país muito mais pobre, no qual os serviços representaram 43% dos gastos dos consumidores em 2017, um aumento de 8 pontos percentuais desde 1987: os gastos dos consumidores foram direcionados para transporte, educação, saúde e telecomunicações e se afastaram dos bens físicos.

Existem várias razões pelas quais as "coisas" estão perdendo terreno. Uma é que o mundo está envelhecendo. A idade média da população global, 23,3 anos em 1985, era de 31 anos em 2019 e estava aumentando. Embora houvesse muitos consumidores jovens na África e no Sul da Ásia, não havia tantos nas economias mais ricas; em 2018, metade das pessoas no Japão e na Alemanha tinha mais de 47 anos, e na Rússia, China e Estados Unidos, a idade média se aproximava dos 40. As famílias mais antigas tiveram anos para acumular móveis e roupas, e muitas vezes não tinham a tendência de comprar mais; viagens de férias, refeições em restaurantes e contas médicas tendem a ter mais espaço em seus gastos do que móveis e utensílios. Os restaurantes e hospitais também compram mesas e cadeiras, é claro, mas suas necessidades não compensarão o menor número de compras feitas pelas famílias. A parcela da população global com menos de 15 anos, 38% no final dos anos 1960, encolheu para apenas 25% meio século depois. Com menos famílias jovens para substituir as mais velhas, a habitação e os móveis que as acompanham têm menos procura. Pelas contas do Banco Central Europeu, a União Europeia tinha menos moradias em 2018 do que dois anos antes.[4]

Outro fator que suprime a demanda por produtos físicos é a transformação de bens em serviços. Os sistemas estéreos com várias caixas que enfeitavam o quarto de todos os alunos no início da Terceira Globalização, com prateleiras de caixas de plástico cheias de discos compactos por perto, deram lugar, no início dos anos 2000, a computadores que apresentavam unidades de disco internas para armazenamento de dados e unidades ópticas para tocar CDs; esses, por sua vez, desapareceram na década de 2010, quando tanto o armazenamento de dados quanto o conteúdo passaram a ser fornecidos pela internet, por meio de servidores usados com muito mais intensidade do que o computador pessoal médio. A cultura é indiscutivelmente mais global do que nunca, mas os downloads digitais e serviços de streaming tornaram possível desfrutar de filmes, livros e música sem possuir fisicamente os tipos de mercadorias que antes eram vendidos em livrarias e lojas de discos. Os principais fabricantes de automóveis estão apostando que o transporte pessoal também se torne um serviço; eles estão investindo em serviços de compartilhamento de carros como uma aposta de que os consumidores preferirão pagar pelo acesso a um veículo quando necessário, em vez de comprar um para uso exclusivo, um desenvolvimento que parece provavelmente levar a um declínio no número total de veículos registrados. Ninguém imaginou que muitas mulheres pudessem compartilhar um único vestido até que uma empresa baseada na internet transformou as roupas de um bem pessoal em um serviço de empréstimo, que poderia ser contratado conforme o necessário. Em termos econômicos, o compartilhamento reduz o desperdício de ativos ociosos e, portanto, a demanda por esses ativos. Em vez de ser utilizada por apenas alguns minutos por dia, uma bicicleta pode estar em uso constantemente, à medida que diferentes assinantes de um serviço de compartilhamento se revezam.

Uma terceira força que remodelará o mercado de coisas é o fato de que a tecnologia está tornando mais fácil a fabricação em menor escala. A Terceira Globalização foi uma era de produção em massa, resumida pela fábrica de 5,7km^2 em Zhengzhou, China, onde a Foxconn, uma fabricante terceirizada com base em Taiwan, produzia até meio milhão de iPhones da Apple por dia. Em 2016, a Foxconn usou componentes de mais de 200 fornecedores para fazer esses telefones. Fazia sentido enviar telas, microfones e semicondutores de lugares distantes para Zhengzhou, apenas porque grandes somas podiam ser economizadas montando telefones idênticos em grande quantidade, e porque o transporte em grande quantidade era barato. À medida que ciclos de produção mais curtos se tornam economicamente viáveis, as economias de escala de fábricas gigantescas passam a importar menos. Os fabricantes podem produzir mercadorias direcionadas a mercados menores ou até mesmo fazer produtos personalizados a um preço competitivo, permitindo que os clientes obtenham os recursos que desejam sem comprar aqueles que não desejam.[5]

As empresas também não gastam como antes. Antigamente, o investimento empresarial significava a compra de ativos tangíveis, como edifícios e maquinários, criando demanda por produtos de fábrica, como escavadeiras e equipamentos de produção. Na década de 2010, porém, mais de 1/5 do investimento empresarial em muitos países foi para pesquisa, software e outras despesas não físicas, 2 ou 3 vezes a parcela do final da década de 1980. A terceirização da tecnologia da informação, e particularmente o armazenamento de dados em bancos de computadores "em nuvem" gerenciados por empresas de tecnologia e acessíveis pela internet, em vez de computadores localizados internamente, diminuiu os gastos com equipamentos de informática, um dos mercados de produto mais globalizados. Cada vez mais, atualizar o maquinário industrial passou a significar fazer download de software em vez de substituir o hardware, reduzindo ainda mais as vendas das fábricas.

O próprio significado de "manufatura" mudou ao longo do tempo de uma forma que afeta profundamente a globalização. A tecnologia permitiu que os fabricantes dediquem muito menos atenção à moldagem, extrusão, estampagem e montagem de produtos físicos e muito mais aos serviços relacionados aos produtos que vendem: engenharia inteligente, marketing criativo e reparo e manutenção pós-venda oferecem melhores retornos sobre o investimento e obstáculos maiores para concorrentes potenciais do que o foco no funcionamento das linhas de montagem. Além de montar asas e fuselagens, os fabricantes de aeronaves incorporam dezenas de milhões de linhas de código em cada novo avião comercial para ajustar os flaps das asas, enviar sinais de navegação, detectar necessidades de manutenção e executar dezenas de outras tarefas; foram as falhas de software, não de hardware, que causaram os dois acidentes fatais que levaram ao encalhe do jato 737 Max da Boeing, em março de 2019. O software, estimado pela McKinsey & Company, em 2018, será responsável por 30% do valor de um carro grande em 2030. Muitos dos programas instalados no veículo provavelmente não têm origem nacional identificável, mas devem ser desenvolvidos por equipes localizadas em vários países. Como o lançamento de um novo veículo afetará a força de trabalho de qualquer nação será difícil de determinar: mudar a fonte de um sistema de freios dos Estados Unidos para o México provavelmente gerará perdas de empregos identificáveis no primeiro país e novos empregos no último, mas pode não haver uma maneira de saber se um programador de Los Angeles perdeu seu cargo porque alguma parte do software que gerencia os freios foi desenvolvida em Guadalajara.[6]

Em muitas indústrias, o próprio processo de fabricação provavelmente se tornará mais simples, exigindo muito menos mão de obra. Por razões ambientais, muitos governos encorajaram a mudança de veículos movidos a gasolina ou diesel para veículos elétricos. Os EVs não têm motores, transmissões ou equipamentos de controle de emissões, portanto, à medida que ganham participação no mercado, haverá menos necessidade de trabalhadores para produzir engrenagens e anéis de pistão, e menos motivos para mover a produção para países de baixos salários. Os robôs, inicialmente usados em fábricas para realizar tarefas muito desconfortáveis ou perigosas para os seres humanos, tornaram-se sofisticados o suficiente para produzir camisetas em massa, um desenvolvimento que poderia tornar viável para países com salários elevados serem competitivos na fabricação de alguns tipos de roupas. As fábricas automatizadas estão agora fazendo calçados esportivos nos EUA e na Alemanha, tirando empregos de operários na Indonésia. Com a manufatura aditiva, na qual um computador direciona uma impressora para construir um objeto depositando camada sobre camada de um material plástico ou metálico em locais precisos, os fabricantes podem fazer peças especializadas em pequenas quantidades perto de onde são necessárias em vez de despachá-las de longe. Ao reduzir os custos de mão de obra, essas tecnologias eliminam uma das principais razões para cadeias de valor extensas.[7]

Todos esses desenvolvimentos estavam em andamento muito antes de a China anunciar seu plano Made in China 2025, em 2015, de britânicos votarem pela saída da União Europeia, em 2016, e dos Estados Unidos se distanciarem dos acordos comerciais multilaterais, em 2017. Eles continuarão mesmo que os Estados Unidos e a China recuem da beira de uma guerra comercial, independentemente de o mundo continuar a se dividir em blocos comerciais regionais ou não. Mesmo com subsídios generosos para fabricantes, construtores de navios e transportadoras marítimas, a percepção de que longas cadeias de valor se tornaram mais caras, arriscadas, menos confiáveis e menos essenciais estava acabando com a globalização do início do século XXI, bem antes de o coronavírus entrar em cena. Independentemente de quais ações os governos tomem, o comércio de mercadorias provavelmente crescerá mais lentamente do que a economia mundial nos próximos anos e poderá começar a declinar em breve.

―――

A globalização acabou? De forma alguma. Em vez disso, entrou em um novo estágio. Enquanto a globalização está recuando no que diz respeito à produção fabril e ao investimento estrangeiro, está avançando rapidamente no que diz respeito ao fluxo de serviços e ideias. A visão da Terceira Globalização era que engenheiros e projetistas trabalhando para grandes corporações nas economias avançadas criariam produtos, a serem manufaturados em locais onde os salários eram mais baixos, que essas corporações poderiam vender em todo o mundo. Na Quarta Globalização, é o trabalho de pesquisa, engenharia e projeto que é globalizado: as 100 maiores empresas responderam por mais de 1/3 de todos os gastos com pesquisa e desenvolvimento de negócios em todo o mundo, muitas vezes distribuindo-os entre centros técnicos em vários países, a fim de aproveitar o talento local e moldar os produtos aos gostos locais. Entretanto, a fabricação pode ser feita em quase qualquer lugar. O papel reduzido da produção física se reflete na tendência das empresas industriais de estruturarem seus envolvimentos no exterior, por meio de acordos de licenciamento com empresas locais e contratos com fornecedores de serviços de manufatura, em vez de investir o dinheiro de seus acionistas e contratar seus próprios funcionários de produção no exterior, razão para o declínio do investimento estrangeiro direto. Os trabalhadores com o treinamento técnico necessário podem esperar oportunidades em fábricas altamente automatizadas, mesmo em locais onde os salários são altos.

Os trabalhadores de muitas indústrias de serviços, por outro lado, podem enfrentar séria concorrência estrangeira pela primeira vez em suas carreiras. Em algumas indústrias de serviços, a competição estrangeira é uma história antiga. Já em 1981, a American Airlines realocou uma operação de processamento de dados para a ilha caribenha de Barbados, onde centenas de mulheres digitavam informações de recibos de passagens em computadores, que as transmitiam via satélite para os Estados Unidos. Alguns anos depois, as seguradoras dos EUA começaram a enviar formulários de sinistros para Shannon, na Irlanda, para processamento de dados, com os sinistros processados então enviados de volta pelo Atlântico. Em uma década, o escaneamento óptico eliminou grande parte da necessidade de entrada de dados, e os centros de processamento irlandeses deram lugar a call centers em que cerca de 10 mil trabalhadores atendiam a chamadas de clientes para bancos europeus e empresas de tecnologia norte-americanas. Esses investimentos, semelhantes a muitos investimentos em cadeias de valor de manufatura, foram impulsionados por subsídios governamentais e diferenças nos custos salariais. A American Airlines estimou que sua operação em Barbados processava recibos de passagem por apenas metade do custo de realizar o trabalho em Tulsa, Oklahoma.[8]

Com o tempo, o comércio de serviços passou a envolver trabalhos mais sofisticados. Em 1989, a General Electric Company, com sede nos Estados Unidos, então uma das maiores corporações multinacionais, começou a terceirizar a codificação de software para a Índia. Em 2017, as vendas da indústria indiana de terceirização de tecnologia atingiram cerca de US$150 bilhões por ano. As companhias aéreas de passageiros, muitas das quais contrataram empreiteiros para cuidar de parte da manutenção de suas aeronaves, começaram a transferir parte desse trabalho para locais com custos de mão de obra mais baixos; em 2006, as companhias aéreas dos EUA enviaram mais de 1/3 de sua manutenção pesada para estações de reparo estrangeiras. O fácil acesso à internet permitiu que fotógrafos nos Estados Unidos e na Europa enviassem fotos digitais ao Paquistão para retoque e que funcionários na Polônia processassem contas de despesas para bancos em Londres. O comércio internacional de "outros serviços comerciais", uma categoria que exclui transporte, viagens e serviços relacionados a mercadorias, aumentou cerca de 8% ao ano durante as primeiras duas décadas do século XXI, atingindo US$3,1 trilhões em 2018. Trabalhadores mais bem treinados em países com salários altos sentiram os efeitos: apesar de um aumento maciço no uso de tecnologia da informação, a competição da Índia manteve os ganhos salariais para projetistas e programadores de sistemas de computador dos EUA abaixo da taxa de inflação.[9]

Como a globalização está cada vez mais relacionada com a troca de produtos que não cruzam fisicamente as fronteiras, os serviços e os trabalhadores da indústria da informação arcarão com o maior impacto. A inteligência artificial, incluindo avanços rápidos na capacidade dos computadores de traduzir a fala e a escrita, abrirá novas indústrias e novos países à concorrência estrangeira em serviços: o fato de poucas pessoas fora da Itália falarem italiano não protegerá mais os empregos dos processadores de hipotecas italianos se a assistência por computador permitir que estrangeiros sem formação no idioma façam o trabalho de maneira mais econômica. Um filme pode ser feito em qualquer lugar, e as empresas multinacionais que vendem programação de vídeo em todo o mundo têm incentivos para fazer e editar onde quer que o custo seja mais baixo.[10]

Os governos usarão regulamentos para amenizar o golpe, mas com efeito limitado: embora seja fácil insistir em que apenas um arquiteto licenciado localmente pode projetar um edifício, é quase impossível garantir que ele não importe seus desenhos detalhados em formato digital de desenhistas de outro país. É muito mais difícil inibir a troca internacional de dados financeiros, prontuários médicos ou passeios em parques temáticos do que o movimento físico de mercadorias, e quase impossível determinar quais indivíduos estão sendo prejudicados por serviços produzidos no exterior e prestados pela internet. Se o trabalho pode ir a qualquer lugar, capturá-lo exige que os governos se concentrem na política educacional, e não na comercial. Uma grande oferta de trabalhadores de baixa renda ajudou alguns países a se industrializarem durante a Terceira Globalização, mas pode ser que uma força de trabalho altamente treinada com habilidades flexíveis seja a maior fonte de força econômica durante a Quarta. Um sistema de seguro social que apoie e treine novamente os trabalhadores de serviços e informações cujos empregos desapareçam repentinamente pode se tornar importante para proteger a estabilidade social.

Essa não é uma preocupação irrelevante. A industrialização acelerada da China e de alguns outros países, com um amplo fluxo de crédito a taxas de juros muito baixas, manteve a economia mundial animada durante a Terceira Globalização, impulsionando-a durante a desaceleração da indústria de tecnologia em 2001 e a severa crise financeira de 2008–2009. Mas, durante a década de 2010, a renda média por pessoa, espalhada pelo mundo, cresceu menos de 1,7% ao ano. Essa é facilmente a taxa mais baixa desde os anos 1940, uma taxa tão imperceptível que levaria mais de quarenta anos para a renda média dobrar e, como a distribuição da renda tornou-se mais distorcida na maioria dos países, muitos trabalhadores tiveram poucos ganhos de renda. A Quarta Globalização pode muito bem ser menos gentil com os trabalhadores dos setores de serviços e informações do que a Terceira, mas as enormes disparidades de renda não desaparecerão.[11]

A interrupção do comércio internacional devido à Covid-19 dificilmente alterará essas tendências. Quando o vírus contaminou o comércio internacional na primeira parte de 2020, foi ele que revelou as vulnerabilidades das cadeias de valor globais. Que seus efeitos foram grandes é indiscutível: por uma estimativa, 51 mil empresas em todo o mundo tinham um fornecedor direto nas províncias afetadas da China, onde a pandemia começou, e, pelo menos, 5 milhões de empresas compravam de fornecedores que dependiam de fornecedores na região. Mas, embora a magnitude da interrupção da cadeia de valor fosse sem precedentes, as vulnerabilidades inerentes à dependência de componentes-chave disponíveis em apenas uma fonte já haviam sido reveladas. Muitas empresas vinham tentando há anos minar as chances de interrupção dos negócios diversificando suas cadeias de valor, enquanto outras se sentiam compelidas pela concorrência a aceitar os riscos do fornecimento exclusivo. Parece improvável que a Covid-19 mude esse difícil cálculo.[12]

Nem parece provável que altere materialmente o fluxo de investimento estrangeiro direto, que atingiu o pico de 5,4% da produção econômica mundial em 2007 e caiu para menos de 1/3 dessa participação, em 2018. No mínimo, a interrupção causada pelo vírus estimulará esforços ainda maiores para fazer negócios internacionalmente, sem assumir compromissos de longo prazo em fábricas, prédios de escritórios, maquinário e terrenos. Ao interromper as viagens internacionais depois que as companhias aéreas cancelaram os voos e os governos instruíram os passageiros que chegavam a passar duas semanas em quarentena, a Covid-19 forçou as empresas a administrarem seus interesses estrangeiros sem as habituais visitas ao local e reuniões cara a cara, e os executivos podem não estar ansiosos para voltar aos velhos hábitos, mesmo depois que o vírus estiver em uma memória distante. Os viajantes a lazer, por outro lado, descobriram que as viagens internacionais podem envolver aventuras mais complicadas do que imaginavam quando embarcaram em um cruzeiro ou reservaram uma jornada nos Andes. A experiência muito divulgada de dezenas de milhares de viajantes que ficaram isolados pode desacelerar o crescimento precipitado do turismo internacional e o investimento estrangeiro em hotéis, aeroportos e shoppings com ele.

———

E como os países se sairão na Quarta Globalização? Desde a época de David Ricardo, há dois séculos, os economistas ensinam que os países devem se especializar nas atividades que realizam com mais eficiência e importar as demais. Mas a "vantagem comparativa", já duvidosa por conta do papel dos subsídios em influenciar o padrão de comércio de mercadorias, é quase sem sentido na era digital, à medida que se torna cada vez mais desafiador descobrir quanto do valor de um produto foi adicionado em um lugar e quanto em outro. A balança comercial, então, tornou-se uma medida inútil para rastrear vencedores e perdedores, uma ideia já ultrapassada. O sucesso de um país na Quarta Globalização não dependerá de os estatísticos computarem um superavit ou um deficit, mas se os padrões de vida de seus cidadãos aumentam à medida que navegam em uma economia mundial em rápida mudança, e se isso garante que os benefícios de uma economia globalizada sejam amplamente compartilhados entre seus cidadãos.

Se os contornos econômicos da Quarta Globalização já parecem claros, os políticos permanecem indistintos. Talvez a questão mais séria seja o que acontecerá com os arranjos que estimularam a globalização e moldaram as relações internacionais pela maior parte do século. Esses arranjos estavam longe de ser perfeitos; a Covid-19 destacou as estruturas fracas para os países cooperarem no compartilhamento de informações sobre doenças e no monitoramento da saúde de viajantes internacionais. Mas as conquistas diplomáticas das décadas anteriores, desde a aliança militar da Organização do Tratado do Atlântico Norte à aliança política da Organização para a Unidade Africana e às regras econômicas administradas pela Organização Mundial do Comércio, não devem ser descartadas. Apesar de todas as suas muitas falhas, reduziram a frequência e a amplitude dos conflitos armados em todo o mundo e trouxeram uma melhoria notável para o padrão de vida de bilhões de pessoas.

Minar a cooperação internacional foi um dos principais objetivos dos ataques políticos à globalização nos anos 2010. É possível que esses ataques suplantem a globalização com a regionalização; os esforços combinados dos Estados Unidos e da China, sugerem alguns estudiosos, "podem estar levando o mundo de volta à norma histórica dos blocos políticos e econômicos". Mas essa não é uma aposta certa, pois muitos dos novos obstáculos impedem a regionalização da mesma forma. Em 2015, após 15 anos de viagens contínuas em uma nova linha ferroviária para Copenhague, os passageiros suecos foram examinados diariamente pela polícia de fronteira dinamarquesa em busca de imigrantes ilegais. Em 2017, os Estados Unidos impuseram sanções comerciais ao Canadá e ao México, seus parceiros em um acordo de livre comércio regional, enquanto as duras críticas chinesas ao novo sistema de defesa antimísseis da Coreia do Sul geraram um boicote ao consumidor que impulsionou o Lotte Group, um varejista coreano que tinha investido US$10 bilhões na China, a sair do país. Dois anos depois, tensões de longa data sobre questões não econômicas acenderam uma guerra comercial entre o Japão e a Coreia, vizinhos com uma grande e estreita relação comercial, e interromperam sua cooperação militar em um canto volátil do mundo. A proximidade nem sempre traz amizade, compreensão mútua ou relações íntimas.[13]

O *Emma Maersk* não navegou em mares desconhecidos. Seu curso foi orientado por uma estrutura internacional de regras comerciais, políticas de investimento e regulamentações financeiras construídas ao longo de muitas décadas, uma estrutura que possivelmente permitiu que a globalização fugisse do controle. Na década de 2010, os líderes nacionais, muitas vezes impulsionados por seus próprios imperativos políticos domésticos, fizeram um rápido trabalho de desmontagem de partes importantes dessa estrutura, com surpreendentemente pouca preocupação com o que a substituiria, se é que alguma coisa o faria. Se, como este livro sugere, uma forma menos intensa de globalização está à espera, isso também exigirá uma estrutura. É provável que a construir seja muito mais difícil do que demolir as estruturas do passado.

Agradecimentos

Este livro baseia-se em pesquisas em muitas bibliotecas e arquivos e em inúmeras entrevistas realizadas ao longo dos anos. Agradeço a oportunidade de ter apresentado algumas de minhas ideias em reuniões organizadas pela American Historical Association, Business History Conference, Copenhagen Business School, German Historical Institute, National History Center, Organization of American Historians e Swiss Federal Institute of Technology. Correndo o risco de omitir algumas das pessoas cujas ideias e comentários ampliaram meu entendimento e me ajudaram a desenvolver as ideias que apresento, gostaria de agradecer especialmente a Michele Acciaro, Viktor Allgurén, Nikolai Birger, Kevin Cullinane, Charles Cushing, Guy Erb, Rod Franklin, Gary Gerstle, Michael Weigaard Heimann, Hans-Jörg Heims, Patrick Hooijmans, Gisela Hürlimann, Martin Jes Iversen, Max Johns, Walter Kemmsies, Geraldine Knatz, Christopher Koch, Thomas Koch, Uwe Köhler, Dalia Marin, Alan McKinnon, Paolo Montrone, Henning Morgen, René Taudal Poulsen, Otto Schacht, Scudder Smith, Henrik Sornn-Friese, Mira Wilkins e Mary Yeager.

Notas

Introdução

1. Paul James e Manfred B. Steger, "A Genealogy of 'Globalization': The Career of a Concept", *Globalizations* 11 (2014): 417–34. De acordo com James e Steger, o termo "globalização" apareceu pela primeira vez em J. O. Decroly, La fonction de globalization et l'enseignement (Bruxelas: Lamertin, 1929). O primeiro uso na língua inglesa citado no Oxford English Dictionary, em 1930, também dizia respeito à educação. Theodore Levitt, "The Globalization of Markets", *Harvard Business Review*, maio–junho de 1983, 92–102.

2. Jürgen Osterhammel e Niels P. Petersson, *A Short History of Globalization* (Princeton, NJ: Princeton University Press, 2005), 26; David Clingingsmith e Jeffrey G. Williamson, "Deindustrialization in 18th and 19th Century India", *Explorations in Economic History* 45 (2008): 209–34.

3. Ben Zimmer, "The Origins of the Globalist Slur." *Atlantic*, 14 de março de 2018, https://www.theatlantic.com/politics/archive/2018/03/the-origins-of-the-globalist-slur/555479/; *New York Times*, 3 de setembro de 1943.

4. Crescimento no comércio de produtos manufaturados calculado a partir do Acordo Geral sobre Tarifas e Comércio, *Comércio Internacional 1986–87* (Genebra, 1987), 10, 18. O termo "corporação multinacional" parece ter sido usado pela primeira vez por David Lilienthal, um banqueiro de investimento, que definiu-o como corporações que colocam operações envolvendo responsabilidade gerencial fora de seu país de origem. Ver D. Eleanor Westney, "The Organizational Architecture of the Multinational Corporation", em *Orchestration of the Global Network Corporation*, ed. Laszlo Tihanyi et al. (Bingley, UK: Emerald Group, 2014), 7–10.

5. Philip Turner, "Capital Flows in the 1980s: A Survey of Major Trends", BIS Economic Paper nº 30, Bank for International Settlements, abril de 1991, 22; Simon Evenett, "The Cross-Border Mergers and Acquisitions Wave of the Late 1990s", em *Challenges to Globalization: Analyzing the Economics*, ed. Robert E. Baldwin e L. Alan Winters (Chicago: University of Chicago Press, 2004), 411–67.

6. James Goldsmith, *The Trap* (Londres: Carrol e Graf, 1994); Viviane Forrester, L'horreur économique (Paris: Fayard, 1996); Anthony Giddens, *Runaway World: How Globalization is Reshaping Our Lives* (Londres: Profile Books, 1999); John Micklethwait e Adrian Wooldridge, *A Future Perfect* (Nova York: Crown, 2000).

7. John Tagliabue, "Eastern Europe Becomes a Center for Outsourcing", *New York Times*, 19 de abril de 2007; William Greene, "Growth in Services Outsourcing to India: Propellant or Drain on the U.S. Economy?" US International Trade Commission of Economics, documento de trabalho 2006–01-A (2007), 4–6, 11–12, 15, citação A-4.

8. Discurso de Donald Trump, West Palm Beach, Flórida, 13 de outubro de 2016; "Le Pen Says Will Defend France against Globalization", Reuters, 23 de abril de 2017, https://www.reuters.com/article/us-france-election-le-pen-idUSKBN17P0TW.

9. Chiara Cuiscuolo e Jonathan Timmis, "The Relationship between Global Value Chains and Productivity", *OECD International Productivity Monitor* 32 (2017): 61–83.

10. Federico J. Díez, Jiayue Fan e Carolina Villegas-Sánchez, "Global Declining Competition", documento de trabalho do Fundo Monetário Internacional WP/19/92 (2019).

Capítulo 1

1. Para fontes sobre a vida e os negócios de Hasenclever, consulte Marc Levinson, "Peter Hasenclever (1716–1793)", em *Immigrant Entrepreneurship: German-American Business Biographies, 1720 to the Present,* vol. 1, ed. Marianne S. Wokeck (Washington, DC: Instituto Histórico Alemão), última atualização em 4 de janeiro de 2016, https://www.immigrantentrepreneurship.org/entry.php?rec=224.

2. Audrey W. Douglas, "Cotton Textiles in England: The East India Company's Attempt to Exploit Developments in Fashion, 1660–1721", *Journal of British Studies* 8 (1969): 28–43; David Hancock, *Citizens of the World* (Cambridge: Cambridge University Press, 1995), cap. 6. As estimativas do tamanho do comércio de escravos africanos foram retiradas do banco de dados Slave Voyages, www.slavevoyages.org.

3. Ole J. Benedictow, "The Black Death: The Greatest Catastrophe Ever", *History Today* 55, nº 3 (2005): 42–49.

4. Kenneth Pomeranz, *The Great Divergence: Europe, China, and the Making of the Modern World Economy* (Princeton, NJ, Princeton University Press, 2000), 117, 157. A estimativa do comércio Hansa é do Museu Marítimo Internacional, Hamburgo.

5. Sheilagh Ogilvie, *The European Guilds: An Economic Analysis* (Princeton, NJ: Princeton University Press, 2019), 229; Giovanni Federico e Antonio Tena Junguito, "World Trade, 1800–1938: A New Data Set", EHES Working Papers in Economic History, no 93 (2016); Hendrik Van den Bert, *International Economics: A Heterodox Approach* (Abingdon, UK: Routledge, 2015), 85; Angus Maddison, *The World Economy*, vol. 1, *A Millennial Perspective* (Paris: Organização para Cooperação e Desenvolvimento Econômico [OCDE], 2006), 95. De acordo com a Conferência das Nações Unidas sobre Comércio e Desenvolvimento (UNCTAD), *Review of Maritime Transport* 2019 (Nova York: ONU, 2019), a capacidade de transporte global em 2018 foi de 1,9 bilhões de toneladas métricas.

6. Frederic Chapin Lane, *Venetian Ships and Shipbuilders of the Renaissance* (Baltimore: Johns Hopkins University Press, 1934; repr. Westport, CT: Greenwood, 1975), 13–24, 239.

7. Maddison, World Economy, 64, 84; Filipe Castro, Nuno Fonseca e Audrey Wells, "Outfitting the Pepper Wreck", *Historical Archaeology* 44 (2010): 14–34.

8. Ronald Findlay e Kevin H. O'Rourke, *Power and Plenty* (Princeton, NJ: Princeton University Press, 2007), 307.

9. Dan Bogart, "The Transport Revolution in Industrializing Britain: A Survey", em *Cambridge Economic History of Britain 1700–1870*, ed. Roderick Floud e Jane Humphries, 3ª ed. (Cambridge: Cambridge University Press, 2014), 370; W.H.R. Curtler, *A Short History of English Agriculture* (Oxford: Clarendon, 1909), cap. 17.

10. Fernand Braudel, *O Mediterrâneo e o Mundo Mediterrâneo na Era de Filipe II*, vol. 1, trad. Sian Reynolds (Berkeley, CA: University of California Press, 1995), 432; J.K.J. Thomson, "Industrial Structure in Pre-industrial Languedoc", em *Manufacture in Town and Country before the Factory*, ed. Maxine Berg, Pat Hudson e Michael Sonenscher (Cambridge: Cambridge University Press, 1983), 75; Christopher Clark, "Social Structure and Manufacturing before the Factory: Rural New England, 1750–1830", em *The Workplace before the Factory: Artisans and Proletarians, 1500–1800*, ed. Thomas Max Safley e Leonard N. Rosenband (Ithaca, NY: Cornell University Press, 1993), 31.

11. N.S.B. Gras, "The Origin of the National Customs-Revenue of England", *Quarterly Journal of Economics* 27 (1912): 107–49; Eli F. Heckscher, Mercantilism, vol. 1, trad. Mendel Schapiro (Londres: George Allen and Unwin, 1935), 57, 77; Johannes Hasebroek, *Trade and Politics in Ancient Greece*, trad. L. M. Fraser e D. C. Macgregor (Londres: G. Bell and Sons, 1933), 161; Fritz Machlup, *A History of Thought on Economic Integration* (Londres: Palgrave Macmillan, 1977), 107; Findlay e O'Rourke, *Power and Plenty*, 287.

12. Citação de Heckscher, *Mercantilism*, 85; Joseph H. Davis e Douglas Irwin, "Trade Disruptions and America's Early Industrialization", documento de trabalho 9944 (2003) do National Bureau of Economic Research (NBER).

13. Hironori Asakura, *World History of the Customs and Tariffs* (Organização Mundial das Alfândegas, 2003, e-book), 188–96.

14. "William III, 1698: An Act to prevent the Exportation of Wool out of the Kingdoms of Ireland and England into Forreigne parts and for the Incouragement of the Woollen Manufactures in the Kingdom of England", em *Statutes of the Realm*, vol. 7, 1695–1701, ed. John Raithby (s.l.: Comissão de Registros da Grã-Bretanha, 1820), 524–28. Lord Cornbury para Charles Hedges, 15 de julho de 1705, em "America and West Indies: July 1701, 11–20", em *Calendar of State Papers Colonial, America and West Indies*, vol. 22, 1704–1705, ed. Cecil Headlam (Londres: Stationery Office, 1916), 567–84.

15. Markus Zbroschzyk, "Die preußische Peuplierungspolitik in den rheinischen Territorien Kleve, Geldern und Moers" (dissertação de doutorado, University of Bonn, 2014).

16. Zhuo Li, Laura Panza e Yong Song, "The Evolution of Ottoman-European Market Linkages, 1469–1914", documento de trabalho, 28 de agosto de 2017, https://mpra.ub.uni-muenchen.de/80953/; Pomeranz, *Great Divergence*, 53; Joel Mokyr, *Lever of Riches: Technological Creativity and Economic Progress* (Oxford: Oxford University Press, 1992), 98.

Capítulo 2

1. John P. Henderson, *The Life and Economics of David Ricardo* (Nova York: Springer, 1995), 81–82, 105–11, 120; David Weatherall, *David Ricardo: A Biography* (Haia: Martinus Nijhoff, 1976), 5, 13.

2. David Ricardo, *The Works of David Ricardo*, Esq., M.P. (Union, NJ: The Lawbook Exchange, 2000), 385, 75.

3. Larry Neal e Jeffrey G. Williamson, "The Future of Capitalism", em *The Cambridge History of Capitalism*, ed. Neal e Williamson (Cambridge: Cambridge University Press, 2014), 532.

4. "An Act to repeal the Laws relative to Artificers going into Foreign Parts", 5 Geo. 4 c. 97. Sobre o papel de Ricardo, ver os comentários de Joseph Hume em 12 de fevereiro de 1824, em *Hansard*, 10 Parl. Deb. (2º ser.) (1824) col. 141. A mais conhecida dessas leis revogou as Leis do Milho, em 1846.

5. Findlay e O'Rourke, *Power and Plenty*, 314, 325. Sobre o momento da primeira globalização, consulte Giovanni Federico e Antonio Tena-Junguito, "A Tale of Two Globalizations: Gains from Trade and Openness 1800–2010", *Review of World Economics* 153 (2017): 601–26, e Michel Fouquin e Jules Hugot, "Back to the Future: International Trade Costs and the Two Globalizations", Centre d'études prospectives et d'informations internationales, documento de trabalho nº 2016–13 (2016).

6. Sven Beckert, *Empire of Cotton: A Global History* (Nova York: Knopf, 2015), 199–241, 306–7, 334; Roderick Floud e Bernard Harris, "Health, Height, and Welfare: Britain 1700–1980", em *Health and Welfare During Industrialization*, ed. Richard H. Steckel e Floud (Chicago: University of Chicago Press, 1997), 91–126; Charles Dickens, *Oliver Twist*, cap. 50.

7. Pomeranz, *Great Divergence*, 33; Richard E. Baldwin e Philippe Martin, "Two Waves of Globalization: Superficial Similarities, Fundamental Differences", National Bureau of Economic Research (NBER), documento de trabalho 6904 (1999).

8. C. Knick Harley, "Ocean Freight Rates and Productivity, 1740–1913", *Journal of Economic History* 48 (1988): 857–58. Com base nos dados de Harley, o navio médio da América chegando em Liverpool transportava aproximadamente 1,4 milhão de libras (700 toneladas) de algodão em 1859, em comparação com 229 mil libras (115 toneladas) em 1820. Esta discussão baseia-se em dados de Federico e Tena Junguito, "World Trade, 1800–1938". David S. Jacks e Krishna Pendakur, em "Global Trade and the Maritime Transport Revolution", *Review of Economics and Statistics* 92 (2010): 745–55, enfatizam que a causalidade entre transporte mais barato e aumento do comércio ocorre em ambas as direções.

9. Os navios à vela ainda dominavam o comércio no Leste Asiático e no Pacífico na década de 1870; ver Bert Becker, "Coastal Shipping in East Asia in the Late 19 Century", *Journal of the Royal Asiatic Society Hong Kong Branch* 50 (2010): 245–302, e Max E. Fletcher, "The Suez Canal and World Shipping, 1869–1914", *Journal of Economic History* 18, no 4 (1958): 556–73. Sobre o comércio dos EUA, consulte Charles H. Fitch, "Relatório sobre motores marítimos e embarcações a vapor no serviço mercante dos Estados Unidos" (1880), em *Report on Power and Machinery Employed in Manufactures*, do Departamento do Interior dos EUA (Washington, DC: Departamento do Interior, Escritório do Censo, 1888). A maioria dos navios construídos em estaleiros britânicos eram navios à vela até 1876; ver Mark Dunkley, Ships and Boats, 1840–1950 (*s.l.*: His-

toric England, 2016). Sobre taxas de frete, consulte Douglass C. North, "Ocean Freight Rates and Economic Development 1750–1913", *Journal of Economic History* 18 (1958): 537–55; Federico e Tena Junguito, "World Trade, 1800–1938".

10. Gelina Harlaftis, *Creating Global Shipping* (Cambridge: Cambridge University Press, 2019); Håken Lobell, "Foreign Exchange Rates, 1804–1914", Swedish Rjksbank, https://www.riksbank.se/globalassets/media/forskning/monetar-statistik/volym1/6.pdf, t, tabela A-6, acessado em 15 de março de 2020.

11. Antoni Estevadeordal, Brian Frantz e Alan M. Taylor, "The Rise and Fall of World Trade, 1870–1939", *Quarterly Journal of Economics* 188 (2003): 359–407; Findlay e O'Rourke, *Power and Plenty*, 404–5.

12. Dong-Woon Kim, "J. & P. Coats as a Multinational before 1914", *Business and Economic History* 26 (1997): 526–39; Alan Green e M. C. Urquhart, "Factor and Commodity Flows in the International Economy of 1870–1914: A Multi-Country View", *Journal of Economic History* 36 (1976): 217–52; Kevin H. O'Rourke e Jeffrey G. Williamson, "Introduction: The Spread of and Resistance to Global Capitalism", em Neal e Williamson, *Cambridge History of Capitalism*, 11; John H. Dunning, *Studies in International Investment* (Londres: George Allen and Unwin, 1970), 171; John H. Dunning, "Changes in the Level and Structure of International Production: The Last One Hundred Years", em *The Growth of International Business*, ed. Mark Casson (Londres: George Allen and Unwin, 1983), 84–139.

13. Campbell Gibson e Emily Lennon, "Nativity of the Population and Place of Birth of the Native Population, 1850 to 1990", US Census Bureau, Population Division, revisado em 31 de outubro de 2011, https://www.census.gov/population/www/documentation/twps0029/tab01.html; Stefan Zweig, *The World of Yesterday* (Nova York: Viking, 1943; repr. Lincoln: University of Nebraska Press, 1964), 194; Barry R. Chiswick e Timothy J. Hatton, "International Migration and the Integration of Labor Markets", em *Globalization in Historical Perspective*, ed. Michael D. Bordo, Alan M. Taylor e Jeffrey G. Williamson (Chicago: University of Chicago Press, 2003), 81.

14. Adam McKeown, "Global Migration, 1846–1940", *Journal of World History* 15 (2004): 155–89.

15. Dunning, "Changes in the Level", 87–88; Hein A. M. Klemann, "The Central Commission for Navigation on the Rhine", em *The Rhine: A Transnational Economic History*, ed. Ralf Banken e Ben Wubs (Baden Baden: Nomos, 2017), 31–68; Leslie Hannah, "Logistics, Market Size, and Giant Plants in the Early Twentieth Century: A Global View", *Journal of Economic History* 68 (2008): 46–79; Sidney Pollard, "The Integration of European Business in the 'Long' Nineteenth Century", *Vierteljahrschrift für Sozial-und Wirtschaftsgeschichte* 84, no 2 (1997): 156–70.

16. Os bens manufaturados representavam 27% das exportações dos Estados Unidos para a Europa em 1906, mas a maioria deles eram produtos com pouco valor agregado de manufatura, como cobre refinado e petróleo. Ver Departamento de Comércio e Trabalho dos EUA, *Exports of Manufactures from the United States and Their Distribution by Articles and Countries, 1800 to 1906* (Washington: Government Printing Office, 1906), 32–33, e Douglas Irwin, "Explaining America's Surge in Manufactured Exports, 1880–1913", *Review of Economics and Statistics* 85 (2003): 364–76. Sobre o Congo Belga, ver Maya Jasanoff, *The Dawn Watch* (Nova York: Penguin, 2017), 205–10.

17. Pomeranz, *Great Divergence*, 55; David Chilosi e Giovanni Federico, "Asian Globalizations: Market Integration, Trade, and Economic Growth, 1800–1938", *London School of Economics Department of Economic History Working Paper* 183 (2013). Os dados comerciais da Ásia, África e América Latina foram compilados por John R. Hanson para *Trade in Transition: Exports from the Third World, 1840–1900* (Nova York: Academic, 1980) e foram vistos na publicação Economic History Association's eh.net em 9 de agosto de 2018. As ações do comércio mundial são de Federico e Tena Junguito, "World Trade, 1800–1938".

18. Sobre a entrada britânica, ver Michael Miller, *Europe and the Maritime World* (Cambridge: Cambridge University Press, 2012), 218. Estimativas baixas do comércio mundial em relação à produção vêm de Ronald Findlay e Kevin H. O'Rourke, "Commodity Market Integration, 1500–2000", em Bordo, Taylor e Williamson, *Globalization in Historical Perspective*, 13–64. Federico e Tena Junguito, "World Trade, 1800–1938", e Giovanni Federico e Antonio Tena Junguito, "Federico-Tena World Trade Historical Database: World Share Primary Products Exports and Imports", e-cienciaDatos, v. 2, 2018, doi:10.21950/O53TLR, oferecem estimativas mais altas.

19. Departamento de Comércio e Trabalho dos EUA, *Exports of Manufactures*, 5, 34. O valor dos materiais usados é de 1905.

Capítulo 3

1. H.G.S. Noble, *The New York Stock Exchange in the Crisis of 1914* (Garden City, NY: Country Life, 1915), 12. Noble escreve sobre o soar de um "gongo", mas o gongo da bolsa foi substituído por um sino de latão em 1903. William L. Silber, *When Washington Shut Down Wall Street* (Princeton, NJ: Princeton University Press, 2007).

2. Mira Wilkins, *The History of Foreign Investment in the United States, 1914–1945* (Cambridge, MA: Harvard University Press, 2004), 9, 22–37. Wilkins estima que o investimento estrangeiro total na economia dos Estados Unidos em 1914, incluindo dívidas, foi de US$7,1 bilhões. A produção total da economia americana, na época, era de US$34,5 bilhões.

3. J. A. Salter, *Allied Shipping Control: An Experiment in International Administration* (Oxford: Clarendon, 1921), 1.

4. Wilkins, *History of Foreign Investment*, 15–16. Os dados do comércio alemão são de Giovanni Federico e Antonio Tena Junguito, "Federico-Tena World Trade Historical Database: Europe", e-cienciaDatos, V1, 2018, doi:10.21950/XBOWYN. Para uma análise oficial da eficácia do bloqueio, consulte "Memorandum in Regard to the Present Position of the Blockade, January 1st, 1917", Gabinete de Guerra, Registros Diversos, Arquivos Nacionais do Reino Unido CAB1/22.

5. A Peninsular & Oriental, conhecida como P&O, controlava 1,1 milhão de toneladas de embarque bruto em 1914, perdendo apenas para a Royal Mail Steamship Company. Veja Gordon Boyce, *Information, Mediation, and Institutional Development: The Rise of Large-Scale British Shipping, 1870–1919* (Manchester: Manchester University Press, 1995), 128. Sobre navegação na China, veja Miller, *Maritime World*, 88–93. Salter, *Allied Shipping Control*, 24–29, 352–53.

6. Salter, *Allied Shipping Control*, 80–81, 123, 355–59. Aproximadamente 12,5 milhões de toneladas de navios de propriedade de países aliados ou neutros foram destruídos durante a guerra, de acordo com Salter; no início da guerra, esses países controlavam cerca de 31 milhões de

toneladas brutas de navios oceânicos, resultando em uma taxa de perda de 40%. As estimativas do comércio chinês e persa são de Giovanni Federico e Antonio Tena Junguito, "Federico-Tena World Trade Historical Database: Asia", e-cienciaDatos, V2, 2018, doi:10.21950/05CZKM.

7. Miller, *Maritime World*, 243–44.

8. Margaret Macmillan, *Versailles 1919* (Nova York: Random House, 2001), 13.

9. Giovanni Federico e Antonio Tena Junguito, "Federico-Tena World Trade Historical Database: World Trade", e-cienciaDatos, V2, 2018, doi:10.21950/JKZFDP; Maurice Obstfeld e Alan M. Taylor, "Globalization in Capital Markets", em Bordo, Taylor e Williamson, *Globalization in Historical Perspective*, 141.

10. O Safeguarding of Industries Act 1921 foi codificado como 11 e 12 Geo. 5, c. 47. Departamento de Comércio e Trabalho dos EUA, *Foreign Tariff Notes* 42 (Washington: Government Printing Office, 1921), 188; Douglas A. Irwin, *Peddling Protectionism* (Princeton, NJ: Princeton University Press, 2011), 17; Edward S. Kaplan, "The Fordney-McCumber Tariff of 1922", *EH.Net Encyclopedia*, ed. Robert Whaples, 16 de março de 2008, https://eh.net/encyclopedia/the-fordney-mccumber-tariff-of-1922/. Michael Clemens e Jeffrey G. Williamson apontam que muitas tarifas eram cobradas como um valor específico por item ou por libra, em vez de porcentagem de importação, portanto, as taxas aumentavam se os preços caíssem; veja "A Tariff-Growth Paradox: Protectionism's Impact the World Around, 1875–1997", artigo do NBER 8459 (2001).

11. Saif I. Shah Mohammed e Jeffrey G. Williamson, "Freight Rates and Productivity Gains in British Tramp Shipping 1869–1950", *Explorations in Economic History* 41 (2004): 172–203; Fiona Scott Morton, "Entry and Predation: British Shipping Cartels, 1879–1929", *Journal of Economics and Management Strategy* 6 (1997): 679– 724; Estevadeordal, Frantz e Taylor, "Rise and Fall".

12. Mira Wilkins e Frank Ernest Hill, *American Business Abroad: Ford on Six Continents* (Detroit: Wayne State University Press, 1964); "Ford in Europe: A Historical Timeline", *Automotive News*, 2 de junho de 2003; Petri Paju e Thomas Haigh, "IBM Rebuilds Europe: The Curious Case of the Transnational Typewriter", *Enterprise and Society* 17 (2016): 281; Wilkins e Hill, *American Business Abroad*, 132, 145; Don Nerbas, *Dominion of Capital: The Politics of Big Business and the Crisis of the Canadian Bourgeoisie, 1914–1947* (Toronto: University of Toronto Press, 2013), 170; Geoffrey Jones, *Multinationals and Global Capitalism* (Oxford: Oxford University Press, 2005), 81.

13. McKeown, "Global Migration, 1846–1940".

14. Òscar Jordà, Moritz Schularick e Alan M. Taylor, "Microfinancial History and the New Business Cycle Facts", em *NBER Macroeconomics Annual 2016*, ed. Martin Eichenbaum e Jonathan A. Parker (Chicago: University of Chicago Press, 2017), 213–63; Harold James, *The End of Globalization: Lessons from the Great Depression* (Cambridge, MA: Harvard University Press, 2001).

15. Em 1948, o Departamento do Trabalho dos Estados Unidos estimou o desemprego médio, em 1930, em 4,34 milhões, de uma força de trabalho civil de 49,82 milhões. Essas estimativas geram uma taxa de desemprego de 8,7%. Para esta e outras estimativas, consulte Stanley Lebergott, "Labor Force, Employment, and Unemployment, 1929–1939: Estimating Methods", *Monthly Labour Review*, julho 1948, 50–53. Sobre salários agrícolas, consulte US Census Bureau, *Historical Statistics of the United States,* Bicentennial Ed. (Washington, DC: Government Printing Office, 1976), 468. As estimativas de crescimento econômico, expressas em dólares constantes na paridade

do poder de compra, são retiradas de JP Smits, PJ Woltjer e D. Ma, "A Dataset on Comparative Historical National Accounts, ca. 1870–1950: A Time-Series Perspective", memorando de pesquisa do Groningen Growth and Development Centre GD-107 (2009).

16. Existem várias maneiras de calcular as taxas de impostos efetivas; ver Irwin, *Peddling Protectionism*, 103–6.

17. Citado em Irwin, 170–74. O volume das exportações de manufaturados em todo o mundo caiu 15% em 1930; consulte o Escritório de Estatística das Nações Unidas, "International Trade Statistics, 1900–1960", rascunho em papel (1962), UN Trade Statistics, https://unstats.un.org/unsd/trade/data/tables.asp#historical. A tarifa Smoot-Hawley foi promulgada na metade do ano.

18. Peter S. Jacks, "From Boom to Bust: A Typology of Real Commodity Price in the Long Run", documento de trabalho NBER 18874 (2016); Peter H. Lindert e Jeffrey G. Williamson, "Does Globalization Make the World More Unequal?", em Bordo, Taylor e Williamson, *Globalization in Historical Perspective*, 264.

Capítulo 4

1. Barry Eichengreen e Peter Temin, "Fetters of Gold and Paper", documento de trabalho NBER 16202 (2010); Barry Eichengreen, *Golden Fetters: The Gold Standard and the Great Depression, 1919–1939* (Nova York: Oxford University Press, 1992).

2. Barry Eichengreen, *Globalizing Capital* (Princeton, NJ: Princeton University Press, 2008), cap. 4; Lawrence H. Officer, "Exchange Rates between the United States Dollar and Forty-one Currencies", MeasuringWorth, 2018, http://www.measuringworth.com/exchangeglobal/; Robinson citado em Wilkins, *History of Foreign Investment*, 566.

3. Chad P. Bown e Douglas A. Irwin, "The GATT's Starting Point: Tariff Levels circa 1947", documento de trabalho NBER 21782 (2015); *Acordo de Comércio Recíproco entre os Estados Unidos da América e a Nicarágua*, em vigor em 1º de outubro de 1936, Série de Acordos Executivos do Departamento de Estado dos EUA, no 95. A linguagem que rege as uniões aduaneiras e os acordos de livre comércio aparece no artigo XXIV do GATT.

4. 97 Cong. Rec. 10842 (30 de agosto de 1951); Food and Agriculture Organization, *The State of Food and Agriculture 1948* (Washington, DC: Food and Agriculture Organization, 1948), 4–12.

5. Benn Steil, *The Marshall Plan* (Princeton, NJ: Princeton University Press, 2017).

6. Barry Eichengreen, *The European Economy since 1945: Coordinated Capitalism and Beyond* (Princeton, NJ: Princeton University Press, 2007), 6. Separados do Plano Marshall, os Estados Unidos exerceram grande influência sobre as economias da Alemanha Ocidental e do Japão, que foram governados por autoridades de ocupação militar por vários anos após a guerra.

7. A citação é de um discurso de Robert Schuman em 9 de maio de 1950. O acordo foi codificado como Tratado Constitutivo da Comunidade Europeia do Carvão e do Aço, 18 de abril de 1951 (*American Journal of International Law* 46, no S4 (1952): 107–48, doi:10.2307/2213971).

8. Eichengreen, *European Economy*, 82, 84. Os dados de produtividade e renda são do Groningen Growth and Development Centre e do Conference Board Total Economy Database, ambos derivados do trabalho de Angus Maddison. Sobre as exportações da Itália, ver Alfred Maizels, *Industrial Growth and World Trade* (Cambridge: Cambridge University Press, 1963), 479.

NOTAS

9. Maizels, *Industrial Growth*, 8, 133-34, 535, 539.

10. Maizels, 122-23, 243.

11. Citado em Marc Levinson, *An Extraordinary Time* (Nova York: Basic Books, 2016), 36-46.

12. David M. G. Newbery e Joseph E. Stiglitz, *The Theory of Commodity Price Stabilization* (Oxford: Oxford University Press, 1981), 13; UNCTAD, Código de Conduta para Conferências de Navios, Genebra, 6 de abril de 1974, UN *Treaty Series* 1334: 15 e 1365: 360, artigo 2.

13. UNCTAD, *Review of Maritime Transport* 1968 (Nova York: UN, 1968), 4.

Capítulo 5

1. Marc Levinson, *The Box: How the Shipping Container Made the World Smaller and the World Economy Bigger*, 2ª ed. (Princeton, NJ: Princeton University Press, 2016), 21-46.

2. Citado em *Containers*, no 12 (dezembro de 1954), 20. Tradução do autor.

3. Levinson, *Box*, 47-71.

4. Comissão de Comércio Internacional dos Estados Unidos (USITC), *Automotive Trade Statistics 1964-80*, Publicação 1203, dezembro de 1981 (Washington, DC: USITC, 1981).

5. Joseph Grunwald e Kenneth Flam, *The Global Factory* (Washington, DC: Brookings, 1985).

Capítulo 6

1. Para uma discussão mais técnica, veja Robert Triffin, *Gold and the Dollar Crisis* (New Haven, CT: Yale University Press, 1960).

2. As isenções aduaneiras foram reduzidas na Lei Pública 87-132. O imposto sobre emissões de títulos estrangeiros, o Imposto de Equalização de Juros, foi promulgado em 1964 como Lei Pública 88-563, mas foi retroativo a julho de 1963. Sobre o colapso do sistema de Bretton Woods, consulte Paul Volcker e Toyoo Gyohten, *Changing Fortunes* (Nova York: Times Books, 1992), 18-136; Eichengreen, *Globalizing Capital*, cap. 4.

3. Eric Helleiner, *States and the Reemergence of Global Finance* (Ithaca, NY: Cornell University Press, 1994), 101-6 (citação 101).

4. Federal Deposit Insurance Corporation (FDIC), *History of the Eighties: Lessons for the Future*, vol. 1, *An Examination of the Banking Crises of the 1980s and Early 1990s* (Washington, DC: FDIC, 1997), 196-97; Harold James, "International Capital Movements and the Global Order", em Neal and Williamson, *Cambridge History of Capitalism*, 285.

5. William Seidman, um conselheiro econômico do presidente dos Estados Unidos, Gerald Ford, em meados da década de 1970, escreveu mais tarde que "toda a administração da Ford, incluindo eu, disse aos grandes bancos que o processo de reciclagem de petrodólares para os países menos desenvolvidos era benéfico, e talvez um dever patriótico". Veja Seidman, *Full Faith and Credit* (Nova York: Crown, 1993), 38. O comentário de Wriston, que ele repetiu de várias formas, apareceu pela primeira vez em seu artigo, "Banking against Disaster", *New York Times*, de 14 de setembro de 1982, mas não era original de Wriston.

6. Comitê de Basileia sobre Supervisão Bancária, "Report to the Governors on the Supervision of Banks' Foreign Establishments", 26 de setembro de 1975.

7. Gerardo Della Paolera e Alan M. Taylor, "A Monetary and Financial Wreck: The Baring Crisis, 1890–91", em *Straining at the Anchor*, ed. Della Paolera e Taylor (Chicago: University of Chicago Press, 2001), 67–79; Kris James Mitchener e Marc D. Weidenmier, "The Baring Crisis and the Great Latin American Meltdown of the 1890s", *Journal of Economic History* 68 (2008): 462–500; Jon R. Moen e Ellis W. Tallman, "The Bank Panic of 1907: The Role of Trust Companies", *Journal of Economic History* 52 (1992): 611–30; Anna Grodecka, Seán Kenny, e Anders Ögren, "Predictors of Bank Distress: The 1907 Crisis in Sweden", Lund Papers in Economic History 180 (2018); Mary T. Rodgers e James E. Payne, "How the Bank of France changed U.S. Equity Expectations and Ended the Panic of 1907", *Journal of Economic History* 74 (2014): 420–48; Richard Roberts, *Saving the City: The Great Financial Crisis of 1914* (Oxford: Oxford University Press, 2013), 195–227.

8. O Banco Mundial estima que as dívidas em moeda estrangeira dos países de baixa e média renda foram de US$601 bilhões no final de 1982, mas esse número exclui as obrigações externas de vários países devedores importantes, notadamente Argentina (US$44 bilhões em 1982), Coreia do Sul (US$37 bilhões) e Polônia (US$27 bilhões).

9. Susan M. Collins e Wong-Am Park, "External Debt and Macroeconomic Performance in South Korea", em *Developing Country Debt and the World Economy*, ed. Jeffrey Sachs (Chicago: University of Chicago Press, 1989), 121–40; Rüdiger Dornbusch, "Our LDC Debts", em *The United States in the World Economy*, ed. Martin S. Feldstein (Chicago: University of Chicago Press, 1988), 192.

10. Volcker e Gyohten, *Changing Fortunes*, 226.

11. Fundo Monetário Internacional (FMI), Relatório Anual 1985 (Washington, DC: FMI, 1985), 21; Jerome I. Levinson, "A Perspective on the Debt Crisis", *American University International Law Review* 4 (1989): 504–8; Lois M. Plunkert, "The 1980's: A Decade of Job Growth and Industry Shifts", *Monthly Labour Review*, setembro de 1990, 3–16.

Capítulo 7

1. Vincent P. Carosso e Richard Sylla, "U.S. Banks in International Finance", em *International Banking 1870–1914*, ed. Rondo Cameron e V. I. Bovykin (Nova York: Oxford University Press, 1991), 68; Roberts, *Saving the City*, 169, 195.

2. Tommaso Padoa-Schioppa e Fabrizio Saccomanni, "Managing a Market-Led Global Financial System", em *Managing the World Economy: Fifty Years after Bretton Woods*, ed. Peter B. Kenen (Washington, DC: Institute for International Economics, 1994), 262.

3. Herbert Baum, "Possibilities and Limits of Regulation in Transport Policy", em *Possibilities and Limits of Regulation in Transport Policy*, pela Conferência Europeia de Ministros dos Transportes (ECMT) (Paris: ECMT, 1983), 5–106.

4. Walter Y. Oi e Arthur P. Hurter, *Economics of Private Truck Transportation* (Dubuque, IA: W. C. Brown, 1965).

5. Bureau of Transport Economics, "Overview of Australian Road Freight Industry: Submission to National Inquiry, 1983" (Camberra: Australian Government Publishing Service, 1984); Michael Beesley, "UK Experience with Freight and Passenger Regulation", em *The Role of the State in a Deregulated Market*, por ECMT (Paris: ECMT, 1991), 45–76; Martha Derthick e Paul J. Quirk, *The Politics of Deregulation* (Washington, DC: Brookings Institution, 1985), 36.

NOTAS

6. As leis foram a Lei de Revitalização e Reforma Regulatória das Ferrovias (1976), a Lei de Desregulamentação de Carga Aérea (1977), a Lei de Desregulamentação de Companhias Aéreas (1978), a Lei de Reforma Regulatória e Modernização de Transportadoras de Automóveis (1980), a Lei de Transporte de Mercadorias Domésticas (1980), a Lei Staggers Rail (1980), Lei de Reforma Regulatória para Ônibus (1982), Lei do Envio (1984) e Lei de Desregulamentação de Transitários de Superfície (1986).

7. Nos Estados Unidos, em 1978, um em cada quarenta pedidos de vagões de carga não foi atendido; ver US General Accounting Office, *Economic and Financial Impacts of the Staggers Rail Act de 1980* (Washington, DC: Government Printing Office, 1990), 55. As reclamações de danos contra ferrovias rotineiramente excediam 1,3% de suas receitas de frete; ver Marc Levinson, "Two Cheers for Discrimination: Deregulation and Efficiency in the Reform of U.S. Freight Transportation, 1976–1988", *Enterprise and Society* 10 (2009): 178–215.

8. Aden C. Adams e Carl W. Hoeberling, "The Future of Contract Rates", *ICC Practitioners' Journal* 47 (1980): 661–64; US Federal Maritime Commission, *Section 18 Report on the Shipping Act of 1984* (Washington, DC: Federal Maritime Commission, 1989), 162, 178.

9. "Rates on Overseas Phone Calls Decline", *New York Times*, 19 de maio de 1982; US Census Bureau, *Statistical Abstract of the United States 1992* (Washington, DC: Government Printing Office, 1990).

10. Guillermo Barnes, "Lessons from Bank Privatization in Mexico", documento de trabalho de pesquisa de política do Banco Mundial WPS 1027 (1992).

11. Mary M. Shirley, "The What, Why, and How of Privatization: A World Bank Perspective", *Fordham Law Review* 60 (1992): S23–S36.

12. Brian Pinto e Sergei Ulatov, "Financial Globalization and the Russian Crisis of 1998", documento de trabalho de pesquisa de política 5312 do Banco Mundial (2010); Banco Mundial, *Economic Growth in the 1990s: Learning from a Decade of Reform* (Washington, DC: World Bank, 2005), 192 (citação); Saul Estrin e Adeline Pelletier, "Privatization in Developing Countries: What Are the Lessons of Recent Experience?" *World Bank Research Observer* 33 (2018): 65–102. Para uma defesa dos benefícios da privatização, ver Alberto Chong e Florencio Lópes-de-Silanes, eds., *Privatization in Latin America: Myths and Reality* (Washington, DC: Banco Mundial, 2005).

13. Shane Greenstein, *How the Internet Became Commercial* (Princeton, NJ: Princeton University Press, 2015).

Capítulo 8

1. Para estimativas do comércio em relação ao produto interno bruto, consulte Findlay e O'Rourke, "Commodity Market Integration", 41. De acordo com dados da Organização Mundial do Comércio (OMC), as exportações de mercadorias dos seis membros da CE aumentaram em média 384% entre 1960 e 1973, enquanto as exportações de mercadorias da Dinamarca aumentaram 218%, da Grã-Bretanha 79% e da Irlanda 299%.

2. Discurso de Thorn ao Parlamento Europeu em 15 de fevereiro de 1984, publicado na Comissão das Comunidades Europeias, *Programme of the Commission for 1984* (Luxemburgo: Serviço de Publicações Oficiais da CE, 1984), 8, 10.

3. Os dados de produtividade são do Banco de dados de economia total do Conference Board; "Key Issues for Talks", *New York Times*, 8 de junho de 1984; Herbert Giersch, "Eurosclerosis", Kiel Discussion Papers no 112, Institut für Weltwirtschaft, Kiel (1985), 4.

4. Comissão das Comunidades Europeias, *Completing the Internal Market*, COM 85 (310) (Bruxelas, 14 de junho de 1985); Eichengreen, *European Economy*, 345.

5. O Ato Único Europeu foi assinado em 1986, mas não entrou em vigor até ser ratificado pela Dinamarca e pela Irlanda em 1987.

6. Em 1979, 540 fábricas de fronteira, comumente conhecidas como "maquiladoras", estavam em operação. Sua produção não poderia ser vendida no México. Veja Leslie Sklair, *Assembling for Development* (Boston: Unwin Hyman, 1989). A declaração de López Portillo foi feita em uma reunião com o presidente dos Estados Unidos Jimmy Carter na Cidade do México em 14 de fevereiro de 1979; ver "Memorandum of Conversation", em *Foreign Relations of the United States, Foreign Relations 1977–1980*, vol. 23, *Mexico, Cuba, and the Caribbean*, ed. Alexander O. Poster (Washington, DC: Government Publishing Office, 2016), 358.

7. O presidente Ronald Reagan às vezes é creditado por originar a ideia de livre comércio na América do Norte; consulte "Ronald Reagan's Announcement for Presidential Candidacy", Ronald Reagan Presidential Library, 13 de novembro de 1979, https://www.reaganlibrary.gov/archives/speech/ronald-reagans-announcement-presidential-candidacy-1979. No entanto, essa não foi a primeira sugestão de conversas tripartidas; em uma reunião com Carter e López Portillo na Casa Branca em 15 de fevereiro de 1977, o ministro mexicano das Relações Exteriores, Santiago Roel García, disse: "Acho que seria útil se houvesse negociações entre o México, os Estados Unidos e o Canadá — as três nações da América do Norte e três democracias." Ver *Foreign Relations 1977–1980*, 23: 289. Nada resultou dos comentários de Roel García. Ver Richard Lawrence, "Hopes for Closer U.S.-Mexican Ties Deflate", *Journal of Commerce*, 13 de maio de 1982; comentários do Representante Adjunto de Comércio dos EUA Alan Wolff, "Summary of Conclusions of a Policy Review Committee Meeting", 19 de janeiro de 1979, *Relações Exteriores* 1977–1980, 23: 344; e Robert J. McCartney, "Mexico to Lower Trade Barriers, Join GATT", *Washington Post*, 26 de novembro de 1979.

8. George W. Grayson, *The Mexico-U.S. Business Committee* (Rockville, MD: Montrose, 2017), 96–98.

9. Acordo Geral sobre Tarifas e Comércio (GATT): Declaração de Punta del Este (20 de setembro de 1986), Sistema de Informação de Comércio Exterior do SICE, http://www.sice.oas.org/trade/punta_e.asp.

10. *Washington Post, 14 de dezembro de 1992. A declaração de Perot foi feita durante o segundo debate presidencial da campanha eleitoral de 1992, 15 de outubro de 1992.*

11. Ernest H. Preeg, *Traders in a Brave New World* (Chicago: University of Chicago Press, 1995), 165–73; citação de "The Uruguay Round", OMC, acessado em 2 de fevereiro de 2019, https://www.wto.org/english/thewto_e/whatis_e/tif_e/fact5_e.htm.

12. FMI e Banco Mundial, *Market Access for Developing Countries' Exports* (2001), 15–25.

NOTAS

13. Arvind Subramanian e Martin Kessler, "The Hyperglobalization of Trade and its Future", documento de trabalho do Peterson Institute for International Economics 13-6 (2013), 24; Sistema de informação sobre acordos comerciais regionais da OMC, https://rtais.wto.org/UI/PublicMaintainRTAHome.aspx.

14. Christian Marx, "Reorganization of Multinational Companies in the Western European Chemical Industry", *Enterprise and Society* 21 (2020): 38-78.

Capítulo 9

1. Sobre Onassis, consulte Harlaftis, *Creating Global Shipping*, 193.

2. Os dados de produção de aço são da World Steel Association. Citação do Center for Naval Analysis, "A Brief History of Shipbuilding in Recent Times", CRM D0006988.A1/Final (setembro de 2002); OCDE, *Trade and Structural Adjustment: Embracing Globalization* (Paris: OECD, 2005), 244-51; Grupo de Trabalho da OCDE sobre Construção Naval, "Imbalances in the Shipbuilding Industry and Assessment of Policy Responses", C/WP6(2016)6/final (abril de 2017). De 1956 a 1970, os subsídios da construção naval dos EUA ultrapassaram US$1 bilhão. US House of Representatives, Committee on Ways and Means, *Trade with Japan*, Serial 96-121 (Washington, DC: Government Printing Office, 1980), 123, citando Ira C. Magaziner e Thomas M. Hout, *Japanese Industrial Policy* (Londres: Policy Studies Institute, 1980).

3. Alice H. Amsden, *Asia's Next Giant: South Korea and Late Industrialization* (Nova York: Oxford University Press, 1989), 269-90.

4. Os estaleiros coreanos fretaram seis navios porta-contêineres para transportar linhas incapazes de concluir as compras planejadas em 1984. Lars Bruno e Stig Tenold, "The Basis for South Korea's Ascent in the Shipbuilding Industry, 1970-1990", *Mariner's Mirror* 97 (2011): 201-17.

5. Grupo de Trabalho do Conselho da OCDE sobre Construção Naval, "Peer Review of Japanese Government Support Measures to the Shipbuilding Sector", C/WP6(2012)26 (2012), 7.

6. "Fünfte Kolonne", *Der Spiegel*, 16 de abril de 1973.

7. Erik Lindner, *Die Herren der Container* (Hamburgo: Hoffmann und Campe Verlag, 2008), 87-97, citação 91.

8. Comissão Europeia, "Community Guidelines on State Aid to Maritime Transport", 97/C 205 (5 de julho de 1997), 11; Comissão Europeia, "Community Guidelines on State Aid to Maritime Transport", 2004/C 13 (17 de janeiro de 2004), 6.

9. Ole Andersen, "The Rise and Fall of German Shipping", *Shippingwatch*, maio de 2014.

10. Ulrike Dauer, "Commerzbank Moves to Repay More State Aid", *Wall Street Journal*, 13 de março de 2013; Arno Schuetze e Jan Schwartz, "State Owners Sell Germany's HSH Nordbank to Buyout Groups", Reuters, 28 de fevereiro de 2018, https://uk.reuters.com/article/us-hsh-nordbank-sale/state-owners-sell-germanys-hsh-nordbank-to-buyout-groups-idUKKCN1GC1YJ; UNCTAD, *Review of Maritime Transport 2018* (Nova York: UN, 2018), 29.

11. Myrto Kalouptsidi, "Detection and Impact of Industrial Subsidies: The Case of Chinese Shipbuilding", *Review of Economic Studies* 85 (2018): 1111-58. Um programa de subsídios separado, estabelecido em 2009 para encorajar as companhias de navios estatais chinesas a sucatear os navios mais velhos e comprar novos, menos poluentes, teve o mesmo efeito. As comparações de custos da

Maersk foram feitas em abril de 2007. "Container Market Crash on the Horizon?" *FairPlay*, 22 de setembro de 2005; "New Decade of Bursting Yards Predicted", *FairPlay*, 13 de outubro de 2005.

12. Margot Roosevelt, "Battles Erupt over Warehouse Jobs as the Legislature Moves to Curb Subsidies", *Los Angeles Times*, 13 de maio de 2019; Office of Inspector General, United States Postal Service, "Terminal Dues in the Age of Ecommerce", RARC-WP-16-OU3 (14 de dezembro de 2015).

Capítulo 10

1. Sobre a medição e os montantes dos subsídios, ver OMC, *World Trade Report 2006* (Genebra: OMC, 2006).

2. Steve Dryden, *Trade Warriors* (Nova York: Oxford University Press, 1995), 38.

3. James T. Walker, "Voluntary Export Restraints between Britain and Japan: The Case of the UK Car Market (1971–2001)", *Business History* 59 (2017): 35–55; Laurent Warlouzet, "Towards a European Industrial Policy?: The European Economic Community (EEC) Debates, 1957–1975", em *Industrial Policy in Europe after 1945*, ed. C. Grabas e A. Nützenadel (Londres: Palgrave Macmillan, 2014), 213–35; Christian Marx, "A European Structural Crisis Cartel as a Solution to a Sectoral Depression?" *Economic History Yearbook* 58 (2017): 163–97; Étienne Davignon, entrevista com Étienne Deschamps, Bruxelas, Centre virtuel de la connaissance sur l'Europe, 14 de janeiro de 2008, www.cvce.eu; Stuart W. Leslie, "The Biggest 'Angel' of Them All: The Military and the Making of Silicon Valley", em *Understanding Silicon Valley*, ed. Martin Kenney (Stanford, CA: Stanford University Press, 2000), 48–67.

4. Arvind Panagariya, "Evaluating the Case for Export Subsidies", documento de trabalho de pesquisa de política do Banco Mundial 2276 (2000).

5. I. M. Destler, Haruhiro Fukui e Hideo Sato, *The Textile Wrangle: Conflict in Japanese-American Relations, 1969–1971* (Ithaca, NY: Cornell University Press, 1979), 66 (citação de Nixon); "Agreement on Wool and Man-made Fibers" no Departamento de Estado dos EUA, *United States Treaties and Other International Acts*, vol. 23, parte 3 (Washington, DC: Government Printing Office, 1972), 3167; Citação do Japan Industrial Structure Council, *Japan in World Economy: Japan's Foreign Economic Policy for the 1970s* (Tóquio: Ministry of International Trade and Industry, 1972), 48–50.

6. Takafusa Nakamura, *The Postwar Japanese Economy: Its Development and Structure, 1937–1994* (Tóquio: University of Tokyo Press, 1981), 224; Konosuke Odaka, "Are We at the Verge of a Stagnant Society?" em "Recent Developments of Japanese Economy and Its Differences from Western Advanced Economies", ed. Hisao Kanamori, Centre Paper 29, Japan Economic Research Centre (setembro de 1976), 33; Yoshimitsu Imuta, "Transition to a Floating Exchange Rate", em *A History of Japanese Trade and Industry Policy*, ed. Mikiyo Sumiya (Oxford: Oxford University Press, 2000), 528; Sueo Sekiguchi, "Japan: A Plethora of Programs", em *Pacific Basin Industries in Distress*, ed. Hugh Patrick (Nova York: Columbia University Press, 1991), 437.

7. William Diebold Jr., *Industrial Policy as an International Issue* (Nova York: McGraw-Hill, 1980), 162; Japan Automobile Manufacturers Association, *Motor Vehicle Statistics of Japan 2014* (s.l., 2014) 16, 32.

NOTAS   263

8. Gary R. Saxonhouse, "Industrial Restructuring in Japan", *Journal of Japanese Studies* 5 (1979): 273–320; Steven Englander e Axel Mittelstädt, "Total Factor Productivity: Macroeconomic and Structural Aspects of the Slowdown", *OECD Economic Survey* 10 (1988): 36. O termo "desindustrialização" foi popularizado por Barry Bluestone e Bennett Harrison, *The Deindustrialization of America* (Nova York: Basic Books, 1982).

9. Como exemplos das muitas advertências sobre a diminuição da competitividade dos Estados Unidos e a continuidade do avanço japonês, ver Ezra F. Vogel, *Japan as Number One* (Cambridge, MA: Harvard University Press, 1979); Bruce R. Scott e George C. Lodge, eds., *U.S. Competitiveness in the World Economy* (Boston: Harvard Business School Press, 1985); e Clyde V. Prestowitz Jr., *Trading Places: How We Allowed Japan to Take the Lead* (Nova York: Basic Books, 1988), posteriormente reeditado com vários outros subtítulos.

10. Jimmy Carter, "American Bolt, Nut, and Large Screw Industry Memorandum from the President", 22 de dezembro de 1978, Pub. Papers (1978, livro 2), 2284; "Proclamation 4632 — Temporary Duty Increase on the Importation into the United States of Certain Bolts, Nuts, and Screws of Iron or Steel", 4 de janeiro de 1979, Pub. Papers (1979), 3; Departamento de Comércio dos Estados Unidos, Administração do Comércio Internacional, "An Economic Assessment of the United States Industrial Fastener Industry (1979 to 1986)", março de 1987; Gary Clyde Hufbauer e Howard Rosen, *Trade Policy for Troubled Industries* (Washington, DC: Institute for International Economics, 1986), 20.

11. Stephen D. Cohen, "The Route to Japan's Voluntary Export Restraints on Automobiles", documento de trabalho no 20, Arquivo de Segurança Nacional (1997); USITC, *A Review of Recent Developments in the U.S. Automobile Industry including an Assessment of the Japanese Voluntary Restraint Agreements* (Washington, DC: USITC, 1985), 4–11. A citação de Reagan apareceu em Richard J. Cattani, "Carter, Reagan Cast for Votes between Blacks, Auto Workers", *Christian Science Monitor*, 3 de setembro de 1980.

12. Dale W. Jorgenson e Masahiro Kuroda, "Productivity and International Competitiveness in Japan and the United States, 1960–1985", em *Productivity Growth in Japan and the United States*, ed. Charles R. Hulten, (Chicago: University of Chicago Press, 1991), 45; Philip Turner e Jean-Pierre Tuveri, "Some Effects of Export Restraints on Japanese Trading Behavior", *OECD Economic Studies* 2 (1984): 94–107.

13. Amsden, *Asia's Next Giant*, 69–80 (citação de Park 69; citação de Amsden 80); Somi Seong, "Competition and Cooperation among Asian Countries and the Future Prospect of Korean Industrial Policy", documento de trabalho, Instituto de Desenvolvimento da Coreia, 1º de janeiro de 1996.

14. Hee-Yhon Song, "Economic Miracles in Korea", em *Economic Interaction in the Pacific Basin*, ed. Lawrence B. Krause e Sueo Sekiguchi (Washington, DC: Brookings Institution, 1980), 117–46. De acordo com Kwang Suk Kim, "Lessons from Korea's Industrialization Experience", monografia no 8105 (1981), o setor manufatureiro cresceu a uma taxa anual composta de 17,1% entre 1963 e 1980.

15. Chong-Hyun Nam, "Protectionist U.S. Trade Policy and Korean Exports", em *Trade and Protectionism*, ed. Takatoshi Ito e Anne O. Krueger (Chicago: University of Chicago Press, 1993), 183–222; USITC, *DRAMS of One Megabit and Above from the Republic of Korea*, Publicação 2629 (Washington, DC: USITC, 1993), I-99.

16. Kim Gyu-Pan, "Korea's Economic Relations with Japan", *Korea's Economy* 31 (2017): 23–29. De acordo com o banco de dados OECD Trade in Value Added, 21% do valor dos produtos eletrônicos e ópticos chineses em 2015 tiveram origem na Coreia; consulte "Trade in Value Added (TiVA): Origin of Value Added in Gross Imports: 5", OECD.Stat, dezembro de 2018, https://stats.oecd.org.

Capítulo 11

1. Carl E. Walter e Fraser J. T. Howie, *Red Capitalism* (Singapura: Wiley, 2011), 32, 153.

2. Joe Studwell, *How Asia Works* (Londres: Profile Books, 2013), 184; USITC, *China's Economic Development Strategies and Their Effects on U.S. Trade*, publicação 1645 (Washington, DC; USITC, 1985), 23–32.

3. Dennis Tao Yang, Vivian Weija Chen e Ryan Monarch, "Rising Wages: Has China Lost Its Global Labour Advantage?" *Pacific Economic Review* 15 (2010): 482–504; Don Oberdorfer, "Trade Benefits for China Are Approved by Carter", *Washington Post*, 24 de outubro de 1979. A Comunidade Europeia reduziu as tarifas sobre produtos chineses no final dos anos 1970. O Congresso havia impedido a União Soviética de receber tratamento tarifário semelhante devido ao seu histórico de direitos humanos, particularmente restrições à emigração de judeus.

4. A participação de mercado da China nas exportações globais de manufaturados em 1986 era inferior a 1%.

5. Sobre a retirada do GATT, ver Monica Hsiao, "China and the GATT", *Pacific Basin Law Journal* 12 (1994): 433–34.

6. Donald C. Clarke, "GATT Membership for China?" *University of Puget Sound Law Review* 17 (1994): 517–31; Preeg, *Brave New World*, 106.

7. Dori Jones Yang e Maria Shao, "China's Push for Exports Is Turning into a Long March", *Business Week*, 15 de setembro de 1986, 66. O número de fatalidades no incidente de Tiananmen foi contestado. Um cabograma diplomático de Alan Ewan Donald, embaixador britânico na China, em Londres em 5 de junho de 1989, referia-se às "atrocidades cometidas pelo 27º Exército", acrescentando: "Estimativa mínima de civis mortos 10 mil". Um relatório do governo dos EUA na época concluiu que "as mortes de civis provavelmente não atingiram a cifra de 3 mil usada em alguns relatos da imprensa, mas certamente superaram em muito os números oficiais". O governo chinês deu números na casa das centenas; o serviço de notícias japonês Kyodo relatou 7 mil. Cabo da embaixada Norte Americana em Pequim para o Secretário de Estado, "O que aconteceu na noite de 3 de junho?" 19 de junho de 1989. Para a citação de Deng, ver Liang Zhang (compilador), *The Tiananmen Papers*, ed. Andrew J. Nathan e Perry Link (Nova York: Public Affairs, 2001).

8. Roderick MacFarquhar, "Deng's Last Campaign", *New York Review of Books*, 17 de dezembro de 1992; "Full Text of Jiang Zemin's Report at 14th Party Congress", *Beijing Review*, acessado em 15 de março de 2020, http://www.bjreview.com.cn/document/txt/2011-03/29/content_363504.htm.

9. Takashi Kawakimi, "Uniqlo's China Factories Key to Success", *Nikkei Asian Review*, 21 de outubro de 2014, https://asia.nikkei.com/Business/Uniqlo-s-China-factories-key-to-success. A General Motors abriu pela primeira vez um escritório de compras na China em 1997; Norihiko Shirouzu, "Big Three's Outsourcing Plan: Make Parts Supplies Do It", *Wall Street Journal*, 20 de junho de 2004.

10. Nicholas R. Lardy, "China's WTO Membership", *Policy Brief* (Brookings Institution), 1 de abril de 1999; Loren Brandt, Johannes Van Biesebroeck, Luhang Wang e Yifan Zhang, "WTO Accession and Performance of Chinese Manufacturing Firms", *American Economic Review* 107 (2017): 2784–820, e a correção relacionada na *American Economic Review* 109 (2019): 1616–21; Chang-Tai Hsieh e Zheng Song, "Grasp the Large, Let Go of the Small: The Transformation of the State Sector in China", *Brookings Papers on Economic Activity* (2015): 295–362.

11. Escritório do Representante de Comércio dos EUA, "Background Information on China's Accession to the World Trade Organization", 11 de dezembro de 2001, https://ustr.gov/archive/Document_Library/Fact_Sheets/2001/Background_Information_on_China%27s_Accession_to_the_World_Trade_Organization.html; Alan Matthews e K. Ingersent, "The WTO Negotiations in the Field of Agriculture and Food", European Parliament Directorate-General for Research, documento de trabalho AGRI 135 EN (2001), 58–59; Joseph Fewsmith, "The Political and Social Implications of China's Accession to the WTO", *China Quarterly* 167 (2001): 573–91.

12. OMC, "Special and Differential Treatment Provisions in WTO Agreements and Decisions", WT/COMTD/W/239 (12 de outubro de 2018).

13. Peter T. Kilborn, "Wal-Mart's Buy American", *New York Times*, 10 de abril de 1985; Nelson Lichtenstein, *The Retail Revolution* (Nova York: Metropolitan Books, 2009), 159–78; David Barboza e Elizabeth Becker, "Free of Quotas, China Textiles Flood the U.S.", *New York Times*, 20 de março de 2005; Mei Fong, "Trade Disputes Cause Liz Claiborne to Change China Sourcing Levels", *Wall Street Journal*, 29 de setembro de 2005; "Trade in Value Added (TiVA): Origin of Value Added in Gross Imports: 5", OECD.Stat, dezembro 2018, https://stats.oecd.org/.

14. James Kynge, *China Shakes the World* (Boston: Houghton Mifflin, 2006), 57–60.

15. Os importadores pagaram uma tarifa média ponderada de 41% em 1992, caindo para 16% em 1997, mas algumas importações enfrentaram tarifas superiores a 100% até 2001. Ver Dani Rodrik, "What's So Special about China's Exports", documento de trabalho do NBER 11947 (2006). Os dados sobre as exportações como participação na produção são do Banco Mundial.

16. Surafael Girma, Yundan Gong, Holger Görg e Zhihong Yu, "Can Production Subsidies Explain China's Export Performance?: Evidence from Firm Level Data", *Scandinavian Journal of Economics* 111 (2009): 862–91; Zhi Wang e Shang-Jin Wei, "What Accounts for the Rising Sophistication of China's Exports", documento de trabalho do NBER 13771 (2008). Para a descrição do governo chinês de alguns dos subsídios disponíveis no final dos anos 1990, consulte OMC, "Accession of the People's Republic of China", Anexo 5A, WT/L/432 (23 de novembro de 2001).

17. USITC, *Certain Passenger and Light Truck Vehicle Tires from China*, Publicação 4085 (Washington, DC: USITC, 2009), e *Certain Passenger and Light Truck Vehicle Tires from China*, Publicação 4545 (Washington, DC: USITC, 2015).

18. OECD, "Measuring Distortions in International Markets: The Aluminum Value Chain", *OECD Trade Policy Papers* 218 (2019).

19. Para outros exemplos, consulte Usha C. V. Haley e George T. Haley, *Subsidies to Chinese Industry* (Oxford: Oxford University Press, 2013).

20. OECD, "Recent Developments in the Automobile Industry", *Economics Department Policy Notes* 7 (2011); Shang-Jin Wei, "Foreign Direct Investment in China: Sources and Consequences", em *Financial Deregulation and Integration in East Asia*, ed. Takatoshi Ito e Anne O. Krueger (Chicago: University of Chicago Press, 1996), 77–105; Joshua B. Freeman, *Behemoth* (Nova York: Norton, 2017), 272–74.

Capítulo 12

1. Andrea Andrenelli, Iza Lejàrraga, Sébastien Miroudot e Letizia Montinari, "Micro-evidence on Corporate Relationships in Global Value Chains", documento de política comercial 227 da OCDE (2019).

2. Samuel J. Palmisano, "The Globally Integrated Enterprise", *Foreign Affairs*, maio–junho de 2006.

3. Alex Barker e Peter Campbell, "Honda Faces the Real Cost of Brexit in a Ex Spitfire Plant", *Financial Times*, 29 de junho de 2018; US National Highway Traffic Safety Administration (NHTSA), "Part 583 American Automobile Labeling Act Reports", NHTSA, 4 de junho de 2019, https://www.nhtsa.gov/part-583-american-automobile-labeling-act-reports.

4. Andrew B. Bernard, J. Bradford Jensen, Stephen J. Redding e Peter K. Schott, "Global Firms", *Journal of Economic Literature* 56 (2018): 565–619; John R. Baldwin e Beiling Yan, "Global Value Chain Participation and the Productivity of Canadian Manufacturing Firms", Instituto de Pesquisa em Políticas Públicas, 17 de março de 2016, https://on-irpp.org/2JDRQsR.

5. Marc J. Melitz e Daniel Trefler, "Gains from Trade when Firms Matter", *Journal of Economic Perspectives* 26 (2012): 91–118; Carolyn Freund e Martha Denisse Pierola, "The Origins and Dynamics of Export Superstars", documento de trabalho do Peterson Institute of International Economics 16–11 (2016); Ricardo Monge-González, *Moving up the Global Value Chain: The Case of Intel Costa Rica* (Lima: Organização Internacional do Trabalho, 2017).

6. IHS Markit, "iPhone 3G S Carries $178,96 BOM and Manufacturing Cost, iSuppli Teardown Reveals", comunicado à imprensa, Omdia, 24 de junho de 2009, https://technology.ihs.com/389273/iphone-3g-s-carries-17896-bom-and-manufacturing-cost-isuppli-teardown-reveals.

7. Yuqing Xing e Neal Detert, "How the iPhone Widens the United States Trade Deficit with the People's Republic of China", documento de trabalho do Asian Development Bank Institute 257 (2010).

8. Nenhuma informação pública está disponível sobre o lucro líquido da Apple com a venda do iPhone 3G. A estimativa de lucro por telefone da Apple aplica sua margem líquida durante os quatro trimestres do ano civil de 2009, que foi de aproximadamente 19%, ao preço médio de venda por iPhone 3G. A margem líquida é calculada como o lucro líquido dividido pela receita total. iPhones de todos os modelos e produtos relacionados representaram 30% das vendas da Apple durante o ano fiscal de 2009 e 39% no ano fiscal de 2010, e é possível que as margens líquidas do iPhone 3G fossem maiores ou menores do que as de toda a empresa.

9. Teresa C. Fort, "Technology and Production Fragmentation: Domestic versus Foreign Sourcing", *Review of Economic Studies* 84 (2017): 650–87; Richard Baldwin e Javier Lopez-Gonzalez, "Supply-Chain Trade: A Portrait of Global Patterns and Various Testable Hypotheses", *World Economy* 38 (2015): 1682–721.

10. Esta seção baseia-se no banco de dados do Comércio de Valor Agregado da OCDE-OMC.

11. OMC, *World Trade Statistical Review 2017*, tabela A54, https://www.wto.org/english/res_e/statis_e/wts2017_e/wts2017_e.pdf.

Capítulo 13

1. Daniel Jessel, "Banking on the Dragon", *Fairplay*, 6 de janeiro de 2005.

2. A. P. Møller-Maersk A/S, *Annual Report 2003*, 10–12.

3. A discussão nesta seção baseia-se em documentos dos Arquivos da Maersk, Departamento 131, Secretariado de Stubkjaer, caixas 229488 e 229470 e vários cadernos cronológicos.

4. Robert Wright, "World's Fastest Containerships Mothballed", *Financial Times*, 22 de fevereiro de 2010.

5. UNCTAD, *Review of Maritime Transport 2003* (Nova York: UN, 2003), 63; citação de Knud Stubkjaer, então chefe da Maersk Line, i. "Maersk Deal Will Stir Up Liners", *Fairplay*, 19 de maio de 2005.

6. O maior navio porta-contêiner em operação em 2005 relatou capacidade de 9.200 TEU; consulte *Containerisation International Yearbook 2005*, 7. A capacidade de *Emma Maersk* foi relatada como 15.500 TEU no *Containerisation International Yearbook 2012*; um ano antes, o anuário havia declarado sua capacidade em 14.770 TEU. A capacidade relatada depende, em parte, de suposições sobre o peso médio por contêiner. Gregory Richards, "Emma Maersk May Be as Big as a Container Ship Can Get", *Virginian-Pilot* (Norfolk, VA), 23 de agosto de 2006.

7. "Are Shipbuilders Hurtling Towards Overcapacity?", *Fairplay*, 8 de setembro de 2005.

8. Peter T. Leach, "Shakeup at Maersk", *Journal of Commerce*, 1º de julho de 2007.

Capítulo 14

1. Brent Hunsberger, "Worried about Lockout at West Coast Ports, Some Importers Cancel Orders", *Oregonian*, 3 de outubro de 2002; John Gallagher, "Shippers' Nightmare", *Traffic World*, 14 de outubro de 2002; David Teather, "Gap Warns of Knock-On as US Dock Strike Ends", *Guardian*, 11 de outubro de 2002; Daniel B. Wood, "Dock Backlog Likely to Hit Christmas Sales", *Christian Science Monitor*, 10 de outubro de 2002; Danielle Herubin, "Retailers Say They Think Port Delay Toy Shortages for Christmas", *Orange County Register*, 29 de outubro de 2002.

2. Peter V. Hall, "'We'd Have to Sink the Ships': Impact Studies and the 2002 West Coast Port Lockout", *Economic Development Quarterly* 18 (2004), 354–67.

3. Freeman, *Behemoth*, 138–44.

4. Andrew Pollack, "Shortage of Memory Chips Has Industry Scrambling", *New York Times*, 12 de março de 1988; Jason Amaral, Corey A. Billington e Andy A. Tsay, "Safeguarding the Promise of Production Outsourcing", *Interfaces* 36 (2006): 220–33.

5. Ila Manuj, "Risk Management in Global Sourcing: Comparing the Business World and the Academic World", *Transportation Journal* 52 (2013): 80–107 (citações 92).

6. Stephan M. Wagner e Christoph Bode, "An Empirical Investigation into Supply Chain Vulnerability", *Journal of Purchasing and Supply Management* 12 (2006): 301–12; "BMW to Recall Faulty Diesel Cars", *BBC News*, 1 de fevereiro de 2005, news.bbc.co.uk/2/hi/business/4227159.stm.

7. Amy Chozick, "A Key Strategy of Japan's Car Makers Backfires", *Wall Street Journal*, 20 de julho de 2007; April Wortham, "In Quake's Wake, Honda's U.S. Supplier Lend a Hand", *Automotive News*, 20 de agosto de 2007.

8. Declaração de Robert C. Bonner, Comissário, Alfândega dos EUA, à Comissão Nacional de Ataques Terroristas contra os Estados Unidos, 26 de janeiro de 2004, Comissão Nacional de Ataques Terroristas ao site arquivado dos Estados Unidos, https://govinfo.library.unt.edu/911/hearings/hearing7/witness_bonner.htm.

9. Ver, por exemplo, Genevieve LeBaron, *The Global Business of Forced Labor: Report of Findings* (Sheffield, Reino Unido: University of Sheffield Political Economy Research Institute, 2018).

10. "Statistics on Safeguard Measures", OMC, acessado em 20 de abril de 2019, https://www.wto.org/english/tratop_e/safeg_e/safeg_e.htm#statistics.

11. Vasco M. Carvalho, Makoto Nirei, Yukiko Saito e Alireza Tahbaz-Salehi, "Supply Chain Disruptions: Evidence from the Great East Japan Earthquake", artigo de pesquisa da Columbia Business School no 17–5 (2016); Christoph E. Boehm, Aaron Flaaen e Nitya Pandalai-Nayar, "The Role of Global Supply Chains in the Transmission of Shocks: Firm-Level Evidence from the 2011 Tōhoku Earthquake", *FEDS Notes*, Federal Reserve Board, 2 de maio de 2016.

12. Sharon Silke Carty e Elaine Kurtenbach, "Tohoku Disaster May Bring Automakers to their Knees", *Japan Times*, 29 de março de 2011.

13. Hans Greimel, "How Toyota Applied the Lessons of 2011 Quake", *Automotive News*, 25 de abril de 2016; Thomas J. Holmes e Ethan Singer, "Indivisilities in Distribution", documento de trabalho do NBER 24525 (Abril de 2018).

Capítulo 15

1. Banco Mundial, *Market Access for Developing-Country Exports* (Washington, DC: Banco Mundial, 2001), 9; Wei, "Foreign Direct Investment"; Federico e Tena Junguito, "Tale of Two Globalizations", resumo. As estatísticas de investimento direto são da UNCTAD e as estatísticas de empréstimos bancários do Bank for International Settlements.

2. Kate Kelly e Serena Ng, "Bear Stearns Bails Out Fund With Big Loan", *Wall Street Journal*, 23 de junho de 2007.

3. Meredith A. Crowley e Xi Luo, "Understanding the Great Trade Collapse of 2008–09 and the Subsequent Trade Recovery", *Economic Perspectives* 35, no 2 (2011): 45; Richard Baldwin e Daria Taglioni, "The Great Trade Collapse and Trade Imbalances", em *The Great Trade Collapse: Causes, Consequences and prospects* ed. Baldwin (Londres: Centre for European Policy Research, 2009), 47.

4. Kiyoyasu Tanaka, "Trade Collapse and International Supply Chains: Japanese Evidence", 201–8, e Ryuhei Wakasugi, "Why Was Japan's Trade Hit So Much Harder?" 209–22, ambos em Richard Baldwin, *Great Trade Collapse*.

5. Logan T. Lewis, Ryan Monarch, Michael Sposi e Jing Zhang, "Structural Change and Global Trade", Federal Reserve International Finance Discussion Paper 1225 (2018); Przemyslaw Wozniak e Malgorzata Galar, "Understanding the Weakness in Global Trade", European Commission Economic Brief 033 (2018); US Bureau of Economic Analysis e US Census Bureau, US Imports of Goods by Customs Basis from Mexico, obtido do FRED, Federal Reserve Bank de St. Louis, 22 de maio de 2019, https://fred.stlouisfed.org/series/IMPMX; Eurostat, "Evolution of intra-EU trade

in goods: 2002–2019", acessado em 15 de março de 2020, https://ec.europa.eu/eurostat/statistics-explained/index.php?title=Intra-EU_trade_in_goods_-_main_features&oldid=452727#Evolution_of_intra-EU_trade_in_goods:_2002-2019.

6. Anna Ignatenko, Faezeh Raei e Borislava Mircheva, "Global Value Chains: What Are the Benefits and Why Do Countries Participate?", documento de trabalho 19/19 do FMI (2019).

7. Yuqing Xing, "How the iPhone Widens the US Trade Deficit with China: The Case of the iPhone X", VoxEU, 11 de novembro de 2019, https://voxeu.org/article/how-iphone-widens-us-trade-deficit-china-0; Logan Lewis e Ryan Monarch, "Causes of the Global Trade Slowdown", nota do Federal Reserve Board International Finance Discussion Paper, 2016, https://www.federalreserve.gov/econresdata/notes/ifdp-notes/2016/files/causes-of-the-global-trade-slowdown-20161110.pdf; Jin Hongman, "China's Practice in Statistics of Goods for Processing", apresentação, Seminário Regional das Nações Unidas sobre Estatísticas de Comércio, Pequim, 24 a 26 de outubro de 2011.

8. Scott Kennedy, *China's Risky Drive into New-Energy Vehicles* (Washington, DC: Center for Strategic and International Studies, 2018).

9. Tom Hancock e Yizhen Jia, "China Pays Record $22bn in Corporate Subsidies", *Financial Times*, 27 de maio de 2018.

10. Bela Belassa, "Trade Liberalization and 'Revealed' Comparative Advantage", *Manchester School* 33 (1965): 99–123; S. M. Ali Abbas e Alexander Klemm, "A Partial Race to the Bottom: Corporate Tax Developments in Emerging and Developing Economies", documento de trabalho do FMI WP/12/28 (2012); Nações Unidas, *Design and Assessment of Tax Incentives in Developing Countries* (Nova York: ONU, 2018); Dorsati H. Madani e Natàlia Mas-Guix, "The Impact of Export Tax Incentives on Export Performance: Evidence from the Automotive Sector in South Africa", documento de trabalho de pesquisa de política do Banco Mundial 5585 (2011).

11. Greg Leroy, *The Great American Jobs Scam* (São Francisco: Berrett-Koehler, 2005); Mike Pare e Dave Flessner, "Volkswagen Won Most Subsidies in Tennessee, but Were They All Necessary?", *Chattanooga Times Free Press*, 16 de setembro de 2017; Jason Spencer, "Spartanburg Takes a Look Back at Landing BMW", *State*, 13 de julho de 2014; David Wren, "BMW's South Carolina Plant Remains Top Car Exporter Despite Higher Tariffs", *Post and Courier*, 8 de março de 2019; Comissão Europeia, "State Aid Scoreboard 2018", acesso em 15 de março de 2020, http://ec.europa.eu/competition/state_aid/scoreboard/index_en.html; John Lester, "Business Subsidies in Canada", University of Calgary School of Public Policy Publications, *SPP Research Paper* 11, no 1 (janeiro de 2018).

12. "Global Production Patterns from a European Perspective", *Boletim Econômico 6 do BCE* (2016): 44; Banco Central Europeu, "Understanding the Weakness in Global Trade", artigo ocasional 178 (2016), 30.

Capítulo 16

1. Ragnhild Balsvik, Sissel Jensen e Kjell G. Salvanes, *Made in China, Sold in Norway: Local Labor Market Effects of an Import Shock*, documento de discussão IZA no 8324 (2014); Vicente Donoso, Víctor Martín e Asier Minondo, "Do Differences in the Exposure to Chinese Imports Lead to Differences in Local Labour Market Outcomes?: An Analysis for Spanish Provinces", *Regional Studies* 49 (2015): 1746–64; David H. Autor, David Dorn e Gordon H. Hanson, "The China Syndrome: Local Labor Market Effects of Import Competition in the United States", *American*

Economic Review 103 (2013): 2121–68. Para uma crítica inicial, mas ainda convincente, dos custos da globalização, consulte Dani Rodrik, *Has Globalization Gone Too Far?* (Washington: Institute for International Economics, 1997).

2. Facundo Alvaredo, Lucas Chancel, Thomas Piketty, Emanuel Saez e Gabriel Zucman, coordenadores, *World Inequality Report 2018* (World Inequality Lab, 2017), 64, 66.

3. FMI, *World Economic Outlook* (Washington, DC: FMI, abril de 2018), cap. 3.

4. Jeff Rubin, "Has Global Trade Liberalization Left Canadian Workers Behind?", Centre for International Governance Innovation Papers no 163 (2018), 12.

5. Francisco Costa, Jason Garred e João Pessoa, "Winners and Losers from China's 'Commodities-for-Manufactures' Trade Boom", VoxEU, 24 de setembro de 2017, https://voxeu.org/article/winners-and-losers-china-s-commodities-manufactures-trade-boom; Adrian Wood e Jörg Mayer, "Has China De-industrialized Other Developing Countries?", documento de trabalho 175 do Oxford University Department of International Development (junho de 2010); Robert Neuwirth, *Stealth of Nations: The Global Rise of the Informal Economy* (Nova York: Pantheon, 2011).

6. Alvaredo *et al.*, *World Inequality Report 2018*, 200; Banco do Japão, Departamento de Pesquisa e Estatística, "Recent Developments of Japan's External Trade and Corporate Behavior", outubro de 2007 (tradução em inglês do original em japonês lançado em 27 de agosto de 2007), https://www.boj.or.jp/en/research/brp/ron_2007/data/ron0710a.pdf; Hitoshi Sasaki, "Import Competition and Manufacturing Employment in Japan", documento de trabalho 07-E-25 do Banco do Japão (2007).

7. Gabriel Zucman, *The Hidden Wealth of Nations* (Chicago: University of Chicago Press, 2015); Annette Alstadsaeter, Niels Johannesen e Gabriel Zucman, "Tax Evasion and Inequality", *American Economic Review* 109 (2019): 2073–2103.

8. "OECD Secretary-General Report to the G20 Leaders", Osaka, Japão, junho de 2019; Ernesto Crivelli, Ruud de Mooij e Michael Keenan, "Base Erosion, Profit Shifting, and Developing Countries", documento de trabalho do FMI WP/15/118 (2015); Jane Gravelle, "Tax Havens: International Tax Avoidance and Evasion", Congressional Research Service Report R40623 (2013); Thomas Wright e Gabriel Zucman, "The Exorbitant Tax Privilege", documento de trabalho NBER 24983 (2018).

9. Ver, por exemplo, Micah White e Kalle Lasn, "The Call to Occupy Wall Street Resonates around the World", *Guardian*, 19 de setembro de 2011; Naomi Klein, "Occupy Wall Street: The Most Important Thing in the World Now", *Nation*, 6 de outubro de 2011, https://www.thenation.com/article/archive/occupy-wall-street-most-important-thing-world-now/.

10. Michael E. Waugh, "The Consumption Response to Trade Shocks", documento de trabalho do NBER 26353 (2019).

11. Percy Ashley, *Modern Tariff History: Germany, United States, France* (Londres: John Murray, 1920), 297–306; Douglas A. Irwin, "From Smoot-Hawley to Reciprocal Trade Agreements", em *The Defining Moment: The Great Depression and American Trade Policy in the Twentieth Century*, ed. Michael Bordo *et al.* (Chicago: University of Chicago Press, 1998), 343; Estados Unidos, *Acordo de Comércio Recíproco entre os Estados Unidos da América e Cuba* (Washington: Government Printing Office, 1934). O jornalista Philip Stephens lembrou como a primeira-ministra britânica Margaret Thatcher pressionou por uma regulamentação da União Europeia sobre o ruído dos cor-

tadores de grama para evitar regulamentações alemãs mais rígidas que efetivamente impediam a importação dos cortadores de grama britânicos para a Alemanha; consulte "After Brexit, Britain Will Be a Rule-Taker", *Financial Times*, 7 de março de 2019.

12. Sébastien Miroudot, Dorothée Touzet e Francesca Spinelli, "Trade Policy Implications of Global Value Chains", documento de política comercial da OCDE no 161 (2013); Sébastien Miroudot e Charles Cadestin, "Services in Global Value Chains: From Inputs to Value-Creating Activities", documento de política comercial da OCDE no 197 (2017); Kommerskollegium (Junta Comercial Nacional Sueca), *Adding Value to the European Economy* (Estocolmo: Kommerskollegium, 2007).

13. ComRes, "Independent/Sunday Mirror December 2016 Political Poll", ComRes Global, https://www.comresglobal.com/wp-content/uploads/2016/12/Sunday-Poll-December-2016.pdf; GEG, "'Maintenant ce sont les patriotes contre les mondialistes': Traduction d'extraits d'un entretien de Marine Le Pen à Bjørn Bredal de Politiken, 19 mars 2017", Medium, 2 de abril de 2017, https://medium.com/@LLDD/marine-le-pen-%C3%A0-politiken-principal-journal-danois-maintenant-ce-sont-les-patriotes-contre-les-41875ac8ef6d; Rory Horner, Daniel Haberly, Seth Schindler e Yuko Aoyama, "How Anti-globalization Shifted a Left to a Right-Wing Issue—and Where It Will Go Next", Conversation, 25 de janeiro de 2018, https://theconversation.com/how-anti-globalisation-switched-from-a-left-to-a-right-wing-issue-and-where-it-will-go-next-90587 (citação de maio).

Capítulo 17

1. Corpo de Engenheiros do Exército dos EUA, Distrito de Nova York, *Bayonne Bridge Air Draft Analysis*, 23 de setembro de 2009.

2. A Maersk Line relatou uma perda de US$602 milhões em 2011 no volume de 8,1 milhões de contêineres de 12 metros. A. P. Møller-Maersk A/S, *Group Annual Report 2011*, 22.

3. Drewry Maritime Research, citado em *Containerisation International Yearbook 2012*, 5; comentário de Gianluigi Aponte à Lloyd's List, citado em "Mediterranean Shipping Company (MSC)", Fitch Solutions, 17 de dezembro de 2012, https://www.fitchsolutions.com/corporates/industrials-transportation/mediterranean-shipping-company-msc-17-12-2012; Fórum Internacional de Transportes, *The Impact of Mega-Ships* (Paris: OCDE, 2015), 18, 29.

4. Michele Acciaro, "Naval Gigantism: Rationale and Limits", discurso para Federagenti, Roma, Itália, 16 de dezembro de 2015.

5. Olaf Merk, *The Impact of Mega-Ships* (Paris: Fórum Internacional de Transportes, 2015), 41; Adam Carey e Richard Willingham, "Port of Melbourne: Ships May Soon Be Too Big to Pass under West Gate Bridge", *Age*, 15 de setembro de 2015.

6. Bundesstelle für Seeunfalluntersuchung, "Investigation Report 34/16: Grounding of the CSCL Indian Ocean in the River Elbe on 3 February 2016", 14 de outubro de 2016; Port of Gothenburg, "The Impact of Megaships: The Case of Gothenburg", 2015, 2, 15, 26; Fórum Internacional de Transportes, *The Impact of Alliances in Container Shipping* (Paris, Fórum Internacional de Transportes, 2018), 61; Chabeli Herrera, "Despite Recent Dredge, Port Miami Still Can't Fit Some Large Ships. New Project in the Works", *Miami Herald*, 8 de julho de 2018.

7. UNCTAD, *Review of Maritime Transport 1999* (Nova York: UN, 1999), 71; apresentação de Robin Carruthers, consultor do Banco Mundial, ao Transportation Research Board, Washington, DC, 14 de janeiro de 2020.

8. Grupo de Trabalho da OCDE sobre Construção Naval, "Peer Review of the Korean Shipbuilding Industry and Related Policies", C/WP26 (2014) 10 (13 de janeiro de 2015); Joyce Lee, "South Korea's Daewoo Shipbuilding Unlocks $2.6 Billion Bailout after Bondholder Approval", Reuters, 18 de abril de 2017, https://uk.reuters.com/article/us-daewoo-restructuring/south-koreas-daewoo-shipbuilding-unlocks-2-6-billion-bailout-after-bondholder-approval-idUKKBN17K0KX; Xiaolin Zeng, "South Korean Shipbuilders' Fight for Life", *Fairplay*, 6 de abril de 2017; Costas Paris, "Korea Extends Aid Package to Hyundai Merchant Marine", *Wall Street Journal*, 27 de janeiro de 2017; Costas Paris, "South Korea Sends Another $5 Billion to Hyundai Merchant Marine", *Wall Street Journal*, 10 de outubro de 2018.

9. Costas Paris, "Taiwan Approves $1.9 Billion Aid Package to Troubled Shipping Companies", *Wall Street Journal*, 17 de novembro de 2016; o presidente da NYK citado em Leo Lewis e Robert Wright, "NYK, MOL e K Line to Combine Container Shipping Units", *Financial Times*, 31 de outubro de 2016.

10. Dados de participação de mercado da Alphaliner em 31 de julho de 2018.

11. Citação de Richard Milne, "Maersk Shares Slide as Chief Warns on US-China Trade War Risks", *Financial Times*, 18 de maio de 2018; Costas Paris e Dominic Chopping, "Maersk Will Restrain Costs, Expand Logistics Services on Weak Shipping Outlook", *Wall Street Journal*, 15 de novembro de 2019.

Capítulo 18

1. A população global era de 5 bilhões em 1987 e, dessas, de acordo com estimativas do Banco Mundial, cerca de 70%, 3,5 bilhões, tinham eletricidade. Em 2017, a população global era de 7,5 bilhões, dos quais 87%, 6,5 bilhões, tinham eletricidade. De acordo com dados da OCDE, o consumo global de carne bovina aumentou de 47 milhões de toneladas métricas em 1990 para quase 70 milhões em 2017. Segundo uma estimativa, os ganhos econômicos do comércio internacional foram 161 vezes o custo econômico dos danos ambientais causados pelas emissões de gases de efeito estufa. Ver Joseph S. Shapiro, "Trade Costs, CO2, and the Environment", *American Economic Journal: Economic Policy* 8 (2016): 220–54.

2. Jean-Yves Huwart e Loïc Verdier, *Economic Globalization: Origins and Consequences* (Paris: OCDE, 2013): 114; Elizabeth Economy, *The River Runs Black* (Ithaca, NY: Cornell University Press, 2004); "China's War on Particulate Pollution Is Causing More Severe Ozone Pollution", *Science Daily*, 2 de janeiro de 2019; Jintai Lin, Da Pan, Steven J. Davis, Qiang Zhang, Kebin He, Can Wang, David G. Streets, Donald J. Wuebbles e Dabo Guan, "China's International Trade and Air Pollution in the United States", *Proceedings of the National Academy of Sciences of the USA* 111 (2014): 1736–41.

3. *International Union for the Protection of Nature* (Bruxelas: Imprimerie M. Hayez, 1948).

4. Rachel Carson, *Silent Spring* (Boston: Houghton Mifflin, 1962); Paul Ehrlich, *The Population Bomb* (Nova York: Ballantine Books, 1968); Donella H. Meadows, Dennis L. Meadows, Jørgen Randers e William W. Behrens III, *The Limits to Growth* (Nova York: Universe Books, 1972), 23.

5. Mario J. Molina e F. S. Rowland, "Stratospheric Sink for Chlorofluoromethanes: Chlorine Atomic-Catalysed Destruction of Ozone", *Nature* 249 (1974): 810–12; "Life under the Ozone Hole", *Newsweek*, 8 de dezembro de 1991; C. Ford Runge, *Freer Trade, Protected Environment* (Nova York: Council on Foreign Relations, 1994), 89–93.

6. Marc Levinson, "The Green Gangs", *Newsweek*, 2 de agosto de 1992; Frances Cairncross, "How Europe's Companies Reposition to Recycle", *Harvard Business Review*, março–abril de 1992, 34–45. Um painel de especialistas jurídicos do GATT decidiu a favor do México, mas os Estados Unidos e o México concordaram que a decisão não deveria ser adotada devido às negociações comerciais em andamento; consulte "Mexico etc versus US: 'Tuna-Dolphin'", OMC, acessado em 15 de março de 2020, https://www.wto.org/english/tratop_e/envir_e/edis04_e.htm.

7. Jordi Diéz, "The Rise and Fall of Mexico's Green Movement", *European Review of Latin American and Caribbean Studies* 85 (2008): 81–99.

8. Jaime de Melo e Nicole A. Mathys, "Trade and Climate Change: The Challenges Ahead", Fondation pour les études et recherches sur le développement internacional, documento de trabalho P14 (2010); Joseph S. Shapiro, "The Environmental Bias of Trade Policy" (a ser publicado).

9. Glen P. Peters, Jan Minx, Christopher Weber e Ottmar Edenhofer, "Growth in Emission Transfers via International Trade from 1990 to 2008", *Proceedings of the National Academy of Sciences of the USA* 108 (2011): 8903–8.

10. Rahel Aichele e Gabriel Felbermayr, "Kyoto and the Carbon Content of Trade", VoxEU, 4 de fevereiro de 2010, https://voxeu.org/article/kyoto-and-carbon-content-trade.

11. Graham K. MacDonald, Kate A. Brauman, Shipeng Sun, Kimberly M. Carlson, Emily S. Cassidy, James S. Gerber e Paul C. West, "Rethinking Agricultural Trade Relationships in an Era of Globalization", *BioScience* 65 (2015): 275–89; Jing Zang, "Chilean Fruit Exports to China Grow by 11% in 2018/19 Season", *Produce Report*, 21 de abril de 2019, https://www.producereport.com/article/chilean-fruit-exports-china-grow-11-201819-season; Choy Leng Yeong, "NW Salmon Sent to China before Reaching U.S. Tables", *Seattle Times*, 16 de julho de 2005; Yossi Sheffi, *Logistics Clusters: Delivering Value and Driving Growth* (Cambridge, MA: MIT Press, 2012).

12. Angela Paxton, *The Food Miles Report: The Dangers of Long-Distance Food Transport* (Londres: SAFE Alliance, 1994).

13. Segundo uma estimativa, obrigar os consumidores a pagar o custo ambiental total de suas escolhas reduziria o comércio holandês de produtos agrícolas em 4,2%, porque alguns produtos domésticos ficariam mais baratos do que os importados. Ver Lóránt Tavasszy, Jorrit Harmsen, Olga Ivanova e Tatyana Bulavskaya, "Effect of a Full Internalization of External Costs of Global Supply Chain on Production, Trade, and Transport", em *Towards Innovative Freight and Logistics*, ed. Corinne Blanquart, Uwe Clausen e Bernard Jacob (Paris: Transport Research Arena, 2014), 337–51; Caroline Saunders e Andrew Barber, "Carbon Footprints, Life Cycle Analysis, Food Miles: Global Trade Trends and Market Issues", *Political Science* 60 (2008): 73–88; Alison Smith *et al.*, *The Validity of Food Miles as a Indicator of Sustainable Development* (Londres: Departamento do Meio Ambiente, Alimentos e Assuntos Rurais, 2005). Anca Cristea, David Hummels, Laura Puzzello e Misak Avetisyan, "Trade and the Greenhouse Gas Emissions from International Freight Transport", *Journal of Environmental Economics and Management* 65 (2031): 153–73, descobriram que aproximadamente um quarto do comércio internacional, principalmente em minerais e alimentos, resultou em menores emissões de gases de efeito estufa do que se o comércio não tivesse ocorrido.

14. Alan C. McKinnon, "Options for Reducing Logistics-Related Emissions from Global Value Chains", documento de trabalho RSCAS 2014/31 (2014) do European University Institute.

15. David Hummels, "Transportation Costs and International Trade in the Second Era of Globalization", *Journal of Economic Perspectives* 21 (2007): 131–54; International Air Transport Association, "IATA Cargo Strategy" (2018); Ralph Sims, Roberto Schaeffer, Felix Creutzig, Xochitl Cruz-Núñez, Marcio D'Agosto, Delia Dimitriu, Maria Josefina Figueroa Meza, *et al.*, "Transport", em *Climate Change 2014: Mitigation of Climate Change*, ed. O. Edenhofer *et al.* (Cambridge: Cambridge University Press, 2014), 646.

16. Alan McKinnon, "The Possible Influence of the Shipper on Carbon Emissions from Deep-Sea Container Supply Chains: An Empirical Analysis", *Maritime Economics and Logistics* 16 (2014): 1–19. Embora os dados da Organização Marítima Internacional e da Agência Internacional de Energia sugerissem que as emissões de gases de efeito estufa da indústria naval se estabilizaram ou diminuíram depois de 2008, Naya Olmer, Bryan Comer, Biswajoy Roy, Xiaoli Mao e Dan Rutherford, *Greenhouse Gas Emissions from Global Shipping*, 2013–2015 (Washington, DC: Conselho Internacional para Transporte Limpo, 2017), encontraram aumentos anuais até 2015.

17. Organização Marítima Internacional, "Initial IMO Strategy on Reduction of GHG Emissions from Ships", Resolução MEPC.304(72) (13 de abril de 2018). O teor máximo de enxofre nos combustíveis de navios foi reduzido de 4,5% para 0,5%.

18. Leslie Hook e John Reed, "Why the World's Recycling System Stopped Working", *Financial Times*, 25 de outubro de 2018.

Capítulo 19

1. John N. Boucher, *History of Westmoreland County* (Chicago: Lewis, 1906); a origem do nome é explicada no site municipal, https://www.cityofmonessen.com/, acessado em 10 de julho de 2019. Bob Dvorchak, "Decaying Company Town Pinched Further by Steel Strike with Wheeling-Pittsburgh", Associated Press, 24 de julho de 1985, https://apnews.com/7bba5b6b7c989ccfb1b31e46b66a2039.

2. Trump citado em David Jackson, "Donald Trump Targets Globalization and Free Trade as Job-Killers", *USA Today*, 28 de junho de 2016; Daniel Moore, "A Future Made of Coke?", *Pittsburgh Post-Gazette*, 28 de janeiro de 2019.

3. O fabricante de calçados era Pou Chen Corporation; consulte Adidas Group, "Primary Supplier and Subcontractors", 1º de janeiro de 2019. O fabricante de dispositivos médicos era a Jabil Corp. O fabricante de roupas era a Sae-A Trading Company; Deborah Belgum, "Why Manufacturers Are Turning to Central America for Quick-Turn Apparel", *California Apparel News*, 1º de junho de 2017.

4. Michael Laris e Ian Duncan, "Boeing Knew of Problems with Wing Parts but Told FAA Planes Were Safe, Agency Alleges", *Washington Post*, 7 de dezembro de 2019.

5. Departamento de Comércio dos EUA, Administração de Comércio Internacional, "The Current State of the U.S. Automotive Parts Market", abril de 2013.

6. Bown e Irwin, "GATT's Starting Point". Os dados sobre as tarifas efetivas médias ponderadas nos anos 2010 foram retirados da UNCTAD, "Import Tariff Rates on Non-agricultural and Non-fuel Products", acessado em 15 de março de 2020 https://unctadstat.unctad.org/.

7. Wilders citado em Ian Traynor, "Le Pen and Wilders Forge Plan to 'Wreck' EU from Within", *Guardian*, 13 de novembro de 2013; Salvini citado em "Lega, Salvini contro euro: 'Crimine contro l'umanità'", ANSA.it, 15 de dezembro de 2013, http://www.ansa.it/web/notizie/rubriche/politica/2013/12/15/Lega-Salvini-contro-euro-Crimine-contro-umanita-_9781968.html.

8. Chiara Criscuolo e Jonathan Timmis, "The Changing Structure of Global Value Chains: Are Central Hubs Key for Productivity?", *OECD International Productivity Monitor*, primavera de 2018, e "The Relationship between Global Value Chains and Productivity", *OECD International Productivity Monitor*, primavera de 2017; Ang Jian Wei, Athreya Murugasu e Chai Yi Wei, "Low-Skilled Foreign Workers' Distortions to the Economy", no *Annual Report 2017*, por Bank Negara Malaysia, 35–43 (citação 39); Xin Li, Bo Meng e Zhi Wang, "Recent Patterns of Global Production and GVC Participation" e David Dollar, Bilal Khan e Jiansuo Pei, "Should High Domestic Value Added in Exports Be an Objective of Policy?" ambos no *Global Value Chain Development Report 2019: Technological Innovation, Supply Chain Trade, and Workers in a Globalized World*, do Banco Mundial e da OMC (Washington: Grupo do Banco Mundial, 2019), 9–44 e 141–54.

9. X. Li, Meng e Wang, "Recent Patterns", 39; Shawn Donnan, "Trump's Top Trade Adviser Accuses Germany of Currency Exploitation", *Financial Times*, 31 de janeiro de 2017.

10. X. Li, Meng, e Wang, "Recent Patterns", 27–34.

Capítulo 20

1. Ward's Reports, Inc., *Ward's Automotive Yearbook* 1989 e 2017; Dharshini David, "The Real Price of Buying Cheap Clothes", *BBC News*, 7 de agosto de 2019, https://www.bbc.co.uk/news/business-49248921; Departamento de Comércio dos EUA, 2017 *Characteristics of New Housing*, 345, https://www.census.gov/construction/chars/pdf/c25ann2017.pdf; "2015 RECS Survey Data", US Energy Information Administration, 31 de maio de 2018, tabela HC3.3 (aparelhos por ano de construção), https://www.eia.gov/consumption/residential/data/2015/.

2. Organização das Nações Unidas para o Turismo, *Tourism Highlights 2000*, 2ª ed. (Agosto de 2000), https://www.e-unwto.org/doi/pdf/10.18111/9789284403745 e "International Tourism Growth Continues to Outpace the Global Economy", comunicado à imprensa, 20 de janeiro de 2020; Facebook, Inc., Formulário 10-K para o ano encerrado em 31 de dezembro de 2018, https://www.sec.gov/Archives/edgar/data/1326801/000132680119000009/fb-12312018x10k.htm; UNCTAD, *World Investment Report* 2019 (Nova York: UN, 2019), 20–21.

3. Banco Mundial, "Manufacturing, Value Added (% of GDP)", acessado em 15 de março de 2020, https://data.worldbank.org/indicator/NV.IND.MANF.ZS.

4. Para a idade mediana, consulte Divisão de Assuntos Econômicos e Sociais das Nações Unidas, Divisão de População, *World Population Prospects 2019* (Nova York: UN, 2019). Os gastos das famílias, medidos como uma parcela do consumo total do mundo, aumentaram por décadas, atingindo 60% na virada do século XXI, mas na década de 2010 recuaram para 57%. Pelas estimativas do Banco Mundial, os gastos dos consumidores em todo o mundo cresceram a uma taxa média anual de 2,4% na década de 2010, ante 2,75% em cada uma das duas décadas anteriores; OECD, "Annual National Accounts Data", tabela 5, "Final Consumption Expenditure of Households", OECD.Stat, acessado em 15 de março de 2020, https://stats.oecd.org/Index.aspx?DataSetCode=SNA_TABLE5; Armazém de dados estatísticos do Banco Central Europeu, série SHI.A.V1.DWEL.A, acessado em 15 de março de 2020, https://sdw.ecb.europa.eu/browse.do?node=70499.

5. David Barboza, "An iPhone's Journey, from the Factory Floor to the Retail Store", *New York Times*, 29 de dezembro de 2016, https://www.nytimes.com/2016/12/29/technology/iphone-china-apple-stores.html; Kathrin Hille, "Foxconn: Why the World's Tech Factory Faces Its Biggest Test", *Financial Times*, 10 de junho de 2019.

6. Ondrej Burkacky, Johannes Deichmann, Georg Doll e Christian Knochenhauer, "Rethinking Car Software and Electronics Architecture", McKinsey & Company, fevereiro de 2018, https://www.mckinsey.com/industries/automotive-and-assembly/our-insights/rethinking-car-software-and-electronics-architecture.

7. Marc Bain, "A New T-shirt Sewing Robot Can Make as Many Shirts per Hour as 17 Factory Workers", *Quartz*, 30 de agosto de 2017, https://qz.com/1064679/a-new-t-shirt-sewing-robot-can-make-as-many-shirts-per-hour-as-17-factory-workers/.

8. Canute James, "Caribbean Nations Savor Boom in Data Processing", *Journal of Commerce*, 15 de junho de 1987; Proinnsias Breathnach, "Information Technology, Gender Segmentation and the Relocation of Back Office Employment: The Growth of the Teleservices Sector in Ireland", *Information Communication and Society* 3 (2002): 320–35.

9. Jay Solomon e Kathryn Kranhold, "In India's Outsourcing Boom, GE Played a Starring Role", *Wall Street Journal*, 23 de março de 2005; Rahul Sachitanand, "India's $150 Billion Outsourcing Industry Stares at an Uncertain Future", *Economic Times*, 15 de janeiro de 2017; Calvin L. Scovel III, "Aviation Safety: FAA Oversight of Foreign Repair Stations", testemunho perante o Comitê do Senado dos EUA sobre Ciência do Comércio e Subcomissão de Operações de Aviação, Segurança e Proteção, 20 de junho de 2007; Prakash Loungani, Saurabh Mishra, Chris Papageorgiou e Ke Wang, "World Trade in Services: Evidence from a New Dataset", documento de trabalho do FMI WP/17/77 (2017).

10. Sobre avanços na tradução, ver Richard Baldwin, *The Globotics Upheaval* (Nova York: Oxford University Press, 2019).

11. Michael O'Sullivan, *The Leveling* (Nova York: Public Affairs, 2019), cap. 6

12. Dun & Bradstreet, "Business Impact of the Coronavirus", briefing especial, 2020, p. 5, https://www.dnb.com/content/dam/english/economic-and-industry-insight/DNB_Business_Impact_of_the_Coronavirus_US.pdf.

13. Chad P. Bown e Douglas A. Irwin, "Trump's Assault on the Global Trading System", *Foreign Affairs* 98 (2019): 136 (citação); Jung Suk-yee, "S. Korea's Investment in China Almost Halved This Year", BusinessKorea, 18 de setembro de 2017, http://www.businesskorea.co.kr/news/articleView.html?idxno=19332.

ÍNDICE

A

acordo
- de Bretton Woods, 49
- de Livre Comércio
  - da América do Norte
    - NAFTA, 98
  - EUA-Canadá, 97
  - Geral sobre Tarifas e Comércio (GATT), 49
- internacionais, 34

Administração Federal de Aviação dos EUA, 227
afluxo de dinheiro, 74
Airbus Industrie, 116
ajuste estrutural, 116
armazenamento
- áreas de, 202
- de dados, 239

ativos
- ociosos, 238
- tangíveis, 239

Ato Único Europeu 1987, 93
autarquia, 127

B

balança
- comercial, 128
- de poder, 128

balanço patrimonial, 209
barreiras comerciais, 41, 116
bens
- de consumo, 128
- intermediários, 150

blocos
- comerciais, 240
- econômicos, 246
- políticos, 246

bolha imobiliária, 178
Brexit, 226
British
- Telecom, 86
- Transport Docks Board, 203

C

cadeia
- de suprimentos, 141
  - industrial, 15
- de valor, 141

capitalismo
- industrial, 26

chaebol, 123
Chrysler Corporation, 121
colônias comerciais, 15
combustível de bunker, 222
comércio
- de commodities, 61
- de têxteis, 18
- internacional, 61
  - centro de, 16
- transatlântico de escravos, 15

comissão
- ambiental, 217
- Econômica para a América Latina, 54
- Europeia, 110
- Federal de Comunicações EUA, 84

componentes importados, 71
Comunidade Europeia do Carvão e do Aço, 51
conduta antiética, 170
contratos
- sindicais, 189
- zero hora, 190

controle
- da poluição, 213
- de câmbio, 45
- de emissões domésticas, 216
- de moeda, 43

Cortina de Ferro, 109
cotas de importação, 192
crise
- bancária, 45
- do petróleo, 107
- econômica, 44

custos
- de envio, 42
- de produção, 229
- trabalhistas, 107

277

D

Daewoo Shipbuilding, 205
danos ambientais, 176
desindustrialização, 120
deslocamento econômico, 16
desregulamentação, 81
desvalorização cambial, 74
direitos
    aduaneiros
        isenção, 52
    de importação, 49
diversificação industrial, 124
Dow Jones Industrial Average
    indicador de preços, 44
downloads digitais, 238

E

economia
    de escala, 91
    de fábrica, 149
    doméstica, 48
    internacional, 17
empresas zumbis, 193
empréstimos
    comerciais, 76
    estrangeiros, 71
    governamentais, 25
ênfase ambiental, 201
engenharia inteligente, 239
era da internet, 170
estresse ambiental, 223
Euromax, 157
evasão fiscal, 190
êxodo da manufatura, 181
expectativas de carreira, 234

F

Federal Reserve Board, 74
financiamentos subprime, 177
fluxo comercial, 34
Ford Motor Company, 42
fraqueza econômica, 180
frete contratual, 86
frotas mercantes, 40
Fundo Monetário Internacional
    (FMI), 48

G

G-77, 56
gases de efeito estufa, 217
gigantismo naval, 202
globalização
    das finanças, 48
    forças da, 192
    Primeira, 32
    Quarta, 236
    Segunda, 176
    Terceira, 176
        declínio, 228
Grande
    Colapso do Comércio, 179
    Depressão
        1929, 43
    Firewall da China, 235
    Terremoto de Tohoku
        2011, 172

I

ideias
    mercantilista, 27
    nacionalistas, 41
império transatlântico, 13
informações digitais, 235
Iniciativa Belt and Road, 204
integração vertical, 166
inteligência artificial, 243
International Container Bureau
    organização não governamental, 63
Interstate Commerce Commission
    agência reguladora, 63
investimento empresarial, 239
isenção
    de impostos, 123
    fiscais corporativas, 184
isolamento econômico, 155

J

joint ventures
    parceria comercial, 129

L

laços econômicos, 49
laissez-faire
    liberalismo econômico, 96

ÍNDICE

Lei
    de Controle da Poluição do Ar, 213
    de Lojas de Varejo de Grande Escala
        Japão, 86
    de Salvaguarda das Indústrias
        aprovada pelo Parlamento britânico
        em 1921, 41
    do Ar Limpo, 213
    dos Mamíferos Marinhos dos EUA, 216
licença raj, 83
Liga das Nações, 45

M

Maersk Line, 156
maquinário industrial, 239
marketing criativo, 239
Mediterranean Shipping Company, 162
mentalidade de expansão, 205
mercantilismo, 21
milhas de alimentos, 219
Ministério
    da Indústria e Comércio Internacional
        MITI, 118
    da Navegação, 39
mudança
    climáticas, 217
    tecnológica, 188

N

navegação mercante, 41
navios
    a vapor, 31
    Bavaria
        antigo APL Panama, 211
    CSCL Indian Ocean, 203
    de carga geral, 106
    de guerra, 14
    de passageiros, 106
    Emma Maersk
        embarcação Euromax, 160
    fundos de, 109
    graneleiros, 112
    Ideal-X
        1956, 64
    mercantes, 108
    oceânicos, 106
    porta-contêineres, 106
necessidades militares, 39
negociações de paz, 40
níveis de estoque, 174
Nova Ordem Econômica Internacional, 56

O

objetivo ecológico, 216
obstáculos financeiros, 71
Occupy Wall Street
    protesto contra desigualdade econômica
    e social, 191
onda de privatizações, 192
Organização
    do Tratado do Atlântico Norte
        OTAN, 233
    Internacional de Normalização
        (ISO), 66
    Internacional do Comércio, 49
    Marítima Internacional
        IMO, 222
    Mundial do Comércio
        OMC, 132
    para a Cooperação e Desenvolvimento
        Econômico
        OCDE, 191

P

Pacific Maritime Association, 165
padrão mercantilista, 189
paraísos fiscais, 190
Plano Marshall
    aprovado pelo Congresso norte-
        americano, 1948, 51
poder
    de barganha, 189
    de compra, 50
    político, 16
Pohang Iron and Steel Company, 107
política
    ambientais, 223
    comercial, 192
    educacional, 243
    governamentais, 182
    sociais, 192
P&O Nedlloyd, 159
Porto de Jebel Ali, 204
preço do ouro, 47
preocupações ambientais, 214
produção
    econômica, 178
    em massa, 238
    fabril, 155
    industrial, 178

programas
    de gastos de emergência, 180
    sociais, 92
Protocolo
    de Montreal, 215
    de Quioto, 218

R
realocação geográfica, 181
recessão global, 177
redução
    de impostos, 110
    tarifárias, 49
regionalização, 234
regulamentações ambientais, 214
relações
    comerciais, 234
    econômicas, 16
renda
    divisão de, 189
    lacuna de, 191
    média, 188
restrição
    de importação, 74
    voluntária, 122
reunião de cúpula de emergência, 72
Revolução
    Cultural, 127
    Industrial, 16
Rodada
    Doha
        negociações da OMC, 230
    Uruguai, 97
Rota da Seda, 15

S
Seagate Technology, 140
serviço
    alfandegário, 20
        primeiro
            criado pelo Rei John em 1203, 20
    de compartilhamento, 238
        de carros, 238
    de empréstimo, 238
    de streaming, 238
sistemas fiscais, 192
Smoot-Hawley
    lei tarifária de 1930, 44
substituição de importações, 55

T
taxa
    de câmbio, 31
    de desemprego, 76
    de frete, 18
    de importação, 72
    de inflação, 130
tecnologia da informação, 239
telégrafo, 30
    elétrico, 30
títulos do governo, 42
transferência de lucros, 191
transporte
    de contêineres, 61
    marítimo, 15
Tratado
    de Maastricht
        1992, 171
    de Roma, 53

U
UNESCO, 213

V
Vale do Silício, 139
valor da propriedade intelectual, 147
válvula de escape, 48
vantagem
    comparativa, 26
    de pioneiro, 28
veículos elétricos
    EVs, 240
Volkswagen, 68

W
won
    moeda coreana, 123

Z
Zonas Econômicas Especiais
    China, 128

Projetos corporativos e edições personalizadas
dentro da sua estratégia de negócio. Já pensou nisso?

Coordenação de Eventos
Viviane Paiva
viviane@altabooks.com.br

Assistente Comercial
Fillipe Amorim
vendas.corporativas@altabooks.com.br

A Alta Books tem criado experiências incríveis no meio corporativo. Com a crescente implementação da educação corporativa nas empresas, o livro entra como uma importante fonte de conhecimento. Com atendimento personalizado, conseguimos identificar as principais necessidades, e criar uma seleção de livros que podem ser utilizados de diversas maneiras, como por exemplo, para fortalecer relacionamento com suas equipes/ seus clientes. Você já utilizou o livro para alguma ação estratégica na sua empresa?

Entre em contato com nosso time para entender melhor as possibilidades de personalização e incentivo ao desenvolvimento pessoal e profissional.

PUBLIQUE SEU LIVRO

Publique seu livro com a Alta Books. Para mais informações envie um e-mail para: autoria@altabooks.com.br

CONHEÇA OUTROS LIVROS DA **ALTA BOOKS**

Todas as imagens são meramente ilustrativas.

 /altabooks /alta-books /altabooks   /altabooks

Este livro foi impresso nas oficinas gráficas da Editora Vozes Ltda.,
Rua Frei Luís, 100 – Petrópolis, RJ.